MPR 出版物链码使用说明

本书中凡文字下方带有链码图标“══”的地方，均可通过“泛媒关联”App 的“扫一扫”功能，获得对应的多媒体内容。

您可以通过扫描下方的二维码下载“泛媒关联”App。

“泛媒关联”App 链码扫描操作步骤：

1. 打开“泛媒关联”App；
2. 将扫码框对准书中的链码扫描，即可播放多媒体内容。

扫码体验：

轻声词语表

语言服务书系·语言教育

普通话水平测试（PSC）应试指导

（第三版）

唐余俊　编著

暨南大学出版社
JINAN UNIVERSITY PRESS

中国·广州

图书在版编目（CIP）数据

普通话水平测试（PSC）应试指导／唐余俊编著．—3版．—广州：暨南大学出版社，2022.8
（语言服务书系．语言教育）
ISBN 978－7－5668－3392－1

Ⅰ.①普… Ⅱ.①唐… Ⅲ.①普通话—水平考试—自学参考资料 Ⅳ.①H102

中国版本图书馆CIP数据核字（2022）第056788号

普通话水平测试（PSC）应试指导（第三版）
PUTONGHUA SHUIPING CESHI（PSC）YINGSHI ZHIDAO（DI-SAN BAN）
编著者：唐余俊

出 版 人：张晋升
策划编辑：杜小陆
责任编辑：曾小利
责任校对：孙劭贤　黄晓佳
责任印制：周一丹　郑玉婷

出版发行：暨南大学出版社（511443）
电　　话：总编室（8620）37332601
营销部（8620）37332680　37332681　37332682　37332683
传　　真：（8620）37332660（办公室）　37332684（营销部）
网　　址：http：//www. jnupress. com
排　　版：广州良弓广告有限公司
印　　刷：佛山市浩文彩色印刷有限公司
开　　本：787mm×960mm　1/16
印　　张：16.75
字　　数：330千
版　　次：2010年10月第1版　2022年8月第3版
印　　次：2022年8月第6次
定　　价：49.80元

第三版序

物换星移，流年几度。自拙著《普通话水平测试（PSC）应试指导》第二版（以下简称“第二版”）2015 年 8 月付梓至今，已近七个年头。

七年来，国务院办公厅、教育部、国家语委等部门先后颁发了《关于全面加强新时代语言文字工作的意见》（国务院办公厅 2020 年 9 月 14 日发布，以下简称《意见》）、《普通话水平测试管理规定》（教育部 2011 年 11 月 16 日审议通过、2022 年 1 月 1 日起实施，以下简称《规定》）、《中小学生普通话水平测试等级标准及测试大纲》（国家语委语言文字规范标准审定委员会会议 2022 年 3 月 28 日审定通过，以下简称《大纲》）等有关普通话水平测试之纲领性文件。《意见》是中华人民共和国成立以来第一次以国务院办公厅名义下发的全面加强语言文字工作的指导性文件；《规定》阐明了开展普通话水平测试的目的和普通话水平测试定义，明确了国务院语言文字工作部门与省、自治区、直辖市人民政府语言文字工作部门在制定与规划普通话水平测试政策、发布测试等级标准和测试大纲、制定测试规程、实施证书管理及落实各行政区域内的测试工作等方面的职责和具体工作内容等；《大纲》主要对义务教育阶段小学和初中学生普通话水平等级标准和测试评估作出规定，为今后相关教材的编写提出了指导性意见。

七年来，一方面，普通话水平测试及测前培训成绩斐然，有更多新编著问世，有更多研究论文被“中国知网”等收录，有更多应试人借由“第二版”等培训教材，顺利通过了相应等级的普通话水平测试（截至 2021 年上半年，全国普通话普及率已超 80%）；另一方面，普通话水平测试及测前培训在内容、过程安排等多方面出现了新变化。测试内容方面主要是更新了朗读作品第 50 号选文，测试及测前培训方面主要是过程安排在报名、查分等多环节有了新规定。应试人在接受培训方式和模拟测试形式等方面较前也更加多样化。除仍为主导形式的线下培训和线下模拟测试外，应试人已可越来越多地借助较权威的相关网站或软件系统，接受测前培训和模拟测试等。上述内容和形式的变化，要求普通话培训教师在培训内容和培训方法设置等方面努力适应之，也要求修订、完善“第二版”所编著之内容。

“第一版”“第二版”先后问世以来，获得了普通话水平测试研究者、培训教师及一般读者（主要为应试人）的多方面认可。除王豫彩等论文《普通话测试教材研究》（2012）认为“第一版”“在短文朗读指导方面很有特色……，注意了作为教材必需的内容……”，“第一版”和“第二版”还先后被王韦皓的《语音发声基础教程》（2014）及成梦娇的《方言背景下小学汉语拼音教学现状及对策研究——以江苏省淮安市S小学为例》（2020）等著述引用。广大读者也给予“第一版”和“第二版”“内容不错，很有用，对提高普通话水平有帮助”“蛮好的，应该会对我学习普通话很有帮助”“书印刷清晰，内容精彩，喜欢，满意”等好评。新修订的“第三版”承继了前两个版本的“保鲜”意旨，更加注重切合相关法规的新要求，注重吸收学术前沿的新成果。笔者同样希冀未参加普通话水平测试的读者及已考取心仪等级证书的应试人，也能视“第三版”为有一定价值的普通话知识与技能类参考读物。

“第三版”全书正文仍为7章，优化了前两版正文各章节的解析内容和表达语言。应试指导面更广，尽可能满足国内各主要地域方言及其次方言应试人测前培训与练习之需要。思考和练习题目数量较前两版稍有增加并力求使这些题目更具应试培训的针对性和有效性。再者，“第三版”与时俱进，不再使用光盘，而是将“PSC 60篇朗读作品”“普通话水平测试用必读轻声词语”“普通话水平测试用儿化词语”的范读音频材料制成MPR条码附于书中，供读者扫码收听。

“第三版”得以顺利修订和出版，除继续获益于诸多从事普通话水平测试及测前培训相关工作的领导、专家与培训教师，获益于暨南大学出版社杜小陆老师、曾小利老师、孙劭贤老师、黄晓佳老师，获益于盐城广播电视总台相关领导和朱广忠、广乐等老师，获益于盐城工学院人文社会科学学院等单位、部门领导、同事乃至我的部分学生，还获益于包括订购、使用拙著的单位和个人在内的诸多亲友及热心人士的帮助，笔者在此至诚致谢。

“天行健，君子以自强不息。”这个“天”，是普通话的发音规律，是管理层的权威规定，更是应试人的学习需求。笔者不敢以君子自居，但当力求顺应“天意”，在虚心听取诸多方家指正意见的基础上，力求使拙著无愧于广大读者（尤其是应试人）的信任和使用。

唐余俊

2022年5月8日

修订版序

光阴荏苒，距拙著《普通话水平测试（PSC）应试指导》第一版（以下简称“第一版”）2010年10月问世，时间已过去近五个年头。近五年的使用实践证明，“第一版”编著“保鲜”意图大体得以实现。在相关培训老师的辛勤指导下，借由“第一版”的有效帮助并通过自身努力，大多数使用“第一版”的应试人顺利考取了相应等级的PSC证书。五年时光虽短犹长。五年中，教育部、国家语委印发了《国家中长期语言文字事业改革和发展规划纲要(2012—2020)》(以下简称《规划纲要》)，多家出版社出版（或修订）了多部有关PSC的新编著，“中国知网”新录入了数百篇PSC研究论文；五年中，计算机辅助PSC手段由部分省市试行到几乎全国推行，计算机辅助PSC系统应用技术日臻完善；五年中，全国新接受培训并顺利通过相应等级PSC的应试人数以万计，应试人构成特征及其接受培训测试前的普通话水平状况都有明显差异……这一切，都要求修订、完善“第一版”所编著的内容。

《规划纲要》提出的有关PSC的总体目标和主要任务要求“受过初等教育的国民普遍具备普通话、规范汉字和汉语拼音的应用能力；具有中等及以上教育程度的国民，其国家通用语言文字水平达到相应要求，具有较好的使用普通话和规范汉字表达、沟通的能力”，要求“到2015年，普通话在城市基本普及，在农村以教师、学生和青壮年劳动力为重点基本普及……到2020年，普通话在全国范围内基本普及，汉字社会应用的规范化程度进一步提高，汉语拼音更好地发挥作用”，还要求“服务港澳同胞普通话学习和培训测试……加大普通话水平培训测试的海外推广力度”。为顺应PSC的发展形势，贯彻落实《规划纲要》提出的总体目标和主要任务，根据“第一版”使用情况和应试人接受指导参加测试的实际情况，“修订版”坚持了“第一版”的“保鲜”意旨，注重吸收PSC研究新成果。“修订版”还保留了“第一版”的独到之处，并使之更完善，如进一步斟酌“命题说话”项提纲用语等。“修订版”在强调应试的技巧性方面有改进，且仍希冀未参加PSC的读者以及已考取预期等级证书的应试人，都能视之为有一定价值的普通话知识与技能类参考读物之一。

“修订版”全书正文仍为7章，正文各章节解析内容有所调整，语言表达更严谨。“修订版”增加了《规划纲要》中与PSC相关的内容。“修订版”应试指导面更广，由原先较多关注部分地域方言及其次方言转为尽可能面向国内各主要地域方言及其次方言。“修订版”在保留颇受好评的原“PSC 60篇朗读作品”范读语音材料的基础上，增添了“普通话水平测试用必读轻声词语”“普通话水平测试用儿化词语”范读语音材料。

“修订版”得以顺利完善和出版，除继续获益于省内外诸多从事“推普”工作的领导、专家外，还获益于暨南大学出版社人文社科分社社长杜小陆先生和潘江曼女士，获益于盐城广播电视台相关领导和老师，获益于盐城工学院人文社会科学学院等单位、部门的领导、同事以及我的部分学生，获益于其他诸多热心人士的加盟，笔者在此至诚致谢。

“第一版”问世后，获得了广大PSC应试人、教学者、研究者和阅读者的好评。香港科技大学王彩豫等《普通话测试教材研究》一文认为“第一版”“在短文朗读指导方面很有特色，对每一篇作品的语调、语速，特别是‘重读’的处理多有具体的分析……说明作者对每篇作品都做了比较深入的研究。教材没有通篇注音，但对易错的字词多做了注音，而对‘一、不、啊’的音变，则按实际读音做了处理……”，还认为“第一版”“注意了作为教材必需的内容，每一节后都有‘思考和练习’”。笔者既汗颜于诸多赞美之词，又衷心期盼“修订版”能继续得到诸多关爱者的好评。同时笔者再次恳请大方之家、PSC应试人及广大读者不吝指正“修订版”的欠当之处。

唐余俊

2015年7月18日

第一版前言

作为《汉字应用水平测试（HZC）应试指导》的“姊妹篇”，《普通话水平测试（PSC）应试指导》（以下简称《指导》）同样为贯彻落实《中华人民共和国国家通用语言文字法》“国家推广普通话，推行规范汉字”的规定要求而编著。不同的是，“汉字应用水平测试（HZC）”就总体而言尚处于起步阶段，而“普通话水平测试（PSC）”自1994年由国家语委、国家教委、广电部联合发布《关于开展普通话水平测试工作的决定》而推行以来，至今已近16个年头。16年来，参加过PSC的应试人员数以万计，有关PSC的论文论著数以千计，直接服务于PSC的应试指导类相关编著也数以十计。如此，《指导》“抢先”不得，只求“保鲜”了。这个“鲜”就是“新鲜”，就是“可口”。

所谓“新鲜”，就是努力使《指导》站在PSC理论和实践的最前沿，努力使《指导》有独到之处。16年来，《普通话水平测试大纲》由1994年版“升级”为2003年版；测试手段逐步由测试员现场人工测试“变脸”为计算机辅助普通话水平测试；除了完成一贯肩负的“推广普通话”的宏观使命以外，测试具体目的则由起初以培训测试员队伍为主到如今以满足应试人就业需要为主。《指导》以2003年版大纲为编著依据，兼顾测试员现场人工测试与计算机辅助测试情境下的应试准备需要，提醒应试人关注拟参加测试尤其是拟就业所在省、市、区有关部委对PSC证书等级的职别要求等。《指导》的独到之处集中体现于“命题说话”提纲的拟写、模拟测试章节的拟写，还有散见于全书各章节的字里行间。

所谓“可口”，就是努力使《指导》有效服务于PSC的备测需要，使应试人觉得拙著有用、好用。《指导》的编著不求面面俱到，相对而言，更适用于以考取二级及一级乙等证书为预期目标的应试人。因为《指导》除了传授一定的普通话理论知识外，更强调应试的技巧性。《指导》希冀使不一定参加PSC的读者以及已考取预期等级证书的应试人都能视之为有一定价值的普通话知识与技能类参考读物之一。《指导》的“可口”预期，还体现于力求做到语言表达通俗、精当，较有可读性。

《指导》全书正文共有7章，第一章“普通话水平测试概述”，概括介绍普通话及PSC的相关情况；第二章“读单音节字词”，概括介绍与PSC密切相关的人体发音器官，有重点地解析普通话声母、韵母、声调及整个音节的发音状况，解析该项评分的“国家标准”与“地方标准”；第三章“读多音节词语”，有重点地解析“变调”“轻声”“儿化”“语气词‘啊’的音变”等普通话语流音变，解析该项评分的“国家标准”与“地方标准”；第四章“判断选择”，依次有重点地解析“词语判断”“量词、名词搭配”“语序或表达形式判断”等要素；第五章“朗读短文”，概述 PSC 短文朗读应掌握的基本技巧，精讲 60 篇朗读短文考点，解析该项评分的“国家标准”与“地方标准”；第六章“命题说话”，概述 PSC 命题说话的基本技巧，精讲 30 篇命题说话考点，解析该项评分的“国家标准”与“地方标准”；第七章“PSC 模拟测试”，介绍 PSC 模拟测试的含义、意义、注意事项及实战模拟的具体要点。《指导》附录了已加注汉语拼音的“现代汉语 3 500 个常用字”，以提高应试人的学习效率；附录国家及省、市、区等有关 PSC 的主要网址，以拓宽应试人的学习视野；附录 10 份模拟试卷，以利于应试人在接受较为系统的培训后，较为科学地大致了解自己掌握规范普通话语音的情况，提高实际测试的成绩。

笔者从事 PSC 教学、培训及实际参与主测工作多年，对应试人掌握普通话水平的大体状况与考前心理较为了解，因此，《指导》虽成书于 2010 年年中，却可视为笔者近 10 年实际经验的结晶。为求编著的科学与规范，《指导》汇编了《中华人民共和国国家通用语言文字法》、《普通话水平测试大纲》、“现代汉语 3500 个常用字”、“国家及省、市、区等有关 PSC 的主要网址”数篇重要的体现国家通用语言文字规范化要求的文件、字表等，直接或间接引用了“参考文献”所列论著的相关内容，笔者在此谨向有关专家和学者表示诚挚的谢意。

《指导》得以顺利编著、出版，获益于直接帮助或间接影响过笔者的省内外诸多从事“推普”工作的领导、专家，获益于广州暨南大学出版社人文编辑室主任杜小陆先生等编务人员的鼎力支持，获益于笔者所在单位盐城工学院人文学院、其他相关部门领导和同事的支持和帮助，获益于盐城广播电视局王康先生、陈丽华（方华）女士、朱广忠先生等多位亲朋好友的热心支持和帮助，笔者在此一并致谢。同时恳请大方之家、PSC 应试人及广大读者不吝指正拙著的欠当之处。

唐余俊

2010 年 8 月 8 日

目　录

第一章　普通话水平测试概述

第一节　普通话概述

普通话水平测试是一项与现代汉语语音直接相关的测试，是对应试人运用普通话口语能力的测查。在主要测查普通话语音的同时，普通话水平测试也测查应试人对普通话词汇（也称语汇）和语法的掌握情况。

实践证明，不少应试人参加普通话水平测试培训前及培训初，之所以不能摆脱方言的影响，是因为他们不能正确地对待普通话与方言在语音、词汇和语法诸方面的差别，不能正确地掌握普通话语音、词汇和语法（尤其是语音）的规范要求。在培训教师的指导下，了解一定的普通话基础知识，有助于应试人有针对性地消除不利因素，说好普通话。

一、什么是普通话

汉民族共同语在中华人民共和国成立之前先后经历了雅言、通语、官话和国语等阶段。中华人民共和国成立后，统称为普通话。

普通话是以北京语音为标准音，以北方话为基础方言，以典范的现代白话文著作为语法规范的现代汉民族共同语。

普通话包括语音、词汇和语法三要素。

语音是语言的物质外壳，是由人体发音器官发出来的、具有一定意义的声音。

在普通话水平测试中，语音部分主要测查应试人单音节字词声母、韵母、声调及整个音节的发音状况，测查应试人在多音节词语、朗读短文、命题说话发音时的声韵调、语流音变的发音状况及方音存留程度等情况。

词汇一般指特定语言中词和固定词语的总和。

在普通话水平测试中，词汇的测查形式主要为：应试人根据“普通话水平测试用普通话与方言词语对照表”，在“意义相对应但说法不同”的普通话与方言词语中判明并读出10组普通话词语；根据“普通话水平测试用普通话常见量词、名词搭配表”，搭配并读出符合普通话规范的10组名量词语。同时，测查应试人在“命题说话”项中对普通话词语（尤其是口语词语）的掌握和运用情况。

语法是指特定语言中关于词的构成、变化及由词构成词组和句子的规则。

在普通话水平测试中，语法的测查形式主要为要求应试人根据“普通话水平测试用普通话与方言常见语法差异对照表”，判明并读出5组“意义相对应但语序或表达习惯不同”的普通话和方言语句组中的普通话语句。普通话水平测试中的“命题说话”一项集中测查应试人对普通话（主要是口语）语法的掌握和运用情况。

二、什么是现代汉语方言

现代汉语方言是指现代汉语在不同地域或言语社团的分支，分属现代汉语地域变体或社团变体。学术界对现代汉语地域方言分区有不同看法。中国社会科学院组织编写的《中国语言地图集》（1987年版），根据前人的研究和新近的调查，提出10分区说：①官话区；②晋语区；③吴语区；④徽语区；⑤赣语区；⑥湘语区；⑦闽语区；⑧粤语区；⑨平话区；⑩客家话区。《中国语言地图集》（2008年版）除部分方言区排列顺序有变，“平话区”扩称为“平话和土话区”。另一种比较通行的观点认为，现代汉语地域方言分为七大区（括号内为代表方言点），即北方方言区（北京）、吴方言区（苏州）、湘方言区（长沙）、赣方言区（南昌）、客家方言区（梅县）、闽方言区（福州）和粤方言区（广州）。七大方言区内各有若干方言小区，直至方言小片。

相对而言，文化程度较低的老年人的方言发音比文化程度较高的年轻人更地道，更有方言语音发掘、研究的价值。

现代汉语社会方言，是指现代汉语共同语受年龄、性别、文化等社会因素影响分化而成的变体。这种变体表现为特定人群在语音、词汇、语法诸方面或多或少地存在他们自身所独有的特征，如“尖团不分”语音现象多见于青少年女性人群，网络流行语多见用于年轻人。

三、现代汉语规范化和推广普通话

（一）现代汉语规范化

1. 历史回顾

现代汉语规范化发端于清末民初的三大语文运动，即切音字运动、国语运动和白话文运动。中华人民共和国成立后，现代汉语规范化工作得以加强。1955年，在“全国文字改革会议”及中国科学院主持召开的“现代汉语规范问题学术会议”上，三大语言文字工作任务即“促进汉字改革、推广普通话、实现汉语规范化”被明确提出。1986年，国家教育委员会和国家语言文字工作委员会（以下简称国家语委）联合召开了全国语言文字工作会议，提出了新时期语言文字工作的方针："贯彻执行国家关于语言文字工作的政策和法令，促进语言文字规范化、标准化，继续推动文字改革工作，使语言文字在社会主义现代化建设中更好地发挥作用。"2000 年，第九届全国人民代表大会常务委员会第十八次会议更是以立法形式通过了《中华人民共和国国家通用语言文字法》，强调要"推动国家通用语言文字的规范化、标准化及其健康发展"。2012 年，教育部、国家语委印发《国家中长期语言文字事业改革和发展规划纲要（2012—2020）》强调"要健全完善语言文字法律制度规范，加强宏观政策指导。要增加法治意识，提高依法行政能力，加大培训测试及评估力度，采取切实有效措施，推进国家通用语言文字在全国范围内基本普及"。《中华人民共和国宪法修正案》（2018 修正）第十九条再次强调"国家推广全国通用的普通话"。

2. 主要内容

现代汉语规范化的主要内容包括语音规范化、词汇规范化和语法规范化。

现代汉语语音规范化，主要包括确立正音标准和推广标准音。如果说确立正音标准是国家有关部委及语言界学术权威的工作重点，那么推广标准音则是广大普通话水平测试培训教师及包括笔者在内的众多相关教材编撰者的职责。普通话水平测试要求应试人发普通话语音时不受或少受方音影响。

现代汉语词汇规范化主要是维护现代汉语词语的既有规范，不生造词语等，还需规范从其他语言及网络用语新进的词语成分。主要体现在三个方面：

一是方言词语的规范。普通话水平测试要求应试人能正确判别普通话词语和相对应的方言词语；要求应试人不得将方言词带进测试里来，如不得将"玉米"说成"珍珠米""包粟"等。

二是外来词语的规范。普通话水平测试中外来词的规范主要是指音译词的发音规范，如人名、地名的发音，要用标准的普通话语音发音，而不用国际音标发音；还包括应试人在"命题说话"项不能单独使用字母词，如确有必要说出字母词，也应给出中文注释，如"我很喜欢 NBA，也就是美国篮球职业联赛"。

三是网络词语的规范。普通话水平测试要求应试人不使用尚未进入现代汉语一般词汇的网络词语，如把社会热点事件的旁观者说成"吃瓜群众"，把"永远的神"说成"yyds"等。

现代汉语语法方面的规范化，主要是指明确"以典范的现代白话文著作为语法规范"，还要克服方言语法的影响，排除外语翻译中"欧化句式"的干扰等。普通话水平测试要求应试人按现代汉语语法规范而不是方言语法特点安排普通话语序和表达形式等，如不要将"给他买了书"说成"给他买得有书"，不要将"我唱过歌"说成"我有唱歌"。

（二）推广普通话

1. 推广普通话的方针

1992 年，国家语委将我国新时期推广普通话（以下简称“推普”）的方针确定为：“大力推行，积极普及，逐步提高。”

2. 推广普通话的意义

我国地域辽阔，人口众多，国情复杂。“推普”有利于维护民族团结和祖国统一；有利于加强正确的舆论导向；有利于对全体公民进行良好的素质教育；有利于发展基础教育和高等教育；有利于促进社会主义市场经济的健康发展；有利于汉语海外推广等。正如王力先生所言，推广普通话，“可以加强我国人民的民族意识”，可以“加强我们的（技术）传授效果”，可以将“政治性的会议”开得更好，可以提高“教学效果”，有利于“我国和外国的文化交流”。

总而言之，“推普”有利于建设新时代中国特色社会主义，有利于“共筑中国梦”。

3. 推广普通话的法规

近年来，国家有关部委颁发了一些有关“推普”工作的法规文件。摘要如下：

（1）《中华人民共和国教育法》（1995 年颁发）。

第十二条：学校及其他教育机构进行教学，应当推广使用全国通用的普通话和规范字。

（2）《关于进一步加强学校普及普通话和用字规范化工作的通知》（2000 年颁发）。

说好普通话、用好规范字、提高语言文字应用能力，是素质教育的重要内容。

（3）《中华人民共和国国家通用语言文字法》（2001 年 1 月起生效）。

第三条：国家推广普通话，推行规范汉字。

第十条：学校及其他教育机构以普通话和规范汉字为基本的教育教学用语用字。法律另有规定的除外。

学校及其他教育机构通过汉语文课程教授普通话和规范汉字。使用的汉语文教材，应当符合国家通用语言文字的规范和标准。

第十九条：凡以普通话作为工作语言的岗位，其工作人员应当具备说普通话的能力。

以普通话作为工作语言的播音员、节目主持人和影视话剧演员、教师、国家机关工作人员的普通话水平，应当分别达到国家规定的等级标准；对尚未达到国家规定的普通话等级标准的，分别情况进行培训。

（4）《中华人民共和国宪法》（2004 年修正）。

第十九条：国家推广全国通用的普通话。

（5）《国家中长期语言文字事业改革和发展规划纲要（2012—2020 年）》（2012 年印发）。

一、总体目标：到 2020 年，普通话在全国范围内基本普及。

4. 历届“推普周”主题

经国务院批准，从 1998 年起，每年 9 月的第三周为全国推广普通话宣传周（简称“推普周”）。至 2021 年，“推普周”已历 24 届。

历届“推普周”的主题如下：

第一届（1998 年）：大力宣传，积极普及，逐步提高。

第二届（1999 年）：推广普通话，迎接新世纪。

第三届（2000 年）：推广普通话，迈向新世纪。

第四届（2001 年）：宣传贯彻《国家通用语言文字法》，大力推广普通话，促进语言文字规范化。

第五届（2002 年）：宣传贯彻《国家通用语言文字法》，大力推广普通话，促进语言文字规范化，迎接党的十六大召开。

第六届（2003 年）：大力推广普通话，齐心协力奔小康。

第七届（2004 年）：普通话——情感的纽带，沟通的桥梁。

第八届（2005 年）：实现顺畅交流，构建和谐社会。

第九届（2006 年）：普通话——五十年推广，新世纪普及。

第十届（2007 年）：构建和谐语言生活，弘扬中华优秀文化。

第十一届（2008 年）：构建和谐语言生活，营造共有精神家园。

第十二届（2009 年）：热爱祖国语言文字，构建和谐语言生活。

第十三届（2010 年）：规范使用国家通用文字，弘扬中华优秀文化传统。

第十四届（2011 年）：提升国家通用语言文字应用能力，弘扬中华优秀文化传统。

第十五届（2012 年）：大力推广和规范使用国家通用语言文字。

第十六届（2013 年）：推广普通话，共筑中国梦。

第十七届（2014 年）：说好普通话，圆梦你我他。

第十八届（2015 年）：依法推广普通话，提升国家软实力。

第十九届（2016 年）：大力推行和规范使用国家通用语言文字，助力全面建成小康社会。

第二十届（2017 年）：大力推广和规范使用国家通用语言文字，自觉传承弘扬中华优秀传统文化。

第二十一届（2018 年）：说好普通话，迈进新时代。

第二十二届（2019 年）：普通话诵七十华诞，规范字书爱国情怀。

第二十三届（2020 年）：同讲普通话，携手进小康。

第二十四届（2021 年）：普通话诵百年伟业，规范字写时代新篇。

思考和练习

一、什么是现代汉语普通话？

二、现代汉语七大地域方言及其代表方言点有哪些？

三、现代汉语规范化的主要内容是什么？

四、近年来，国家有关部委主要颁布了哪些有关“推普”工作的法规文件？

第二节　什么是普通话水平测试

一、普通话水平测试概念

根据中华人民共和国教育部、国家语委发教语用〔2003〕2 号文件《普通话水平测试大纲》（以下简称《大纲》）的阐述，普通话水平测试是一种测查应试人的普通话规范程度、熟练程度，认定其普通话水平等级的标准参照性考试。普通话水平测试的汉语拼音大写格式为 PUTONGHUA SHUIPING CESHI（缩写为 PSC）。它是在国家颁布的《大纲》规定的范围内，对应试人掌握普通话的规范程度和运用普通话的能力的评价。

此前，《大纲》有 1994 年版。2003 年版《大纲》较 1994 年版《大纲》在各题测试完成时间、测试评价标准、测试朗读短文篇目、说话话题及测试词汇量与难度等方面多有修订。就总体而言，2003 年版《大纲》降低了难度。本书的编写依据为 2003 年版《大纲》。

二、普通话水平测试内容

普通话水平测试内容为测查应试人的语音、词汇、语法以及在语言较集中的情况下运用普通话的能力等。

《大纲》要求的普通话水平测试试卷包括 5 个题项，满分为 100 分。

（一）读单音节字词

应试人朗读总计 100 个音节的单音节字词（不含轻声、儿化音节），限时 3.5 分钟，每个音节满分 0.1 分，共 10 分。该题主要测查应试人在单音节字词的声母、韵母、声调（合起来构成音节）等方面的发音标准程度。

（二）读多音节词语

应试人朗读总计100个音节的多音节词语，限时2.5分钟，每个音节满分0.2分，共20分。该题主要考核应试人在词语的声母、韵母、声调，尤其是语流音变如变调、轻声、儿化等方面的发音标准程度。

（三）选择判断

（1）词语判断。应试人判断并读出试卷所提供的普通话与方言意义相对应但说法不同的10组词语中的普通话词语。每组满分0.25分，共计2.5分。

（2）量词、名词搭配。应试人搭配并读出试卷所提供的10组符合普通话规范的名量短语。每组0.5分，共计5分。

（3）语序或表达形式判断。应试人判断并读出试卷所提供的普通话和方言意义相对应但语序或表达习惯不同的5组短语或短句中符合普通话语法规范的表达形式。每组满分0.5分，共计2.5分。

本题项满分为10分。

本项测试由各省、市、区语委自行决定是否纳入测查范围。广东、湖南、江苏、山东、辽宁等多个省、市、区的普通话水平测试不测查该项内容。该项是否测查，应试人应以参加测试所在省、市、区语委的规定为准。

（四）朗读短文

应试人朗读一段总计为400个音节的文章，限时4分钟，共30分。该题主要测查应试人声母、韵母、声调的读音和轻声、儿化、连读音变的读音，以及朗读的语调、语速和自然流畅程度。

（五）命题说话

应试人根据指定题目，完成一篇用时3分钟的口头作文。该题主要测查应试人在无文字凭借的情况下说普通话的水平，重点测查语音标准程度，词汇、语法规范程度和自然流畅程度。

按《大纲》要求测查五项者，本项满分为30分。各省、市、区测查四项者，本项满分为40分，具体分值分配略有差别。

三、普通话水平测试形式

普通话水平测试的形式为口试。

自2007年起，我国绝大部分省、市、区的主要考点已先后实施计算机辅助普通话水平测试。应试人面对电子计算机语音输入设备完成测试。前几项由相应的测试程序直接打分，最后一项“命题说话”目前仍由各省、市、区语委从测试员资料库中抽取测试员听录音打分。

在为数不多的仍完全使用人工进行普通话水平测试的考点，应试人面对2～3名省级以上（含省级）普通话测试员，依次口头完成五项或四项测试内容。在辅测人员的帮助下，应试人的语音（PSC 内容）被录音笔等录下来，然后输入各测试站点的电脑资料库中，供日后上报、复查、整理、研究之用。

四、普通话水平测试的等级确定

普通话水平测试共分三级六等。“三级”分别是一级、二级、三级；“六等”指“三级”内部各分甲、乙两等，共计六等。

（一）一级甲等

97≤得分≤100。朗读和自由交谈时，语音标准，词语、语法正确无误，语调自然，表达流畅。测试总失分率在3%以内。

（二）一级乙等

92≤得分<97。朗读和自由交谈时，语音标准，词语、语法正确无误，语调自然，表达流畅。偶有字音、字调失误。测试总失分率在8%以内。

（三）二级甲等

87≤得分<92。朗读和自由交谈时，声韵调发音基本标准，语调自然，表达流畅。少数难点音（平翘舌音、前后鼻尾音、边鼻音等）有时出现失误。词语、语法极少有误。测试总失分率在13%以内。

（四）二级乙等

80≤得分<87。朗读和自由交谈时，个别调值不准，声韵母发音有不到位现象。难点音失误较多（平翘舌音不分；前后鼻尾音不分；边鼻音不分；f、h不分；z、zh、j不分；送气、不送气音不分；保留浊塞音和浊塞擦音；丢介音；复韵母单音化等）。方言语调不明显。有使用方言词、方言语法的情况。测试总失分率在20%以内。

（五）三级甲等

70≤得分<80。朗读和自由交谈时，声韵母发音失误较多，难点音失误超出常见范围，声韵调多不准。方言语调较明显。词语、语法失误较多。测试总失分率在30%以内。

（六）三级乙等

60≤得分<70。朗读和自由交谈时，声韵母发音失误多，方音特征突出。方言语调明显。词语、语法失误较多。外地人听其谈话有听不懂的情况。测试总失分率在40%以内。

应试人的成绩低于60分者“不入等级”。

友情提醒：对正在找工作的已毕业或将毕业的大中专院校的学生而言，如非必要，不要在人才市场展示“三甲”或“三乙”PSC证书或成绩证明，因为它们只能证明持证人的普通话水平“不高”，而不是“较高”或“很高”。

五、普通话水平测试的适用对象及其等级要求

（一）国家要求

《中华人民共和国国家通用语言文字法》第十九条规定：“凡以普通话作为工作语言的岗位，其工作人员应当具备说普通话的能力。以普通话作为工作语言的播音员、节目主持人和影视话剧演员、教师、国家机关工作人员的普通话水平，应当分别达到国家规定的等级标准；对尚未达到国家规定的普通话等级标准的，分别情况进行培训。”

（二）地方规定

国家对各类工作岗位在普通话水平测试等级证书方面有统一要求，各省、市、区语委等部委对此也有具体的规定。部分省、市、区要求如下（依提出要求的时间排序）：

1. 甘肃

《关于开展普通话水平测试工作的通知》（1998）规定：

（1）教育系统

①各级各类师范院校的教师和毕业生，普通话水平应达到二级以上，其中专门教授普通话语音课教师和口语课教师必须达到一级水平。

②中小学、幼儿园、职业中学教师，职业中学文秘类、公共服务类（旅游、商业等）等与口语表达密切相关专业的毕业生，普通话水平应达到二级以上。

③非师范类高等院校的教师及与口语表达密切相关专业的毕业生，普通话水平应达到二级以上。

④各级各类学校广播站播音员，普通话水平必须达到一级。

（2）广电系统

①省级广播电台、电视台、有线电视台的播音员、节目主持人，普通话水平必须达到一级甲等。地级广播电台、电视台、有线电视台的播音员、节目主持人，普通话水平不得低于一级乙等。县级广播电台、电视台、有线电视台的播音员、节目主持人，1997年年底前在岗者，普通话水平不得低于二级甲等，1998年以后新招聘者，普通话等级不得低于一级乙等。

②电影、话剧、广播剧、电视剧等表演、配音人员，播音员、主持人专业和电影、话剧表演专业的教师和毕业生普通话水平必须达到一级。

（3）社会

国家机关公务员，铁路、民航、宾馆、商场等“窗口”行业服务人员，旅游业导游员、讲解员等人员，普通话水平最低应达到三级。自愿申请接受普通话水平测试的人员，等级不限。

2. 江苏

《关于在全省高校、中等职业学校开展普通话水平测试的通知》（2001）规定：

（1）对 1954 年 1 月 1 日以后出生的各级各类学校教师和学校管理人员要进行普通话水平测试。教师必须达到二级以上（含二级）普通话水平，其中语文教师和对外汉语教师不低于二级甲等，语音教师和播音、主持、影剧表演等专业教师不低于一级乙等。

（2）毕业时，师范类学生必须取得二级以上（含二级）等级证书（其中中文专业学生不低于二级甲等），播音、主持、影剧表演等专业学生必须取得一级以上（含一级）等级证书，其他类学生必须取得三级甲等以上（含三级甲等）等级证书。

3. 山东

《山东省实施〈中华人民共和国国家通用语言文字法〉办法》（2004）规定：

（1）国家机关工作人员的普通话等级标准为不低于三级甲等。

（2）教师的普通话等级标准为不低于二级乙等，其中语文教师、英语教师和对外汉语教师不低于二级甲等，普通话语音教师不低于一级乙等，学校管理人员应不低于三级甲等。

（3）播音员、节目主持人和影视话剧演员的普通话等级标准应不低于一级乙等。

（4）公共服务行业从业人员的普通话等级标准应不低于二级乙等，其中广播员、解说员、话务员、导游等特定岗位人员应当不低于二级甲等。

（5）高等院校和中等职业技术学校的毕业生普通话等级标准应不低于二级乙等。

4. 湖南

《湖南省实施〈中华人民共和国国家通用语言文字法〉办法》（2006）规定：

（1）国家机关工作人员的普通话应当达到三级甲等以上水平。

（2）学校及其他教育机构的教师的普通话应当达到二级乙等以上水平，其中语文教师和对外汉语教学教师的普通话应当达到二级甲等以上水平，普通话教师和语音教师的普通话应当达到一级乙等以上水平，学校及其他教育机构教学辅导人员的普通话应当达到三级甲等以上水平。

（3）广播电视播出机构的播音员、节目主持人和影视话剧演员的普通话应当达到一级乙等以上水平，其中省级电台、电视台播音员和节目主持人的普通话应当达到一级甲等水平。

（4）公共服务行业从业人员的普通话应当达到三级乙等以上水平，其中播音员、解说员、导游员、话务员、律师、星级宾馆服务员等特定岗位人员的普通话应当达到二级乙等以上水平。

（5）大中专学生毕业时的普通话应当达到三级甲等以上水平，其中师范类专业学生毕业时的普通话应当达到二级乙等以上水平。

5. 广西

《广西壮族自治区实施〈中华人民共和国国家通用语言文字法〉办法》（2006）规定：

（1）公务员为三级甲等以上，在乡镇机关工作的公务员可以为三级乙等。

（2）自治区级广播电台、电视台的播音员、节目主持人为一级甲等；设区的市广播电台、电视台的播音员、节目主持人为一级乙等以上；县级广播电台、电视台的播音员、节目主持人为二级甲等以上。

（3）影视话剧演员为一级乙等以上。

（4）教师为二级乙等以上，其中从事语文教学的教师和对外汉语教学的教师不得低于二级甲等；县级人民政府驻地以外的乡镇、村学校的教师可以为三级甲等以上，其中从事语文教学的教师不得低于二级乙等。

（5）普通高等院校、中等职业学校的学生为三级甲等以上，其中汉语言文学专业、师范类专业以及其他与口语表达密切相关专业的学生不得低于二级乙等。

（6）公共服务行业的播音员、解说员、导游员、话务员等特定岗位人员为二级乙等以上。

就总体而言，各省、市、区对各类工作岗位在 PSC 等级证书方面的要求大体一致，即播音主持及语音教学从业人员等需达到一级乙等及以上等级，中小学语文教师、中小学英语教师、幼儿教师及部分公共服务行业从业人员需达到二级甲等及以上等级，学校其他学科教师及有相关要求的一般专业毕业生需达到二级乙等及以上等级，公务员及其他有等级要求的公共服务行业从业人员需达到三级甲等及以上等级。

应试人应认真查阅测试尤其是拟就业所在省、市、区对相关人员 PSC 证书等级的最新要求，明确本人在 PSC 等级方面的努力目标。

六、普通话水平测试报名、培训与成绩查询

（一）报名

高校等有独立测试站点的单位，由具体测试站点向所在省教育厅语委办申请测试时间、参测人数上限，然后由应试人到国家普通话水平测试在线报名系统（http://bm.cltt.org/#/index?key=74b19015）（见图1-1）报名（也可按要求至报名通知所指定的省级普通话水平测试报名系统等处进行线上报名）。应试人可根据相关通知了解开放报名的测试考点，选择参加测试考点及测试时间。

图1-1

以江苏省为例，江苏省普通话水平测试在线报名网址为：http://www.jszwfw.gov.cn/col/col140135/index.html（见图1-2）。

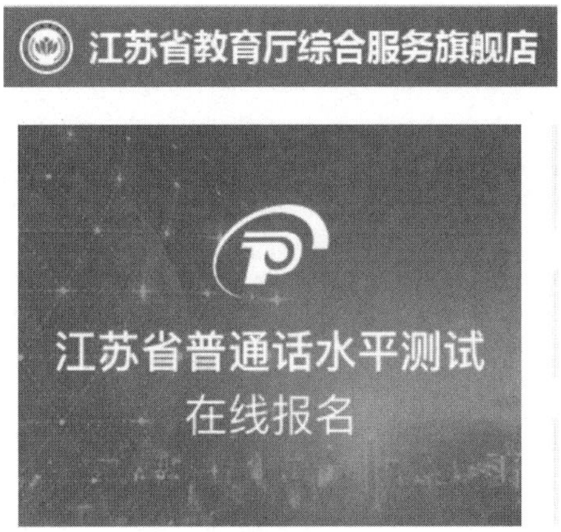

图 1－2

建议所在单位具有独立测试站点的应试人优先选择所属单位的测试场次。若所属单位在特定时间段未开放或名额已满，应试人也可选择其他面向社会考生的场次。

具体报名与缴费方式、准考证打印、证书领取等事项详见各省、市、区语委或各具体测试站点发布的《报名通知》等。

附：

江苏省教育厅公众号——“江苏教育发布”于 2021 年 9 月发布“江苏省 2021 年第五批社会考生普通话水平测试计划”。计划涉及本批次 PSC“考点名称”“测试时间”“开放名额”“报名时间”“测试地点”及 4 点“相关要求”，公布了江苏政务服务网上报名通道等。

（二）培训

具体培训站点的培训形式多样。主要包括：全程的教师线下培训；教师线下培训结合线上辅导；全程的线上培训和辅导等。

培训基本内容一致。详见本书第二章至第六章。

（三）成绩查询

考生主要可由以下途径获知测试成绩：

（1）至中华人民共和国教育部网上服务大厅“普通话水平测试成绩查询”（https：//zwfw. moe. gov. cn/mandarin/）专栏查询（见图 1－3）。

图 1－3

（2）至其他正规普通话水平测试成绩查询网站（址）查询，如“中国语言文字网”“语言服务”专栏（http：//www. china-language. edu. cn/node/115）下的“普通话水平测试成绩查询”（见图 1－4）。

图 1－4

（3）由测试所在站点工作人员统一告知。

附：部分普通话培训测试相关网站（页）

①中国语言文字网．http：//www. china-language. edu. cn.

②甘肃省语言文字网. https：//www. gssyywzw. com/Index. html.

③河北语言文字网. http：//yczx. hee. gov. cn.

④湖北语言文字网. http：//hbyw. e21. edu. cn.

⑤四川语言文字网. http：//scyywzw. com.

⑥江西语言文字网. http：//jyt. jiangxi. gov. cn/col/col30330/index. html.

⑦北京市语言文字测试中心. https：//yuce. cnu. edu. cn.

⑧湖南省语言文字培训测试中心. http：//jyt. hunan. gov. cn/sjyt/hnyczx.

⑨安徽语言文字培训测试网. http：//ahywpc. ahedu. gov. cn/default2. asp.

⑩全国普通话培训测试信息资源网. http：//www. cltt. org.

⑪河南省语言文字工作信息网. http：//jyt. henan. gov. cn/yywz/.

⑫中华人民共和国教育部网上服务大厅“普通话水平测试成绩查询”专栏. https：//zwfw. moe. gov. cn/mandarin.

⑬江苏省教育厅综合服务旗舰店. http：//www. jszwfw. gov. cn/col/col140135/index. html.

思考和练习

一、PSC 的主要对象是什么人?

二、PSC 相应等级的要求有哪些?

第二章　读单音节字词

第一节　人体的发音器官

一、人体发音器官的构成

正确掌握普通话发音部位和发音方法，有赖于准确了解人体发音器官的构成及其在发好普通话语音方面所起的作用。

（一）肺和气管

肺和气管（含支气管）都不是人体的直接发音器官，但肺部的正常扩张和收缩，为普通话发音提供必需的气流，气管则是气流进出人体的必由通道。它们作用于人体的声带、口腔和鼻腔等直接发音器官，发出振动有规律的乐音或振动没有规律的噪音。

（二）喉头和声带

喉头是人体中连接咽头的起始部位。有些语言包括一些汉语方言借助于喉头可以直接发出喉头音，但普通话没有喉头音。

声带是喉头中间两片由声带肌、声带韧带和黏膜组成的富有弹性的带状薄膜。从肺部呼出的气流通过声门振动声带可以发出声音。声带的松紧变化，使普通话发出高低不同的声音；声带的振动与否，可使普通话有清音和浊音之别。

（三）声腔

人体的声腔包括口腔、鼻腔和咽腔等。其中口腔的构成最复杂，在发好普通话语音方面所起的作用也最大。

口腔的构成大致如下：

口腔{上部：上唇、上齿、上齿龈、硬腭、软腭、小舌
下部：下唇、下齿、舌头

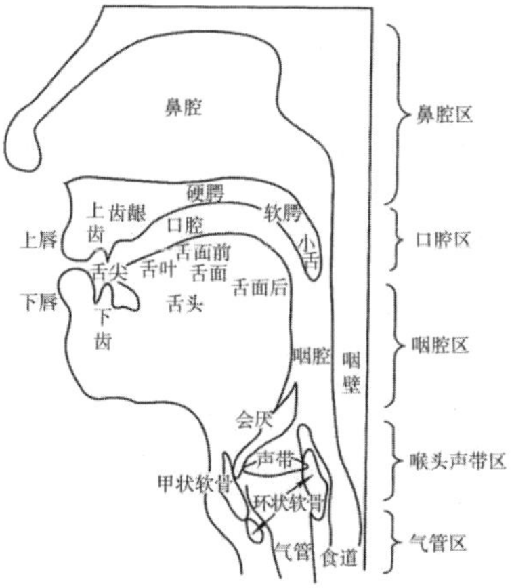

图 2－1　**人体发音器官示意图**①

二、熟悉并找准人体发音器官的意义

有些应试人把自己说不好普通话归咎于年龄大、“乡音难改”。其实他们说不好普通话的根本原因在于未能正确掌握普通话语音的发音部位和发音方法。而要正确掌握发音部位和方法，首先必须熟悉并找准人体发音器官。

PSC 培训教师应当切实做好引导工作，比如，应使应试人认识到，人体口腔构成中的上齿、下齿及上齿龈，在普通话发音时，主要用到的是它们的内侧；舌头可细分为舌尖、舌叶、舌面，在普通话发音时，没有舌叶音（即由舌叶和齿龈接触形成阻碍而产成的语音）；舌尖又可分为舌尖前、舌尖后，舌面则再细分为舌面前、舌面中和舌面后（也称舌根）。

完成普通话发音的部位主要在口腔；鼻腔在普通话发音过程中的作用主要是在软腭及小舌的帮助下允许或阻碍气流通过；咽腔则有助于共鸣，还在舌根的帮助下发音。

在培训过程中，多数应试人认识到，掌握了正确的发音部位和发音方法后，“想发出错误的普通话语音也很‘难’”。

思考和练习

一、人体的声腔由哪几部分构成？

二、对照“人体发音器官示意图”，熟悉并找准自己的发音器官。

---

① 黄伯荣、廖序东．现代汉语：上册［M］．增订6版．北京：高等教育出版社，2017：19.

第二节　普通话声母的发音

一、普通话声母及其分类

（一）什么是普通话声母

普通话声母是指普通话音节中位于元音前面的那部分辅音。例如“niú（牛）”中的“n”。

普通话有22个辅音，它们是：b、p、m、f、z、c、s、d、t、n、l、zh、ch、sh、r、j、q、x、g、k、h、ng。其中，辅音声母有21个，因为“ng”不能作声母。

（二）普通话声母的分类

（1）按发音部位可分为7类，即双唇音、唇齿音、舌尖前音（平舌音）、舌尖中音、舌尖后音（翘舌音）、舌面前音（舌面音）和舌面后音（舌根音）。

双唇音是指口腔中由上下唇共同阻塞气流而形成的音，有b、p、m共3个；唇齿音是指上齿和下唇相互接近、阻碍气流而形成的音，只有f这一个；舌尖前音是指口腔中由舌尖抵住或接近齿背、阻碍气流而形成的音，有z、c、s共3个，其中z、c为“抵住”，s为“接近”；舌尖中音是指口腔中由舌尖抵住上齿龈、阻碍气流而形成的音，有d、t、n、l共4个；舌尖后音是指口腔中由舌尖抵住或接近硬腭前部、阻碍气流而形成的音，有zh、ch、sh、r共4个，其中zh、ch为“抵住”，sh、r为“接近”；舌面前音是指口腔中由舌面前部抵住或接近硬腭前部、阻碍气流而形成的音，有j、q、x共3个，其中j、q为“抵住”，x为“接近”；舌面后音是指口腔中由舌面后部抵住或接近软腭、阻碍气流而形成的音，有g、k、h共3个，其中g、k为“抵住”，h为“接近”。

（2）按成阻、持阻和除阻方式分为塞音、擦音、塞擦音、鼻音、边音5类。

塞音有b、p、d、t、g、k共6个，擦音有f、s、sh、r、x、h共6个，塞擦音有z、c、zh、ch、j、q共6个，鼻音有m、n共2个，边音只有l这一个。塞音、擦音、塞擦音的成、持、除阻方式见表2-1。

表 2-1　塞音、擦音、塞擦音的成、持、除阻方式比较表

名称	成、持、除阻方式
塞音	先塞后破
擦音	总在摩擦
塞擦音	先塞后擦

（3）按声带颤动与否分为清音和浊音。

发音时声带不颤动的是清音，清音有 b、p、f、z、c、s、d、t、zh、ch、sh、j、q、x、g、k、h 共 17 个；发音时声带颤动的是浊音，浊音有 m、n、l、r 共 4 个。

（4）塞音、塞擦音声母按除阻气流强弱分为送气音和不送气音。

送气音有 p、c、t、ch、q、k 共 6 个；不送气音有 b、d、z、zh、j、g 共 6 个。“不送气”不是指完全没有气流呼出，而是指呼出的气流相对较弱。应试人将手心置于嘴巴前约 3 厘米处发音，可以明显感受到送气音和不送气音气流送出的强弱差异。

二、重点声母发音部位、发音方法的掌握

（一）m

m 是双唇、浊、鼻音。发音时，闭合上下嘴唇，降低软腭，气流振动声带并经由鼻腔顺利通过形成鼻音；解除气流阻塞时，要冲破上下嘴唇的阻碍，发出程度较弱的塞音。如“mā（妈）”里的 m。

（二）n

n 是舌尖中、浊、鼻音。如“niú（牛）”里的 n。

（三）l

l 是舌尖中、浊、边音。如“lán（兰）”里的 l。

n、l 发音部位和发音方法的比较见表 2-2。

表 2-2　n、l 发音部位和发音方法对照表

	舌尖	软腭	鼻腔通道	气流	从……通过发音	除阻气流
n	抵住上齿龈	下降	打开	振动声带	鼻腔	冲破舌尖 轻微塞音
l	抵住上齿龈	上升	堵住	振动声带	舌头两边	无

由表2－2可见，鼻音n和边音l的主要区别有：发n音时，软腭下降，鼻腔通道打开，气流从鼻腔通过，有除阻气流；发l音时，软腭上升，鼻腔通道堵住，气流从舌头两边通过，无除阻气流。

（四）z

z是舌尖前、不送气、清、塞擦音。如“zī（资）”里的z。

（五）c

c是舌尖前、送气、清、塞擦音。如“cí（词）”里的c。

（六）s

s是舌尖前、清、擦音。如“sī（丝）”里的s。

z、c、s发音部位和发音方式的比较见表2－3。

表2－3　z、c、s发音部位和发音方法对照表

	舌尖	软腭	鼻腔通道	声带	气流
z	轻轻抵住齿背	上升	堵塞	不颤动	不送气音，从舌尖与上齿背间冲开一条窄缝，挤出，摩擦成声
c	轻轻抵住齿背	上升	堵塞	不颤动	送气音，从舌尖与上齿背间冲开一条窄缝，挤出，摩擦成声
s	接近上齿背	上升	堵塞	不颤动	从舌尖与上齿背的窄缝中擦出成声

（七）zh

zh是舌尖后、不送气、清、塞擦音。如“zhī（知）”里的zh。

（八）ch

ch是舌尖后、送气、清、塞擦音。如“chī（吃）”里的ch。

（九）sh

sh是舌尖后、清、擦音。如“shī（师）”里的sh。

（十）r

r是舌尖后、浊、擦音。如“rén（人）”里的r。

zh、ch、sh、r发音部位和发音方法的比较见表2－4。

表 2-4　zh、ch、sh、r 发音部位和发音方法对照表

	舌尖上翘	软腭	鼻腔通道	声带	气流
zh	抵住硬腭前部	上升	堵塞	不颤动	较弱，从舌尖与硬腭间冲开一条窄缝，挤出，摩擦成声
ch	抵住硬腭前部	上升	堵塞	不颤动	较强，其余与 zh 同
sh	接近硬腭前部	上升	堵塞	不颤动	从舌尖与硬腭之间的窄缝中挤出，摩擦成声
r	接近硬腭前部	上升	堵塞	颤动	从舌尖与硬腭之间的窄缝中挤出，带音，摩擦较发 sh 音弱

比较表 2-3 和表 2-4 可见，舌尖前音 z、c、s 与舌尖后音 zh、ch、sh 最重要的区别在于发音部位不同。舌尖前音 z、c、s 发音时舌尖抵住或接近齿背，舌尖位置靠前；舌尖后音 zh、ch、sh 发音时舌尖抵住或接近硬腭前部，舌尖位置靠后。

（十一）f

f 是唇齿、清、擦音。如“fēi（非）”里的 f。

（十二）h

h 是舌面后、清、擦音。如“huā（花）”里的 h。

f、h 发音部位和发音方法的比较见表 2-5。

表 2-5　f、h 发音部位和发音方法对照表

	发音部位	软腭	鼻腔通道	气流
f	下唇靠拢上齿	上升	关闭	从唇齿间缝隙摩擦通过
h	舌面后部隆起接近硬、软腭交界处	上升	关闭	从舌面与硬、软腭交界处缝隙摩擦通过

由表 2-5 可见，f 和 h 在发音方面最大的差别是发音部位不同。

（十三）j

j 是舌面前、不送气、清、塞擦音。如“jūn（军）”里的 j。

（十四）q

q 是舌面前、送气、清、塞擦音。如“qī（妻）”里的 q。

（十五）x

x 是舌面前、清、擦音。如“xū（虚）”里的 x。

舌尖前音（尖音）z、c、s 和舌面前音（团音）j、q、x 发音的最大区别在于，前者发音时舌尖抵住或接近齿背，后者发音时舌面前部抵住或接近硬腭前部。

三、普通话水平测试常见的声母错误与缺陷

我国幅员辽阔，方言发音情况复杂。要求应试人判明并消除现代汉语方音中所有的声母、韵母及声调错误或缺陷，没有必要性也没有可能性。最重要的是，应试人应在培训教师的指导和帮助下，认真掌握正确的普通话语音发音部位和发音方法，并进行适量的发音练习。培训期间，地方普通话水平测试点的教师应重点分析当地方言常见的语音错误与缺陷；高校普通话水平测试点的教师要以多数应试人所在方言区为主，兼顾其他地域方言讲解普通话常见的语音错误与缺陷。应试人最应关心本人方言所属方言区的常见语音错误与缺陷，并加以判明与消除。本章第二节、第三节和第四节将分别简析普通话语音在声母、韵母及声调方面的常见错误与缺陷。

（一）普通话水平测试常见的声母错误

1. 误读舌尖前音与舌尖后音

将舌尖后音（翘舌音）zh、ch、sh 分别误读成舌尖前音（平舌音）z、c、s。如将“shī（师）”误读成“sī”。

也有将舌尖前音（平舌音）z、c、s 分别误读成舌尖后音（翘舌音）zh、ch、sh 的。如将“zì（自）”误读成“zhì”。

2. 误读鼻音与边音

将鼻音 n 误读成边音 l。如将“niú（牛）”误读成“liú”。

也有将边音 l 误读成鼻音 n 的。如将“lán（蓝）”误读成“nán”。

3. 误读舌尖后浊擦音 r

将舌尖后浊擦音 r 误读成边音 l。如将“róu（柔）”误读成“lóu”。

将舌尖后浊擦音 r 误读成鼻音 n。如将“ruǎn（软）”误读成“nuǎn”。

将舌尖后浊擦音 r 误读成齐齿呼零声母。如将“róu（柔）”误读成“yóu”。

将舌尖后浊擦音误读成舌尖前浊擦音［z］。如将“réng（仍）”由“［ʐ］”误读为［z］。

4. 误读舌面音与舌根音

将舌面音 j、q、x 分别误读成舌根音 g、k、h。如将“jiā（家）”误读成

“gà（入声读法）”，将“qiāo（敲）”误读成“kào（入声读法）”，将“hái（孩）”误读成“xiá”。

5. 误读舌尖音与舌面音

将舌面音误读成舌尖前音，也叫尖团音不分。如将“jiāo（交）”误读成“ziāo”，将“qǐng（请）”误读成“cǐng”，将“xiǎng（想）”误读成“siǎng”。

将舌尖前音 z、c、s 分别误读成舌面前音 j、q、x。如将“zòng（纵）”误读成“jiòng”。

将舌尖后音误读成舌面前音。如将“zhī（之）”误读成“jī”。

6. 误读唇齿音与舌面后音

将舌面后音 h 误读成唇齿音 f。如将“hú（湖）”误读成“fú”。

将唇齿音 f 误读成舌面后音 h。如将“fēn（芬）”误读成“hūn”。

7. 误读相同发音部位的不送气音与送气音

将相同发音部位的不送气音误读成送气音。如将“dùn（钝）”误读成“tèn”。

将相同发音部位的送气音误读成不送气音。如将“qú（瞿）”误读成“jú”。

8. 误读零声母

将零声母误读成舌面后鼻音。如将“yán（颜）”误读成“ngán”。

将零声母误读成舌尖中鼻音。如将“ān（氨）”误读成“nān”（两个 n 都发前鼻音）。

9. 误读清音与浊音

将清音误读成浊音。如将清声母 b 由“[p]”误读成“[b]”。

10. 误将部分合口呼零声母读成双唇鼻音

如将“wén（文）”误读成“mén”。

（二）普通话水平测试常见的声母缺陷

1. 舌尖后音 zh、ch、sh、r 发音部位偏前或偏后

zh、ch、sh 发音部位偏前，实际发音部位是舌尖抵住或接近上齿龈；偏后，产生“大舌头”语音现象。

发 r 音时摩擦过重。

2. 舌尖前音 z、c、s 读成齿间塞擦音

z、c、s 原本是由舌尖抵住或接近齿背，若舌尖滑向齿间，发音就会有缺陷。

3. 唇齿音 f 发音接近于双唇浊擦音

f 本是清音，发音时如果声带有所颤动，就会有浊音现象。

4. 舌面前音 j、q、x 发音有尖音色彩

若舌面前音 j、q、x 发音时有尖音色彩，则实际发音接近于舌叶音。

5. 舌面后清擦音 h 发音部位有偏差

当舌面后清擦音 h 发音部位有偏差时，则实际发音接近于喉清擦音。

6. 重读音节中不送气清塞音或清塞擦音浊音化

这种浊音化还不算完全的浊音。

7. 边音 l 带有鼻音色彩

这种带有鼻音色彩的边音还不算完全的鼻音。

8. 鼻音 n 带有边音色彩

这种带有边音色彩的鼻音还不算完全的边音。

9. 舌面后擦音 h 读音接近于深喉音

舌面后擦音 h 接近于深喉音，但还不算完全的喉音。

10. 韵母 u、uo 零声母读音接近于齿唇浊擦音

11. 齐齿呼前声母 t 有腭化色彩

思考和练习

一、简述普通话声母的分类。

二、按要求进行普通话重点声母的发音练读。

（一）各练读 5 遍区分清浊音。

1. 拔—麻　坡—摸　凡—瞒　强—忙　禀—溟　病—命　肥—梅

2. 答—拿　海—奶　含—南　除—奴　绳—能　奇—泥　闲—年

3. 盖—赖　发—拉　肥—雷　航—郎　讽—冷　即—厘　憔—聊

4. 事—日　扯—惹　少—扰　皱—肉　韩—燃　镇—认　广—壤

（二）各练读 5 遍区分平翘舌音。

1. 杂—炸　在—债　暂—站　仄—这　资—之　宗—中　怎—诊

2. 擦—插　猜—拆　灿—颤　册—撤　词—迟　从—虫　岑—陈

3. 洒—傻　赛—晒　三—山　色—设　斯—诗　缩—说　森—深

（三）各练读 5 遍区分鼻音 n、边音 l 和浊擦音 r。

1. 拿　奶　男　囊　恼　呢　内　能　你　奴　年　娘　鸟　聂　您

2. 拉　来　蓝　郎　老　了　累　冷　李　俩　脸　良　辽　列　林

3. 人　如　让　日　扔　绕　如　惹　韧　染　融　然　荣　软　肉

（四）各练读 5 遍区分唇齿音 f 和舌面后音 h。

1. 乏—滑　赋—护　敷—忽　非—辉　浮—糊　俯—琥　芾—惠

2. 飞—灰　肥—茴　匪—毁　凡—寰　泛—豢　芳—慌　房—黄

3. 翻—欢　芬—荤　焚—馄　愤—混　疯—烘　逢—宏　范—换

（五）各练读5遍区分尖音z、c、s和团音j、q、x。

1. 资—机　杂—颊　灾—皆　遭—胶　邹—究　簪—坚　怎—紧

2. 磁—骑　擦—掐　猜—切　曹—瞧　凑—秋　参—千　岑—勤

3. 斯—析　撒　虾　腮—歇　骚—消　搜—休　三—仙　森—心

第三节　普通话韵母的发音

一、普通话韵母及其分类

（一）什么是普通话韵母

普通话韵母是指普通话音节中声母后面的那部分元音或辅音。如“xīn（心）”中的“in”。

普通话共有39个韵母，即ɑ、o、e、ê、i、u、ü、-i（ɿ）、-i（ʅ）、er、ɑi、ei、ɑo、ou、ɑn、en、ɑng、eng、iɑ、ie、iɑo、iou、iɑn、in、iɑng、ing、uɑ、uo、uɑi、uei、uɑn、uen、uɑng、ueng、ong、üe、üɑn、ün、iong。

（二）普通话韵母构成

普通话韵母由韵头、韵腹和韵尾构成。普通话音节可以没有韵头、韵尾，但不可以没有韵腹。普通话韵母构成表见表2-6。

表2-6　普通话韵母构成表

韵头	韵腹	韵尾	例字
	i		依
i	ɑ		压
u	e	i	微
ü	ɑ	n	鸳

表2-6中，i就是没有韵头、韵尾，只有韵腹。

（三）普通话韵母的结构分类

普通话韵母按不同标准有不同分类。普通话韵母的结构分类主要包括单元音韵母（如“é”中的“e”）、复元音韵母（如“huā”中的“uɑ”）和鼻韵母（如“gēng”中的“eng”）。

二、重点韵母的发音练习

（一）ê

ê 是舌面、前、半低、不圆唇元音。发音时半张着嘴，舌位半低，舌尖前抵下齿背，唇形为扁。

（二）-i（ɿ）与 -i（ʅ）

-i（ɿ）和 -i（ʅ）的发音部位、发音方法比较见表 2-7。

表 2-7　-i（ɿ）和 -i（ʅ）发音部位、发音方法对照表

	发音部位	发音方法
-i（ɿ）	舌尖前	不圆唇
-i（ʅ）	舌尖后	不圆唇

-i（ɿ）和 -i（ʅ）分别跟在舌尖前音与舌尖后音后面。如“zī（资）”和“zhī（知）”。

练发 -i（ɿ）音和 -i（ʅ）音的方法可以从简，要求应试人先分别发好“zī”和“zhī”的音，拉长发音过程，然后分别自然脱落其声母“z”和“zh”，即可。

（三）er

er 是央、中、卷舌、不圆唇元音。如“儿”读若“ér”。

发 er 音时，唇形偏扁，舌位居于口腔中部，舌头向口腔内缩，唇形不圆。在发 e 音的同时，舌尖向硬腭方向卷起。

（四）n 与 ng

n 与 ng 发音部位、发音方法的比较见表 2-8。

表 2-8　n、ng 发音部位和发音方法对照表

	发音部位	软腭	鼻腔通道	气流	从……通过发音	除阻气流
n	舌尖抵住上齿龈	下降	打开	振动声带	鼻腔	冲破舌尖轻微塞音
ng	舌面后部后缩抵住软腭	下降	打开	振动声带	鼻腔	无

前鼻音 n 与后鼻音 ng 发音的最大区别在于发音部位，前者是舌尖抵住上齿龈，后者是舌面后部后缩抵住软腭。此外，有无除阻气流也是区别之一。

三、普通话水平测试常见的韵母错误与缺陷

（一）普通话水平测试常见的韵母错误

（1）单韵母复化。

将舌面单元音韵母误读成复元音韵母。如将“bǐ（笔）”误读成“běi”。

将舌面前高元音 i 误读成舌尖前高元音 -i［ɿ］。如将“xī（希）”“qí（奇）”分别误读成“sī”“cí”。

将单元音 u 误读成复元音韵母 ou。如将“lù（录）”误读成“lòu”。

将单元音 e 误读成 uo。如将“hè（赫）”误读成“huò”。

（2）复韵母单化。

丢失韵头 i 或 u。如将“jiā（家）”误读成“gà（入声读法）”。

丢失韵腹。如将“liè（列）”误读成“lì”，将“duō（多）”误读成“dū”。

丢失韵尾。如将“xiàng（向）”误读成“xià”。

（3）把三合复合元音误读成二合元音。如将“duī（堆）”误读成“dēi”。

（4）把无韵头的韵母误读成有韵头的韵母，即多出了韵头。如将“nèi（内）”误读成“nuèi”。

（5）舌尖单元音韵母带有塞音韵尾。

古代汉语入声调类归并到现代汉语四声后，塞音韵尾随之消失。但方言中仍有入声音节，因而误使普通话舌尖单元音韵母带有塞音韵尾。如将“shí（识）”误读成接近于“sè（入声读法）”的音。

（6）误读前鼻音韵母与后鼻音韵母。

将前鼻音韵母误读成后鼻音韵母。如将“bān（班）”误读成“bāng”。

将后鼻音韵母误读成前鼻音韵母。如将“yīng（鹰）”误读成“yīn”。

（7）er 或儿化韵没有卷舌色彩。如将“èr（二）”误读成“à”，将“háir（孩儿）”误读成“hái'ér”或“hái'er”。

（8）韵母四呼发生误读。

将撮口呼韵母误读成齐齿呼韵母。如将“yuē（约）”误读成“yuō”。

将撮口呼韵母误读成合口呼韵母。如将“yú（于）”误读成“wú”。

将合口呼韵母误读成撮口呼韵母。如将“shū（舒）”误读成“xū”。

将合口呼韵母误读成开口呼韵母。如将“shū（舒）”误读成“shōu”。

将开口呼韵母误读成合口呼韵母。如将“pò（破）”误读成“pù”。

（9）误读宽开口韵母与窄开口韵母。

将窄开口韵母误读成宽开口韵母。如将“mèi（妹）”误读成“mài”。

（10）将鼻尾韵母误读成鼻化韵母。

鼻尾韵母由元音发音状态过渡到鼻辅音发音状态，结束发音时为鼻音，闭塞不除阻。鼻化韵母没有辅音成分，发音时口腔与鼻腔同时出气，元音带上鼻音色彩，成为鼻化元音。如将“yān（烟）”误读为“[iã]”。

（11）舌尖前元音 -i [ɿ] 没有保持单元音状态，明显向央元音的舌位滑动，有的同时带有卷舌色彩。如将“zhí（值）”误读为近于“zèr（不翘舌、入声读法）”。

对于平翘舌音不分的应试人而言，舌尖后元音 -i [ʅ] 发音情况大抵同舌尖前元音。

（12）鼻韵母没有鼻辅音收尾，变成开尾韵。如将“ān（氨）”误读成“āi”。

（13）鼻韵尾 -n 没有产生音变而读作鼻韵尾 -m。如将“cān（参）”误读为“cām”。

（二）普通话水平测试常见的韵母缺陷

（1）单元音韵母 i、u、ü 或舌尖元音 -i（ɿ）、-i（ʅ）带有明显的摩擦成分，成为或接近半元音。

（2）介音发音不足。

①含介音 i 音节中 i 的音长明显偏短。

②含介音 u 音节中 u 的圆唇度明显不够。

③含介音 ü 音节中 ü 的圆唇度明显不够。

（3）元音韵尾 i、u 或 o 过于突出。

（4）复元音韵母动程明显不够。

①主要元音发音不到位，如 ou、iou 韵腹、韵尾整体舌位偏前。

②二合前响复合元音动程明显不到位，但还没有发成单元音。

③三合前响复合元音动程明显不到位，但还没有发成二合元音。

④复韵母中主要元音的开口度偏小。

（5）in、ing 读阴平时，其中的 i 和鼻韵尾之间明显嵌入央元音 e。

（6）鼻音韵尾发音不足。

①鼻音韵尾发音过长或咬得太死。

②前鼻音韵尾成阻位置偏后，后鼻音韵尾成阻位置偏前。

③韵尾不到位或夸张。

④唇形偏圆或偏扁。

⑤韵腹弱化或夸张。

⑥主要元音开口度偏小，或舌位靠前、靠后。

（7）“ɑ”发音部位前后不到位。

①把单元音韵母央 ɑ（[A]）读成前 ɑ（[a]）或后 ɑ（[ɑ]）。

②把单元音韵母前 ɑ（[a]）读成央 ɑ（[A]）或后 ɑ（[ɑ]）。

③把单元音韵母后 ɑ（[ɑ]）读成央 ɑ（[A]）或前 ɑ（[a]）。

（8）舌尖前韵母 -i（[ɿ]）或舌尖后韵母 -i（[ʅ]）有摩擦，接近舌尖后浊擦音。

舌尖后韵母 -i（[ʅ]）有拢唇的动作。

（9）将前舌面半低不圆唇元音 ê 发音接近于央中元音 e。

（10）ou、iou 韵腹、韵尾舌位偏前，ou 发音接近于［ɛu］，iou 发音接近于［iɛu］。

（11）iou、uei、uen 读上声、去声，或 uei、uen 同舌面后声母相拼时，韵腹会弱化甚至消失。

（12）韵母 ɑn 开口度小，舌位高，韵母 iɑn、ɑn 中韵腹开口度大。

（13）有轻微的入声喉塞音韵尾，但还不完全是入声。

（14）卷舌韵母 er 发音不自然，或卷舌音色彩不明显。

思考和练习

一、练读含韵头（介音）i 的韵母的发音。

家　节　翘　且　先　项　掉　蝶　跳　天　年　娘　脸　溜

件　千　秒　虾　写　修　列　灭　揪　谬　丢　颠　量　香

二、练读含韵头（介音）u 的韵母的发音。

段　对　推　吞　暖　懦　乱　论　钻　赚　窜　穿　算　涮

揣　吹　蹉　跎　堆　专　准　庄　尊　春　喘　关　宽　欢

三、练读含韵头（介音）ü 的韵母的发音。

雀　捐　全　决　群　选　寻　俊　倦　倔　却　学　穴　劝

轩　掠　娟　询　绝　拳　裙　谲　郡　略　涓　循　绿　缺

四、练读含 in 和 ing 的韵母的发音。

宾—兵　贫—平　民—明　进—境　秦—情　信—性　临—灵

亲—清　近—静　心—星　因—鹰　您—宁　仅—井　彬—冰

五、练读含 en 和 eng 的韵母的发音。

笨—蹦　盆—朋　门—盟　根—耕　肯—坑　恨—横　真—蒸

分—风　嫩—能　贞—征　痕—恒　粉—讽　奔—绷　喷—烹

六、练读含 er 的韵母的发音。

儿 而 尔 耳 迩 二 贰

七、练读方言为入声字的韵母的发音。

哭 桌 瞎 革 国 博 节 谷 铁 北 敌 直 客 木

第四节 普通话声调的发音

一、普通话声调概述

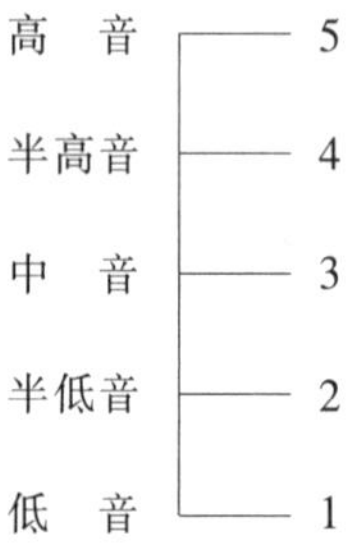

图 2－2 普通话调值五度标记图

普通话声调是指普通话音节中能区别意义的音高变化，包括调值和调类。

调值是声调发音时的实际音值，反映音节语音高低、升降、长短等方面的变化形式。根据赵元任先生创制的“五度标记法”，由低到高，普通话调值共分“1”“2”“3”“4”“5”这五档（见图 2－2）。了解并掌握 5 档普通话调值，有助于应试人更好地掌握读足音节动程及语流音变等。

调类是归并了相同调值后得出的声调的类。普通话声调共有 4 个调类，即阴平（第一声、55）、阳平（第二声、35）、上声（第三声、214）和去声（第四声、51）。如“tiān（天）”是“阴平调（第一声、55）”。

轻声音节不标注调类，但它们不是普通话的第五个调类。

PSC 应试人要多练读普通话四声，为纠正方言中的声调错误打好基础。

二、普通话水平测试常见的声调错误与缺陷

（一）普通话与地域方言在声调方面存在的差异

某些地域方言语音声调与普通话语音声调存在不同程度的差异（见表 2－9）。

表 2－9 普通话和部分地域方言调类、调值比较表

调类	调值						
	普通话	西安话	滦县话	南京话	梅县话	绍兴话	广州话
阴平	55	31	11 平声	31	44	41	53
阳平	35	24		13	11	15	21

（续上表）

<table>
<tr><th rowspan="2">调类</th><th colspan="7">调值</th></tr>
<tr><th>普通话</th><th>西安话</th><th>滦县话</th><th>南京话</th><th>梅县话</th><th>绍兴话</th><th>广州话</th></tr>
<tr><td rowspan="3">上声</td><td rowspan="3">214</td><td rowspan="3">42</td><td rowspan="2">215</td><td rowspan="3">22</td><td rowspan="3">31</td><td rowspan="2">55
阴上</td><td>35
阴上</td></tr>
<tr><td>23
阳上</td></tr>
<tr><td rowspan="3">55</td><td>22
阳上</td><td>阴上
阳去</td></tr>
<tr><td rowspan="2">去声</td><td rowspan="2">51</td><td rowspan="2">55</td><td rowspan="2">44</td><td rowspan="2">52</td><td>44
阴去</td><td>33
阴去</td></tr>
<tr><td>31
阳去</td><td>22
阳去</td></tr>
<tr><td rowspan="3">入声</td><td rowspan="3"></td><td rowspan="3"></td><td rowspan="3"></td><td rowspan="3">5</td><td rowspan="2">21
阴入</td><td rowspan="2">5
阴入</td><td>5
上入</td></tr>
<tr><td>33
中入</td></tr>
<tr><td>5
阳入</td><td>32
阳入</td><td>2
阳入</td></tr>
<tr><td>合计</td><td>4</td><td>4</td><td>3</td><td>5</td><td>6</td><td>8</td><td>10</td></tr>
</table>

资料来源：根据张斌主编的《现代汉语教学参考与训练》相关表格整理。

表2－9中普通话和部分地域方言调类数量不一致。普通话和属于北方方言区的西安话，都是4类。同属北方方言区的滦县话和南京话，却分别为3类和5类。梅县话（客家方言）、绍兴话（吴方言）和广州话（粤方言）的调类分别为6类、8类和10类，远多于普通话的4类；调类数量相同的，实际调值也不相同。以阴平为例，普通话是高平调（55），西安话（31）、南京话（31）、绍兴话（41）和广州话（53）都读成降调，滦县话读成平调（11），梅县话读成半高调（44）。

入声是古代汉语四声（平、上、去、入）之一。现代汉语中入声只保留在一些方言中。据表2－9，南京话、梅县话、绍兴话和广州话都存留了入声调类。入声字的最大发音特征是短促，如南京话里入声调值为“5”，读入声的音节有“不”“毒”“麦”“摸”等。入声在PSC中属于声调方面的错误。

（二）普通话水平测试常见的声调错误

1. 将普通话的一类调值误读成另一类调值

如将“chūn（春）”误读成“chún”，将“xué（穴）”误读成“xuè”，将“shì（室）”误读成“shǐ”。

2. 将普通话的阴平误读成中平、半低平或低平

如将阴平“55”误读成“33”“22”或“11”。

3. 将阳平“35”误读成低升、中升

如将阳平“35”误读成“12”“13”“36”“24”或“34”。

4. 上声调只降不升或只升不降

上声调只降不升。如将上声“214”误读成“53”“42”“31”或“51”。

上声调只升不降。如将上声“214”误读成“35”“24”“13”或“15”。

5. 将去声“51”误读成低降

如将去声“51”误读成“31”或“21”。

6. 四声分别误读成入声

如“zhōu（粥）”“guó（国）”“tiě（铁）”“yào（药）”，都有方言区将其读成入声。

（三）普通话水平测试常见的声调缺陷

1. 阴平发音缺陷

保持平调，但调值略低，读成“44”，或微升为“45”，或微降为“54”。

2. 阳平发音缺陷

微升读成“34”；或略带曲折，读成“325”或“335”；调尾有时成降势，有拖音。

3. 上声发音缺陷

曲折调，但调值偏高，读成“324”或“325”；开头偏高，读成“314”或“414”；上升不到“4”；只降不升，读成“21”或“211”。

读多音节词语时，上声在第二个音节读成“21”或“211”。

上声（在非重读音节中）发音大体相当于“11”或“22”。

4. 去声发音缺陷

降调，但起点未到“5”或落点不到“1”，读成“41”“42”或“53”。

三、应试人误读普通话音节声调的主要原因及纠错措施

（一）应试人误读普通话音节声调的主要原因

应试人误读（含读错和有缺陷）普通话音节声调主要有受方音影响和自身失误两方面原因。

受方音影响情况参见本节“二”部分。应试人自身失误造成误读普通话声调主要包括未能正确掌握普通话音节的声调和临场紧张两种情况。

1. 未能正确掌握普通话音节的声调

并非所有应试人都具有现代汉语专业知识背景，他们经常错读普通话音节的声调。

2. 临场紧张

应试人因为临场紧张而导致口误，错读普通话音节的声调。

（二）应试人误读普通话音节声调的纠错措施

（1）弄清普通话和应试人所在地域方言调类、调值方面的差异，有针对性地练读普通话音节的声调。

（2）熟记声调容易被读错的普通话音节。

（3）测试前准备充分，做到临场不乱。

思考和练习

一、普通话声调可以归并为哪几个调类？

二、普通话声调发音练读材料。

（一）练读普通话阴平声调音节的发音。

包　抛　猫　发　搭　他　拈　拉　哈　刮　夸　花　皆　妻　瞎　丁

厅　尊　村　孙　支　吃　失　风　工　宽　纠　腔　星　呆　通　心

（二）练读普通话阳平声调音节的发音。

雹　刨　毛　罚　答　桃　拿　刘　国　壳　滑　频　求　习　昨　存

直　迟　十　麻　晃　亭　行　石　唐　爷　遥　瓢　瞄　咳　情　纯

（三）练读普通话上声声调音节的发音。

宝　跑　卯　法　打　塔　奶　冷　给　凯　海　井　抢　想　紫　彩

扫　纸　齿　史　软　马　喇　假　起　挺　醒　赏　躺　蠢　本　捧

（四）练读普通话去声声调音节的发音。

报　炮　冒　奋　大　痛　那　类　共　控　恨　记　气　细　自　刺

似　治　赤　事　日　骂　蜡　嫁　寄　定　性　是　趟　寸　笨　碰

第五节　普通话音节的拼读

一、普通话音节及其构成

普通话音节是指普通话语音中由声母、韵母和声调等音素构成的最小的结构单位（见表2－10）。

表2－10 普通话音节构成表

例字	声母	韵母			声调
		韵头（介音）	韵腹	韵尾	
乌	ф		u		阴平
用	ф		o	ng	去声
绝	j	ü	e		阳平
桥	q	i	ɑ	o	阳平
壮	zh	u	ɑ	ng	去声
洒	s		ɑ		上声
堵	d		u		上声
类	l		e	i	去声
毛	m		ɑ	o	阳平

表2－10中，“ф”是指零声母。虽然普通话音节构成情况较为复杂，它们可以没有声母、韵头、韵尾，但不可以没有韵腹。如“wū（乌）”，其中“w”是零声母标志。

二、普通话音节拼读注意事项

应试人拼读普通话单音节字词时，动程要读完足，发音要饱满。

有些应试人因为语速过快，造成声母、韵母或声调发音不到位，由此视情况被判为缺陷或错误，这就很吃亏。

应试人还应谨防读韵腹时产生不适当的音变。如两个上声相连，前一个上声（214）应该变读成阳平（35），如果没有发生音变或变读成其他调值，就是不适当的音变。正确的语流音变详见本书第三章“读多音节词语”。

《普通话水平测试实施纲要》附录了“普通话水平测试用普通话词语表”，表中收录词语（含单音节）17 055条，其中，“表一”6 595条、“表二”10 460条。除去本书第三章“读多音节词语”标明的轻声词语、儿化词语、变调词语等，大多数PSC字词的正确拼音已能为应试人所掌握，少数尚未掌握的，也可通过查阅现代汉语工具书解决。应试人要把主要的时间和精力放在掌握语音技能上。

思考和练习

一、普通话音节由哪几部分构成?

二、普通话音节的拼读主要存在哪些问题?

第六节　PSC“读单音节字词”项评分标准

实施计算机辅助普通话水平测试的省、市、区“读单音节字词”项由国家语言文字工作部门认定的计算机辅助普通话水平测试系统（见图2－3）进行评分。具体评分标准与测试员人工评分标准基本一致。

图2－3　国家普通话水平测试信息管理系统界面

（图片来源：http：//js. cltt. org/Web/Login/PSCP01000. aspx）

PSC各项评分标准有“国家标准”和“地方标准”之别。

所谓“国家标准”，是指2003年版《大纲》“试卷构成和评分”部分的评分标准；所谓“地方标准”，是指各省、市、区根据《大纲》要求及本省实际情况制定的评分细则。

本书述及各考项的“评分标准”时，先列“国家标准”，后列“地方标准”，并略析。PSC“读单音节字词”项的评分标准，“国家标准”与“地方标准”基本一致。

一、《大纲》考五项 PSC“读单音节字词”项评分标准

读单音节字词（100 个音节，不含轻声、儿化音节），限时 3.5 分钟，共 10 分。

1. 目的

测查应试人声母、韵母、声调读音的标准程度。

2. 要求（略）

3. 评分

（1）语音错误，每个音节扣 0.1 分。

（2）语音缺陷，每个音节扣 0.05 分。

（3）超时 1 分钟以内，扣 0.5 分；超时 1 分钟以上（含 1 分钟），扣 1 分。

二、考四项的省、市、区 PSC“读单音节字词”项评分标准

考四项的省、市、区 PSC“读单音节字词”项评分标准的主要考核内容与考五项的《大纲》是一致的，但对具体扣分标准中的“语音错误”“语音缺陷”含义有明确阐述，便于评分人及应试人领会。其中，“语音错误”是指将某个音节的声母、韵母、声调中的任何一个或几个要素读成其他声母、韵母、声调；“语音缺陷”是指虽然没有将某个音节的声母、韵母、声调读成其他声母、韵母、声调，但其中一个或几个要素没有达到标准的程度。

两者的超时扣分标准是一致的。如非毫无准备或基础太差，应试人一般不会因朗读速度过慢而超时被扣分。

计算机辅助测试时，电脑桌面有用时提示（见图 2－4）。

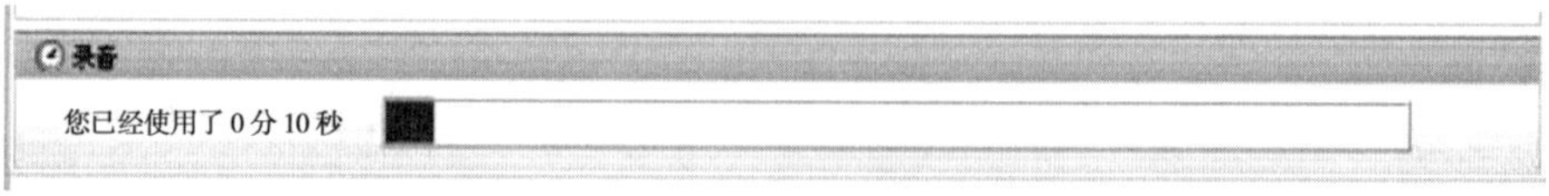

图 2－4　电脑用时提示示意图

由图 2－4 可知，应试人读该项“已经使用了 0 分 10 秒”，并可从图片中深色长条的跑动情况直观地了解应试人测试用时的情况。

考四项的省、市、区 PSC“读单音节字词”项评分标准对“改读”有具体阐述，如“一个字词允许应试人即时改读一次，以改读后的读音为准。隔

字词改读无效”。比如，“脍”先读“huì”，改读“kuài”，算对；“炙”先读“jiǔ”，改读“zhì”，算错。

熟知 PSC 各项目的评分标准（尤其是参加测试所在省、市、区的“地方标准”），有利于应试人有针对性地进行复习准备，避免犯低级错误而导致不必要的失分。

思考和练习

一、熟悉评分标准对于学好“读单音节字词”有何帮助？

二、练读“读单音节字词”材料。

培训教师在领读以下材料时，最好能先串讲一遍各音节的考点即发音注意事项。如在“rè（热）”音节中，r 是舌尖后、浊、擦音。“rè（热）”不要误读为鼻音音节“nè”或边音音节“lè”。

此外，因无特定上下文语境，“读单音节字词”练读材料中如果出现了多音字（词），应试人可读其中任意一种正确发音。如“腊”可读为“là”（与“农历十二月”等义），也可读为“xī”（“干肉”义）。

（一）“读单音节字词”练读材料一。

光	抓	桃	镁	淹	憾	辽	纳	昂	品
凸	美	侧	北	揭	拐	费	暖	庙	盆
夏	岳	袍	鳃	磁	统	掠	椎	廓	峰
急	蜕	漆	垂	份	卤	痘	欢	信	掐
窘	秧	陇	二	爽	蹬	舔	赣	娘	局
怎	挖	衡	死	外	兽	友	褶	凝	杀
衔	拔	去	孙	蹈	波	渴	鸥	日	丢
抄	膜	蔡	选	让	逼	袖	仓	尺	跌
绸	汝	雄	迈	领	贬	农	赠	原	均
我	平	准	贼	群	责	寨	秦	嘱	蹿

（二）“读单音节字词”练读材料二。

日	而	库	堆	绢	怪	纱	馆	酱	缫
话	停	铜	讽	燃	普	迈	吃	月	许
膘	咒	焚	艘	让	桑	条	炯	稳	釉
涡	耍	客	乃	掂	兵	螺	铆	雅	胸
趋	米	瞪	蕊	陶	双	醇	跟	特	末
瓜	您	字	兜	仗	短	磁	匹	脓	怯
北	萍	休	找	伴	维	居	型	裂	诀
远	摧	摔	砍	害	抓	颇	傲	黑	彭
嘴	墙	软	框	沉	吴	遣	粗	昂	栽
彼	鳞	汞	灼	睁	纳	巡	辣	寒	法

（三）“读单音节字词”练读材料三。

悔	您	反	征	戏	领	究	婶	掐	某
遵	逃	追	锁	汤	阻	板	丛	寡	赦
禹	谬	果	捐	许	失	粗	言	氯	拐
逢	略	死	方	也	贼	垦	白	眯	映
团	踹	舔	闸	爽	叼	攻	瞭	裴	状
衣	巡	花	汪	持	恐	酶	硫	肿	拳
窖	完	对	蹭	陈	脑	卧	洒	破	淡
年	汝	瘸	孙	君	环	枪	澳	斤	二
下	寝	闭	瞥	末	邻	氦	仍	艘	绕
冰	奎	字	讲	熊	驻	苍	测	傍	恩

附录：容易读错声调的普通话音节

注：以下音节括号外的声调是正确的。

挨 āi（ái）边儿
白皑皑 ái'ái（ǎi'ǎi）
不谙 ān（àn）水性
熬 āo（áo）菜
鏖 áo（ào）战
拗 ǎo（ào）断
扳 bān（bǎn）平
蓓蕾 lěi（léi）
投奔 bèn（bēn）
卑鄙 bǐ（bì）
针砭 biān（biǎn）
偏差 chā（chà）
场 cháng（chǎng）院
乘 chéng（chèng）机
惩 chéng（chěng）前毖后
痴 chī（chí）呆
奢侈 chǐ（chì）
揣 chuǎi（chuāi）摩
创 chuāng（chuàng）伤
瑕疵 cī（cí）
从 cóng（cōng）容
璀 cuǐ（cuī）璨
忖 cǔn（cūn）度
答 dā（dá）应
逮 dǎi（dài）老鼠
逮 dài（dǎi）捕
殚 dān（dàn）精竭虑
虎视眈眈 dān dān（dàn dàn）
肆无忌惮 dàn（dān）
档 dàng（dǎng）案
当（本）dàng（dāng）年
掂 diān（diàn）掇
装订 dìng（dīng）
订 dìng（dīng）正
婀 ē（ě）娜
扼 è（é）要
蜚 fēi（fěi）声
菲 fěi（fēi）薄
氛 fēn（fèn）围
肤 fū（fú）浅
篇幅 fú（fǔ）
辐 fú（fǔ）射
随声附 fù（fú）和
诸葛 gě（gé）亮
提供 gōng（gòng）
供 gòng（gōng）认
勾 gòu（gōu）当
骨 gū（gǔ）朵
骨 gǔ（gú）气
鳜 guì（guī）鱼
瑰 guī（guì）丽
哈 hǎ（hā）达
稀罕 han（hǎn）
引吭 háng（hàng）高歌
喝 hè（hē）彩
负荷 hè（hé）
附和 hè（hé）
蛮横 hèng（héng）
飞来横 hèng（héng）祸
发横 hèng（héng）财
一哄 hòng（hōng）而散
囫 hú（hū）囵吞枣
华 huà（huá）山
讳 huì（huǐ）疾忌医
诲 huì（huǐ）人不倦
混 hún（hùn）水摸鱼
混 hùn（hǔn）淆
和 huó（huò）泥
豁 huò（huō）达
霍 huò（huǒ）乱
茶几 jī（jǐ）
畸 jī（qí）形
羁 jī（jì）旅
放荡不羁 jī（jì）
无稽 jī（jì）之谈
跻 jī（jǐ）身
通缉 jī（jí）令
汲 jí（jī）取
即 jí（jǐ）使
即 jí（jì）兴
疾 jí（jī）恶如仇
嫉 jí（jì）妒
贫瘠 jí（jǐ）
一触即 jí（jì）发
脊 jǐ（jí）梁
人才济济 jǐ（jì）

成绩 jì（jī）
古迹 jì（jī）
事迹 jì（jī）
夹 jiā（jiá）道
夹 jiá（jiā）袄
渐 jiān（jiàn）染
间 jiàn（jiān）断
离间 jiàn（jiān）
僭 jiàn（jiān）越
姣 jiāo（jiǎo）好
蛟 jiāo（jiǎo）龙
矫 jiǎo（jiāo）枉过正
缴 jiǎo（jiāo）纳
开花结 jiē（jié）果
事情结 jié（jiē）果
结 jié（jiē）冰
拮 jié（jiě）据
押解 jiè（jiě）
尽 jǐn（jìn）管
情不自禁 jīn（jìn）
根茎 jīng（jìng）叶
长颈 jǐng（jìng）鹿
杀一儆 jǐng（jìng）百
痉 jìng（jīng）挛
针灸 jiǔ（jiū）
内疚 jiù（jiū）
既往不咎 jiù（jiū）
循规蹈矩 jǔ（jù）
矩 jǔ（jù）形
前倨 jù（jū）后恭
镌 juān（juàn）刻
倔 jué（juè）强
一蹶 jué（juè）不振
鸟瞰 kàn（kān）
坎坷 kě（kē）
可汗 kè hán（kěhàn）
倥 kǒng（kōng）偬
岿 kuī（kuì）然
傀 kuǐ（kuí）儡
拉 lā（lá）家常
书声琅琅 láng（lǎng）
唠 láo（lào）叨
擂 léi（lèi）鼓
果实累累 léi léi（lěilěi）
罪行累累 lěi lěi（léiléi）
擂 lèi（léi）台
潋 liàn（liǎn）滟
入殓 liàn（liǎn）
测量 liáng（liàng）
量 liàng（liáng）入为出
撩 liāo（liáo）水
寂寥 liáo（liào）
撩 liáo（liāo）拨
瞭 liào（liáo）望
镣 liào（liáo）铐
雕镂 lòu（lóu）
棕榈 lǘ（lǚ）
掠 lüè（lüě）夺
耄 mào（máo）耋
闷 mēn（mèn）热
扪 mén（mèn）心自问
蒙 mēng（méng）头转向
蒙 méng（mēng）头盖脸
萎靡 mǐ（mí）不振
幽冥 míng（mǐng）
酩酊 mǐng dǐng
（míng dīng）
抹 mò（mǒ）墙
拟 nǐ（ní）人
拘泥 nì（ní）
亲昵 nì（ní）
拈 niān（niǎn）花惹草
宁 nìng（níng）死不屈
泥泞 nìng（níng）
呕 ǒu（ōu）吐
怄 òu（ǒu）气
滂 pāng（páng）沱
炮 páo（pào）制
香喷喷 pēn pēn（pèn
pèn）
澎 péng（pēng）湃
纰 pī（pí）漏
癖 pǐ（pì）好
剽 piāo（piáo）窃
饿殍 piǎo（piáo）
一瞥 piē（piě）
前仆 pū（pú）后继
奴仆 pú（pǔ）
风尘仆仆 pú pú（pǔ pǔ）
玉璞 pú（pǔ）
匍 pú（pǔ）匐
休戚 qī（qì）与共
祈 qí（qǐ）祷
歧 qí（qǐ）途
绮 qǐ（qí）丽
潜 qián（qiǎn）移默化
虔 qián（qiǎn）诚
戕 qiāng（qiáng）害
强 qiǎng（qiáng）迫
勉强 qiǎng（qiáng）
强 qiǎng（qiáng）求
牵强 qiǎng（qiáng）

附 fù（fú）会
襁 qiǎng（qiáng）褓
翘 qiáo（qiào）楚
翘 qiáo（qiào）首远望
衾 qīn（qín）枕
倾 qīng（qǐng）盆大雨
曲 qū（qǔ）折
祛 qū（qù）除
黢 qū（qù）黑
水到渠 qú（qū）成
清癯 qú（xū）
兴趣 qù（qǔ）
围绕 rào（rǎo）
荏 rěn（rèn）苒
妊 rèn（rén）娠
仍 réng（rěng）然
丧 sāng（sàng）钟
讪 shàn（shān）笑
退避三舍 shè（shě）
教室 shì（shǐ）
狩 shòu（shǒu）猎
刷 shuà（shuā）白
虽 suī（suí）然
体 tī（tǐ）己
恬 tián（tiǎn）不知耻
轻佻 tiāo（tiáo）
请帖 tiě（tiē）
字帖 tiè（tiě）
颓 tuí（tuī）废
逶 wēi（wěi）迤
违 wéi（wěi）反
崔嵬 wéi（wěi）
猥 wěi（wēi）琐
为 wèi（wéi）虎作伥

檄 xí（xì）文
屡见不鲜 xiǎn（xiān）
咆哮 xiào（xiāo）
肖 xiào（xiāo）像
煦 xù（xū）暖
眩 xuàn（xuán ）晕
炫 xuàn（xuán）耀
洞穴 xué（xuè）
噱 xué（xuè）头
驯 xùn（xún）服
徇 xùn（xún）私舞弊
殉 xùn（xún）情
筵 yán（yàn）席
百花争妍 yán（yàn）
河沿 yán（yàn）
梦魇 yǎn（yàn）
俨 yǎn（yán）然
奄奄 yǎn yǎn（yān yān）一息
吊唁 yàn（yán）
怏怏 yàng yàng（yāng yāng）不乐
窈窕 yǎo tiǎo（yáo tiáo）
鹞 yào（yáo）鹰
因噎 yē（yè）废食
揶 yé（yē）揄
颐 yí（yì）和园
迤逦 yǐ lǐ（yí lì）
后裔 yì（yī）
友谊 yì（yí）
熠熠 yì yì（xí xí）闪光
荫 yìn（yīn）凉
应 yīng（yìng）届
应 yìng（yīng）承

应 yìng（yīng）用文
应 yìng（yīng）试教育
良莠 yǒu（yòu）不齐
迂 yū（yú）回
向隅 yú（yǔ）而泣
愉 yú（yù）快
逾 yú（yù）越
年逾 yú（yù）古稀
娱 yú（yù）乐
舆 yú（yù）论
参与 yù（yǔ）
家喻 yù（yú）户晓
苑 yuàn（yuán）囿
头晕 yūn（yùn）
晕 yùn（yūn）船
酝 yùn（yūn）酿
登载 zǎi（zài）
载 zài（zǎi）重
载 zài（zǎi）歌载舞
怨声载 zài（zǎi）道
拒载 zài（zǎi）
暂 zàn（zǎn）时
臧 zāng（zàng）否
憎 zēng（zèng）恶
赠 zèng（zēng）送
驻扎 zhā（zhá）
占 zhān（zhàn）卜
高涨 zhǎng（zhàng）
着 zháo（zhāo）慌
沼 zhǎo（zhāo）泽
召 zhào（zhāo）开
折 zhē（zhé）腾
缜 zhěn（zhēn）密
症 zhēng（zhèng）结

症 zhèng（zhēng）候
诤 zhèng（zhēng）友
挣 zhèng（zhēng）脱
脂 zhī（zhǐ）肪
质 zhì（zhǐ）量
中 zhōng（zhòng）听
中 zhòng（zhōng）肯
刀耕火种 zhòng（zhǒng）
压轴 zhòu（zhóu）
莺啼鸟啭 zhuàn（zhuǎn）
弄巧成拙 zhuō（zhuó）
卓 zhuó（zhuō）越
恣 zì（zī）意
作 zuō（zuò）坊

第三章　读多音节词语

第一节　语流音变

一、语流音变及普通话语流音变的主要类型

语流音变通常是指语流中音节与音节连读时，受相邻音、语速及语音高低、强弱变化等的影响，某些音节的语音要素会相应地发生变化。不同语言及其地域方言各有其语流音变的规律。

普通话水平测试中，合乎规律的语音要素变化是语流音变，不合规律的语音要素变化是发音错误或缺陷。普通话水平测试测查的语流音变类型主要包括变调、轻声、儿化、语气词“啊”的音变等。

2003 年版《大纲》中，语气词“啊”的音变没有在“读多音节词语”部分直接作为要求项列出，但在“朗读短文”项中有音变测查的要求，所以本书仍按惯例在本部分讲析。

二、普通话水平测试语流音变测查分布情况

普通话水平测试中，对语流音变的测查主要分布在“读多音节词语”“朗读短文”和“命题说话”这三项中。

“读多音节词语”项语流较短（多为双音节词语，有少数三音节或四音节词语），语流音变情况相对而言不算复杂。该项在继续测查应试人读普通话音节声母、韵母、声调能力的同时，重点测查应试人掌握变调、轻声、儿化的音变等的能力。

“朗读短文”项语流较长，语流音变情况也较复杂。该项在继续测查应试人读普通话音节声母、韵母、声调以及掌握朗读短文的语调能力的同时，也测查应试人掌握变调、轻声、儿化的音变及语气词“啊”的音变的情况。

“命题说话”项在“语音面貌”部分，对应试人掌握普通话语流音变情况的评判，是该项的主要测查任务之一。

思考和练习

一、什么是语流音变？

二、普通话的语流音变主要有哪些类型？

第二节 变 调

一、变调及普通话水平测试测查的主要变调类型

（一）变调

变调是指普通话的某些声调在语流中与单独发音时相比发生了一定的有规律的变化。

（二）普通话水平测试测查的主要变调类型

普通话水平测试测查的变调类型主要有上声的变调、“一”“不”的变调，此外，还需注意去声的变调。“七”“八”的变调、形容词重叠的变调等不在2003年版《大纲》测查范围内。

二、上声的变调

（一）上声在非上声（阴平、阳平、去声）和轻声前

上声在非上声（阴平、阳平、去声）和轻声前，只读原调值的一半，先略降，然后读成低平调，即“211”或“21”（“211”与“21”的区别是音长），称为“半上”。如：

美金（作品7号）	养生（作品54号）	（211+55）
等于（作品14号）	远足（作品52号）	（211+35）
早饭（作品4号）	访问（作品60号）	（211+51）
椅子（作品2号）	耳朵（作品40号）	（211+轻声）

（二）两个上声相连

两个上声相连时，前一个上声变为阳平（35）调。如：

尽管（作品9号）	水桶（作品41号）	（35+214）

（三）三个上声相连

三个上声相连时，前两个上声有两种变调。

（1）当词语的结构是“双单格”（“2+1”型）时，前两个上声变为阳平（35）调。如：

比拟你（作品 25 号）　　（35 +35 +214）

（2）当词语的结构是“单双格”（“1 +2”型）时，开头音节读作“211”或“21”，中间的音节仍变为阳平（35）调。如：

好女子（作品 1 号）　　（211 +35 +214）

（四）更多上声相连

如果有四个或更多上声音节相连，就需根据语意的停顿分组，并按上述办法变调。除末尾的上声音节外，其他上声音节连读时，或变为阳平调，或读半上（211）调。如：

整朵整朵（作品 30 号）　　（35 +214）（35 +214）

三、“一”“不”的变调

（一）“一”的变调

（1）“一”单念或在词语或语句的末尾，不变调，读阴平调 55。如：

一（55）

第一（55）　　（作品 5 号）

二十一（55）　　（作品 41 号）

大家喜欢涉及的话题之一（55）　　（作品 24 号）

“第一（55）”的“一”也表示序数。同类词语有“初一”的“一”等。

（2）“一”处于去声前，声调由阴平调 55 变读成阳平调 35。如：

一（35）片　　（作品 29 号）

一（35）件　　（作品 43 号）

（3）“一”处于非去声（阴平、阳平、上声）前，声调由阴平调 55 变读成去声调 51。如：

一（51）锅　　（作品 32 号）

一（51）年　　（作品 43 号）

一（51）起　　（作品 52 号）

“我家住一楼（lóu）”中的“一”应读“yī”而不是“yì”，因为该“一”的语义为“第一”，“一楼”即“第一层楼”。

（4）“一”的“次轻音”变调。

所谓“次轻音”变调，是指音节发音类似于轻声。重叠式动词中间的“一”读次轻音。如“见一见”“跳一跳”等词语中“一”的读音。

（二）“不”的变调

（1）“不”单念或者在词语或语句的末尾，不变调，读去声调51。如：

不（51），（不准去!）　　　　（作品10号）

（2）“不”在非去声前，不变调，读去声调51。如：

不（51）吃（55）　　　　（作品42号）

不（51）如（35）　　　　（作品29号）

不（51）远（214）　　　　（作品28号）

（3）“不”处于去声前，声调由阴平调55变读成阳平调35。如：

不（35）够（51）　　　　（作品7号）

（4）“不”的“次轻音”变调。

重叠式动词中间的“不”读次轻音。如：

会不会　　　　（作品10号）

“不”在动词及其补语之间读次轻音。如：

说不出　　　　（作品12号）

四、其他应当引起注意的变调

（一）两个去声相连的变调

两个去声（51）音节相连，前一个音节变为半去（53）。如：

更（53）快（51）　　　　（作品14号）

大（53）路（51）　　　　（作品33号）

虽然《普通话水平测试实施纲要》“普通话语音分析”部分没有单列讲析，但两个去声相连的变调事实上也在PSC测查范围内。

需要注意的是，上声、去声和“一”“不”的连续变调，都是口头上的自然变化，非普通话水平测试练习语境拼写时，声调符号仍按原调标注。如：

“买种”仍应标注为“mǎizhǒng”　　　　（作品26号）

“一叶”仍应标注为“yīyè”　　　　（作品9号）

“不像”仍应标注为“bùxiàng”　　　　（作品53号）

（二）形容词重叠的变调

（1）单音节形容词重叠，如果第二个音节儿化，那就一律变为阴平。如“好好$_{儿}$（211+55）”“红红$_{儿}$（35+55）”。

（2）有叠字后缀的形容词，叠字音节的声调非阴平时，可变调读阴平（55），如“毛茸茸（35+55+55）”。也可仍读原声调，“毛茸茸”则读成

“35+35+35”。

2003年版《大纲》对形容词重叠的变调未作测查要求。应试人可根据较为权威的现代汉语工具书及包括本书在内的相关著述的语音提示发音。

思考和练习

一、什么是变调？普通话水平测试中变调主要包括哪些类型？

二、普通话变调练读材料。

（一）练读上声连读的变调发音。

两个上声连读：

本领　港口　老鼠　表演　稿纸　冷饮　保管　给以　理睬　小组　远景

整理　典礼　考古　手指　所以　甲板　简短　组长　影响　稳妥　舞蹈

雨水　早晚　展览　醒酒　宛转　鼓舞　水果　领导　手掌　反省　允许

三个上声连读：

单双格：冷处理　老两口　母老虎　很勇猛　买雨伞　马小姐　很影响

双单格：洗脚水　选举者　蒙古语　米粉厂　保守党　考古所　打靶场

（二）练读“一”的变调发音。

一（51）+55：一般　一些　一身　一家　一只　一心　一生　一经

一（51）+35：一同　一旁　一时　一连　一行　一齐　一直　一如

一（51）+214：一手　一脸　一早　一起　一准　一总　一览　一举

一（35）+51：一半　一致　一贯　一定　一律　一色　一再　一味

“V一V”：讲一讲　跳一跳　笑一笑　跑一跑　走一走　拼一拼　瞧一瞧

（三）练读“不”的变调发音。

不（51）+55：不甘　不羁　不争　不周　不依　不端　不安　不屈

不（51）+35：不曾　不服　不和　不容　不足　不宜　不行　不图

不（51）+214：不比　不爽　不朽　不止　不只　不齿　不准　不轨

不（35）+51：不但　不幸　不要　不住　不力　不妙　不善　不快

“V不V”：要不要　来不来　去不去　说不说　学不学　画不画　买不买

“V不‘补’”：买不到　学不来　画不好　说不对　干不成　听不清楚

（四）练读两个去声连读的变调发音。

53+51：辩证　大地　固定　混乱　命运　判断　庆祝　热烈　胜利

第三节 轻 声

一、轻声及其作用

（一）轻声

轻声指在一定语音条件下读得又轻又短的调子，是一种特殊的变调现象。

轻声音节的调值由前一个音节声调的调值决定，而不论其原调值。普通话轻声音节不标调号。如“事情”的“情”标注为“qing”而不是“qíng”。

（二）轻声的作用

（1）普通话词语读或不读轻声会产生词性上的差异。如“开通”，读“kāitōng”时是动词；读轻声“kāitong”时则是形容词。

（2）普通话词语读或不读轻声还会产生词义上的差异。仍如“开通”，读“kāitōng”时基本义为“使原来闭塞的（如思想、风气等）不闭塞”；读轻声“kāitong”时基本义为“（思想）不守旧；不拘谨固执”。

由“开通”一词可见，轻声词语有时往往可以区别词性和词义。

二、应试人如何熟记普通话轻声词语

普通话必读轻声词语常见的发音规律有七八条，如结构助词“的、地、得”、动态助词“着、过、了”、单音节语气词“啊、呢、吗、啦”等、名词后缀“子、儿、头、们”等、名词称谓语“爸爸、妈妈”等、动词重叠形式的第二个音节、双音节单纯词的第二个音节以及一些习惯读轻声的普通话音节要读轻声。

除了必读轻声词语外，普通话里还存在不少“两读”轻声词语。这些轻声词语，主要包括部分方位词语、趋向动词以及“没有”的“有”、“一个”的“个”等。不少在1994年版《大纲》里被要求读成轻声的词语，在2003年版《大纲》里变为“两读”轻声词语。

为提高学习效率，应试人熟记“普通话水平测试用必读轻声词语表”（见本小节附录）里的轻声词语即可。

应试人对这些必读轻声词语应适当记忆，而不要死记硬背。毕竟，应试人通常具有中等及以上汉语学习水平，已经掌握大部分普通话必读轻声词语。应试人第一遍通读普通话必读轻声词语时，可将那些“不同寻常”的轻声词语做个记号，再复习时，只需读准、记牢那些做了记号的轻声词语即可。

附录：普通话水平测试用必读轻声词语表

1. 爱人 àiren
2. 案子 ànzi
3. 巴掌 bāzhang
4. 把子 bǎzi
5. 把子 bàzi
6. 爸爸 bàba
7. 白净 báijing
8. 班子 bānzi
9. 板子 bǎnzi
10. 帮手 bāngshou
11. 梆子 bāngzi
12. 膀子 bǎngzi
13. 棒槌 bàngchui
14. 棒子 bàngzi
15. 包袱 bāofu
16. 包涵 bāohan
17. 包子 bāozi
18. 豹子 bàozi
19. 杯子 bēizi
20. 被子 bèizi
21. 本事 běnshi
22. 本子 běnzi
23. 鼻子 bízi
24. 比方 bǐfang
25. 鞭子 biānzi
26. 扁担 biǎndan
27. 辫子 biànzi
28. 别扭 bièniu
29. 饼子 bǐngzi
30. 拨弄 bōnong
31. 脖子 bózi
32. 簸箕 bòji
33. 补丁 bǔding
34. 不由得 bùyóude
35. 不在乎 bùzàihu
36. 步子 bùzi
37. 部分 bùfen
38. 裁缝 cáifeng
39. 财主 cáizhu
40. 苍蝇 cāngying
41. 差事 chāishi
42. 柴火 cháihuo
43. 肠子 chángzi
44. 厂子 chǎngzi
45. 场子 chǎngzi
46. 车子 chēzi
47. 称呼 chēnghu
48. 池子 chízi
49. 尺子 chǐzi
50. 虫子 chóngzi
51. 绸子 chóuzi
52. 除了 chúle
53. 锄头 chútou
54. 畜生 chùsheng
55. 窗户 chuānghu
56. 窗子 chuāngzi
57. 锤子 chuízi
58. 刺猬 cìwei
59. 凑合 còuhe
60. 村子 cūnzi
61. 耷拉 dāla
62. 答应 dāying
63. 打扮 dǎban
64. 打点 dǎdian
65. 打发 dǎfa
66. 打量 dǎliang
67. 打算 dǎsuan
68. 打听 dǎting
69. 大方 dàfang
70. 大爷 dàye
71. 大夫 dàifu
72. 带子 dàizi
73. 袋子 dàizi
74. 耽搁 dānge
75. 耽误 dānwu
76. 单子 dānzi
77. 胆子 dǎnzi
78. 担子 dànzi
79. 刀子 dāozi
80. 道士 dàoshi
81. 稻子 dàozi
82. 灯笼 dēnglong
83. 提防 dīfang
84. 笛子 dízi
85. 底子 dǐzi
86. 地道 dìdao
87. 地方 dìfang
88. 弟弟 dìdi
89. 弟兄 dìxiong
90. 点心 diǎnxin
91. 调子 diàozi
92. 钉子 dīngzi
93. 东家 dōngjia

94. 东西 dōngxi
95. 动静 dòngjing
96. 动弹 dòngtan
97. 豆腐 dòufu
98. 豆子 dòuzi
99. 嘟囔 dūnang
100. 肚子 dǔzi
101. 肚子 dùzi
102. 缎子 duànzi
103. 对付 duìfu
104. 对头 duìtou
105. 队伍 duìwu
106. 多么 duōme
107. 蛾子 ézi
108. 儿子 érzi
109. 耳朵 ěrduo
110. 贩子 fànzi
111. 房子 fángzi
112. 份子 fènzi
113. 风筝 fēngzheng
114. 疯子 fēngzi
115. 福气 fúqi
116. 斧子 fǔzi
117. 盖子 gàizi
118. 甘蔗 gānzhe
119. 杆子 gānzi
120. 杆子 gǎnzi
121. 干事 gànshi
122. 杠子 gàngzi
123. 高粱 gāoliang
124. 膏药 gāoyao
125. 稿子 gǎozi
126. 告诉 gàosu
127. 疙瘩 gēda
128. 哥哥 gēge
129. 胳膊 gēbo
130. 鸽子 gēzi
131. 格子 gézi
132. 个子 gèzi
133. 根子 gēnzi
134. 跟头 gēntou
135. 工夫 gōngfu
136. 弓子 gōngzi
137. 公公 gōnggong
138. 功夫 gōngfu
139. 钩子 gōuzi
140. 姑姑 gūgu
141. 姑娘 gūniang
142. 谷子 gǔzi
143. 骨头 gǔtou
144. 故事 gùshi
145. 寡妇 guǎfu
146. 褂子 guàzi
147. 怪物 guàiwu
148. 关系 guānxi
149. 官司 guānsi
150. 罐头 guàntou
151. 罐子 guànzi
152. 规矩 guīju
153. 闺女 guīnü
154. 鬼子 guǐzi
155. 柜子 guìzi
156. 棍子 gùnzi
157. 锅子 guōzi
158. 果子 guǒzi
159. 蛤蟆 háma
160. 孩子 háizi
161. 含糊 hánhu
162. 汉子 hànzi
163. 行当 hángdang
164. 合同 hétong
165. 和尚 héshang
166. 核桃 hétao
167. 盒子 hézi
168. 红火 hónghuo
169. 猴子 hóuzi
170. 后头 hòutou
171. 厚道 hòudao
172. 狐狸 húli
173. 胡琴 húqin
174. 糊涂 hútu
175. 皇上 huángshang
176. 幌子 huǎngzi
177. 胡萝卜 húluóbo
178. 活泼 huópo
179. 火候 huǒhou
180. 伙计 huǒji
181. 护士 hùshi
182. 机灵 jīling
183. 脊梁 jǐliang
184. 记号 jìhao
185. 记性 jìxing
186. 夹子 jiāzi
187. 家伙 jiāhuo
188. 架势 jiàshi
189. 架子 jiàzi
190. 嫁妆 jiàzhuang
191. 尖子 jiānzi
192. 茧子 jiǎnzi
193. 剪子 jiǎnzi
194. 见识 jiànshi
195. 毽子 jiànzi

196. 将就 jiāngjiu
197. 交情 jiāoqing
198. 饺子 jiǎozi
199. 叫唤 jiàohuan
200. 轿子 jiàozi
201. 结实 jiēshi
202. 街坊 jiēfang
203. 姐夫 jiěfu
204. 姐姐 jiějie
205. 戒指 jièzhi
206. 金子 jīnzi
207. 精神 jīngshen
208. 镜子 jìngzi
209. 舅舅 jiùjiu
210. 橘子 júzi
211. 句子 jùzi
212. 卷子 juànzi
213. 咳嗽 késou
214. 客气 kèqi
215. 空子 kòngzi
216. 口袋 kǒudai
217. 口子 kǒuzi
218. 扣子 kòuzi
219. 窟窿 kūlong
220. 裤子 kùzi
221. 快活 kuàihuo
222. 筷子 kuàizi
223. 框子 kuàngzi
224. 困难 kùnnan
225. 阔气 kuòqi
226. 喇叭 lǎba
227. 喇嘛 lǎma
228. 篮子 lánzi
229. 懒得 lǎnde
230. 浪头 làngtou
231. 老婆 lǎopo
232. 老实 lǎoshi
233. 老太太 lǎotàitai
234. 老头子 lǎotóuzi
235. 老爷 lǎoye
236. 老子 lǎozi
237. 姥姥 lǎolao
238. 累赘 léizhui
239. 篱笆 líba
240. 里头 lǐtou
241. 力气 lìqi
242. 厉害 lìhai
243. 利落 lìluo
244. 利索 lìsuo
245. 例子 lìzi
246. 栗子 lìzi
247. 痢疾 lìji
248. 连累 liánlei
249. 帘子 liánzi
250. 凉快 liángkuai
251. 粮食 liángshi
252. 两口子 liǎngkǒuzi
253. 料子 liàozi
254. 林子 línzi
255. 翎子 língzi
256. 领子 lǐngzi
257. 溜达 liūda
258. 聋子 lóngzi
259. 笼子 lóngzi
260. 炉子 lúzi
261. 路子 lùzi
262. 轮子 lúnzi
263. 萝卜 luóbo
264. 骡子 luózi
265. 骆驼 luòtuo
266. 妈妈 māma
267. 麻烦 máfan
268. 麻利 máli
269. 麻子 mázi
270. 马虎 mǎhu
271. 码头 mǎtou
272. 买卖 mǎimai
273. 麦子 màizi
274. 馒头 mántou
275. 忙活 mánghuo
276. 冒失 màoshi
277. 帽子 màozi
278. 眉毛 méimao
279. 媒人 méiren
280. 妹妹 mèimei
281. 门道 méndao
282. 眯缝 mīfeng
283. 迷糊 míhu
284. 面子 miànzi
285. 苗条 miáotiao
286. 苗头 miáotou
287. 名堂 míngtang
288. 名字 míngzi
289. 明白 míngbai
290. 蘑菇 mógu
291. 模糊 móhu
292. 木匠 mùjiang
293. 木头 mùtou
294. 那么 nàme
295. 奶奶 nǎinai
296. 难为 nánwei
297. 脑袋 nǎodai

298. 脑子 nǎozi
299. 能耐 néngnai
300. 你们 nǐmen
301. 念叨 niàndao
302. 念头 niàntou
303. 娘家 niángjia
304. 镊子 nièzi
305. 奴才 núcai
306. 女婿 nǚxu
307. 暖和 nuǎnhuo
308. 疟疾 nüèji
309. 拍子 pāizi
310. 牌楼 páilou
311. 牌子 páizi
312. 盘算 pánsuan
313. 盘子 pánzi
314. 胖子 pàngzi
315. 狍子 páozi
316. 盆子 pénzi
317. 朋友 péngyou
318. 棚子 péngzi
319. 脾气 píqi
320. 皮子 pízi
321. 痞子 pǐzi
322. 屁股 pìgu
323. 片子 piānzi
324. 便宜 piányi
325. 骗子 piànzi
326. 票子 piàozi
327. 漂亮 piàoliang
328. 瓶子 píngzi
329. 婆家 pójia
330. 婆婆 pópo
331. 铺盖 pūgai
332. 欺负 qīfu
333. 旗子 qízi
334. 前头 qiántou
335. 钳子 qiánzi
336. 茄子 qiézi
337. 亲戚 qīnqi
338. 勤快 qínkuai
339. 清楚 qīngchu
340. 亲家 qìngjia
341. 曲子 qǔzi
342. 圈子 quānzi
343. 拳头 quántou
344. 裙子 qúnzi
345. 热闹 rènao
346. 人家 rénjia
347. 人们 rénmen
348. 认识 rènshi
349. 日子 rìzi
350. 褥子 rùzi
351. 塞子 sāizi
352. 嗓子 sǎngzi
353. 嫂子 sǎozi
354. 扫帚 sàozhou
355. 沙子 shāzi
356. 傻子 shǎzi
357. 扇子 shànzi
358. 商量 shāngliang
359. 上司 shàngsi
360. 上头 shàngtou
361. 烧饼 shāobing
362. 勺子 sháozi
363. 少爷 shàoye
364. 哨子 shàozi
365. 舌头 shétou
366. 身子 shēnzi
367. 什么 shénme
368. 婶子 shěnzi
369. 生意 shēngyi
370. 牲口 shēngkou
371. 绳子 shéngzi
372. 师父 shīfu
373. 师傅 shīfu
374. 虱子 shīzi
375. 狮子 shīzi
376. 石匠 shíjiang
377. 石榴 shíliu
378. 石头 shítou
379. 时候 shíhou
380. 实在 shízai
381. 拾掇 shíduo
382. 使唤 shǐhuan
383. 世故 shìgu
384. 似的 shìde
385. 事情 shìqing
386. 柿子 shìzi
387. 收成 shōucheng
388. 收拾 shōushi
389. 首饰 shǒushi
390. 叔叔 shūshu
391. 梳子 shūzi
392. 舒服 shūfu
393. 舒坦 shūtan
394. 疏忽 shūhu
395. 爽快 shuǎngkuai
396. 思量 sīliang
397. 算计 suànji
398. 岁数 suìshu
399. 孙子 sūnzi

400. 他们 tāmen
401. 它们 tāmen
402. 她们 tāmen
403. 台子 táizi
404. 太太 tàitai
405. 摊子 tānzi
406. 坛子 tánzi
407. 毯子 tǎnzi
408. 桃子 táozi
409. 特务 tèwu
410. 梯子 tīzi
411. 蹄子 tízi
412. 挑剔 tiāoti
413. 挑子 tiāozi
414. 条子 tiáozi
415. 跳蚤 tiàozao
416. 铁匠 tiějiang
417. 亭子 tíngzi
418. 头发 tóufa
419. 头子 tóuzi
420. 兔子 tùzi
421. 妥当 tuǒdang
422. 唾沫 tuòmo
423. 挖苦 wāku
424. 娃娃 wáwa
425. 袜子 wàzi
426. 晚上 wǎnshang
427. 尾巴 wěiba
428. 委屈 wěiqu
429. 为了 wèile
430. 位置 wèizhi
431. 位子 wèizi
432. 蚊子 wénzi
433. 稳当 wěndang
434. 我们 wǒmen
435. 屋子 wūzi
436. 稀罕 xīhan
437. 席子 xízi
438. 媳妇 xífu
439. 喜欢 xǐhuan
440. 瞎子 xiāzi
441. 匣子 xiázi
442. 下巴 xiàba
443. 吓唬 xiàhu
444. 先生 xiānsheng
445. 乡下 xiāngxia
446. 箱子 xiāngzi
447. 相声 xiàngsheng
448. 消息 xiāoxi
449. 小伙子 xiǎohuǒzi
450. 小气 xiǎoqi
451. 小子 xiǎozi
452. 笑话 xiàohua
453. 谢谢 xièxie
454. 心思 xīnsi
455. 星星 xīngxing
456. 猩猩 xīngxing
457. 行李 xíngli
458. 性子 xìngzi
459. 兄弟 xiōngdi
460. 休息 xiūxi
461. 秀才 xiùcai
462. 秀气 xiùqi
463. 袖子 xiùzi
464. 靴子 xuēzi
465. 学生 xuésheng
466. 学问 xuéwen
467. 丫头 yātou
468. 鸭子 yāzi
469. 衙门 yámen
470. 哑巴 yǎba
471. 胭脂 yānzhi
472. 烟筒 yāntong
473. 眼睛 yǎnjing
474. 燕子 yànzi
475. 秧歌 yāngge
476. 养活 yǎnghuo
477. 样子 yàngzi
478. 吆喝 yāohe
479. 妖精 yāojing
480. 钥匙 yàoshi
481. 椰子 yēzi
482. 爷爷 yéye
483. 叶子 yèzi
484. 一辈子 yībèizi
485. 衣服 yīfu
486. 衣裳 yīshang
487. 椅子 yǐzi
488. 意思 yìsi
489. 银子 yínzi
490. 影子 yǐngzi
491. 应酬 yìngchou
492. 柚子 yòuzi
493. 冤枉 yuānwang
494. 院子 yuànzi
495. 月饼 yuèbing
496. 月亮 yuèliang
497. 云彩 yúncai
498. 运气 yùnqi
499. 在乎 zàihu
500. 咱们 zánmen
501. 早上 zǎoshang

502. 怎么 zěnme
503. 扎实 zhāshi
504. 眨巴 zhǎba
505. 栅栏 zhàlan
506. 宅子 zháizi
507. 寨子 zhàizi
508. 张罗 zhāngluo
509. 丈夫 zhàngfu
510. 帐篷 zhàngpeng
511. 丈人 zhàngren
512. 帐子 zhàngzi
513. 招呼 zhāohu
514. 招牌 zhāopai
515. 折腾 zhēteng
516. 这个 zhège
517. 这么 zhème
518. 枕头 zhěntou
519. 镇子 zhènzi
520. 芝麻 zhīma
521. 知识 zhīshi
522. 侄子 zhízi
523. 指甲 zhǐjia（zhījia）
524. 指头 zhǐtou（zhítou）
525. 种子 zhǒngzi
526. 珠子 zhūzi
527. 竹子 zhúzi
528. 主意 zhǔyi（zhúyi）
529. 主子 zhǔzi
530. 柱子 zhùzi
531. 爪子 zhuǎzi
532. 转悠 zhuànyou
533. 庄稼 zhuāngjia
534. 庄子 zhuāngzi
535. 壮实 zhuàngshi
536. 状元 zhuàngyuan
537. 锥子 zhuīzi
538. 桌子 zhuōzi
539. 字号 zìhao
540. 自在 zìzai
541. 粽子 zòngzi
542. 祖宗 zǔzong
543. 嘴巴 zuǐba
544. 作坊 zuōfang
545. 琢磨 zuómo

思考和练习

一、简述轻声及其作用。

二、简述轻声的发音规律。

三、普通话轻声字练读材料。

55＋轻声：帮手　烧饼　提防　烟筒　吆喝　高粱　单子　东家　牲口

35＋轻声：白净　胡琴　侄子　云彩　柴火　含糊　麻烦　拳头　爷爷

214＋轻声：斧子　骨头　马虎　果子　茧子　尾巴　买卖　暖和　火候

51＋轻声：爱人　畜生　弟弟　转悠　字号　念叨　胖子　厚道　亲家

第四节　儿　化

一、儿化及其语音特点

（一）儿化

后缀“儿”同前一音节的韵母自然融合，从而使该韵母带上卷舌音色，这种音变现象叫作“儿化”，带有卷舌音色的韵母被称为“儿化韵”。

与轻声词语一样，普通话儿化词语也具有区别词性、词义的作用。“盖”不是儿化词语时是动词，儿化后“盖儿”是名词，这是词性的改变；“变法”

不是儿化词语时指“自上而下对国家法令制度等作较为重大的变化”，儿化后“变法儿”指“变换采用不同办法”，这是词义的改变。

儿化词语还带感情色彩。“老头”不是儿化词语时为中性词甚至为贬义词，儿化后“老头儿”则多出了亲近或敬爱之情，带有褒义色彩。

普通话词语中带“儿”的不都是儿化词，因为有些“儿”有实在意义。如“宠儿”的“儿”，指“孩子”（“宠儿”另有比喻义）。

（二）语音特点

普通话儿化词语是两个汉字读一个音节。如“人儿”（rénr）。

普通话音节的韵母基本构成为“韵头+韵腹+韵尾”，如“天”韵母的韵头、韵腹和韵尾分别为 i、ɑ 和 n。普通话儿化词语的语音特点主要是一面念“儿”前面音节的韵腹，一面就卷舌，而不是等“儿”前面音节的声韵母都读出来了再“粘”上“er”音。如“天儿”读成“tiār”，不读“tiāner”。

二、普通话儿化词语的音变规律及测试用儿化词语

普通话儿化词语的音变有其规律性。PSC“读多音节词语”“朗读短文”“命题说话”项都把儿化词语的发音作为测查要素之一。

北方方言中儿化词语很多，普通话水平测试从中选取了一部分词语作为测试用儿化词语。应试人需了解普通话儿化词语的音变规律并掌握普通话水平测试用儿化词语。[见笔者整理的“普通话水平测试用儿化词语表”（表 3－1）]

应试人应在培训教师的帮助下，读准并熟记下表中的儿化词语。

表 3－1 普通话水平测试用儿化词语表

类序	音变规律	例词		
1	ɑ > ɑr	刀把儿 dāobàr	号码儿 hàomǎr	戏法儿 xìfǎr
		在哪儿 zàinǎr	找茬儿 zhǎochár	打杂儿 dǎzár
		板擦儿 bǎncār		
	ɑi > ɑr	名牌儿 míngpáir	鞋带儿 xiédàir	壶盖儿 húgàir
		小孩儿 xiǎoháir	加塞儿 jiāsāir	
	ɑn > ɑr	快板儿 kuàibǎnr	老伴儿 lǎobànr	蒜瓣儿 suànbànr
		脸盘儿 liǎnpánr	脸蛋儿 liǎndànr	收摊儿 shōutānr
		栅栏儿 zhàlanr	包干儿 bāogānr	笔杆儿 bǐgǎnr
		门槛儿 ménkǎnr		

（续上表）

类序	音变规律	例词		
2	ang > ar（鼻化）	药方儿 yàofāngr	赶趟儿 gǎntàngr	香肠儿 xiāngchángr
		瓜瓤儿 guārángr		
3	ia > iar	掉价儿 diàojiàr	一下儿 yīxiàr	豆芽儿 dòuyár
	ian > iar	小辫儿 xiǎobiànr	照片儿 zhàopiānr	扇面儿 shànmiànr
		差点儿 chàdiǎnr	一点儿 yīdiǎnr	雨点儿 yǔdiǎnr
		聊天儿 liáotiānr	拉链儿 lāliànr	冒尖儿 màojiānr
		坎肩儿 kǎnjiānr	牙签儿 yáqiānr	露馅儿 lòuxiànr
		心眼儿 xīnyǎnr		
4	iang > iar（鼻化）	鼻梁儿 bíliángr	透亮儿 tòuliàngr	花样儿 huāyàngr
5	ua > uar	脑瓜儿 nǎoguār	大褂儿 dàguàr	麻花儿 máhuār
		笑话儿 xiàohuar	牙刷儿 yáshuār	
	uai > uar	一块儿 yīkuàir		
	uan > uar	茶馆儿 cháguǎnr	饭馆儿 fànguǎnr	火罐儿 huǒguànr
		落款儿 luòkuǎnr	打转儿 dǎzhuànr	拐弯儿 guǎiwānr
		好玩儿 hǎowánr	大腕儿 dàwànr	
6	uang > uar（鼻化）	蛋黄儿 dànhuángr	打晃儿 dǎhuàngr	天窗儿 tiānchuāngr
7	üan > üar	烟卷儿 yānjuǎnr	手绢儿 shǒujuànr	出圈儿 chūquānr
		包圆儿 bāoyuánr	人缘儿 rényuánr	绕远儿 ràoyuǎnr
		杂院儿 záyuànr		
8	ei > er	刀背儿 dāobèir	摸黑儿 mōhēir	
	en > er	老本儿 lǎoběnr	花盆儿 huāpénr	嗓门儿 sǎngménr
		把门儿 bǎménr	哥们儿 gēmenr	纳闷儿 nàmènr
		后跟儿 hòugēnr	高跟儿鞋 gāogēnrxié	别针儿 biézhēnr
		一阵儿 yīzhènr	走神儿 zǒushénr	大婶儿 dàshěnr
		小人儿书 xiǎorénrshū	杏仁儿 xìngrénr	刀刃儿 dāorènr
9	eng > er（鼻化）	钢镚儿 gāngbèngr	夹缝儿 jiāfèngr	脖颈儿 bógěngr
		提成儿 tíchéngr		

（续上表）

类序	音变规律	例词		
10	ie > ier	半截儿 bànjiér	小鞋儿 xiǎoxiér	
	üe > üer	旦角儿 dànjuér	主角儿 zhǔjuér	
11	uei > uer	跑腿儿 pǎotuǐr	一会儿 yīhuìr	耳垂儿 ěrchuír
		墨水儿 mòshuǐr	围嘴儿 wéizuǐr	走味儿 zǒuwèir
	uen > uer	打盹儿 dǎdǔnr	胖墩儿 pàngdūnr	砂轮儿 shālúnr
		冰棍儿 bīnggùnr	没准儿 méizhǔnr	开春儿 kāichūnr
	ueng > uer（鼻化）	小瓮儿 xiǎowèngr		
12	-i（ɿ）> er	瓜子儿 guāzǐr	石子儿 shízǐr	没词儿 méicír
		挑刺儿 tiāocìr		
	-i（ʅ）> er	墨汁儿 mòzhīr	锯齿儿 jùchǐr	记事儿 jìshìr
13	i > i：er	针鼻儿 zhēnbír	垫底儿 diàndǐr	肚脐儿 dùqír
		玩意儿 wányìr		
	in > i：er	有劲儿 yǒujìnr	送信儿 sòngxìnr	脚印儿 jiǎoyìnr
14	ing > i：er（鼻化）	花瓶儿 huāpíngr	打鸣儿 dǎmíngr	图钉儿 túdīngr
		门铃儿 ménlíngr	眼镜儿 yǎnjìngr	蛋清儿 dànqīngr
		火星儿 huǒxīngr	人影儿 rényǐngr	
15	ü > ü：er	毛驴儿 máolǘr	小曲儿 xiǎoqǔr	痰盂儿 tányúr
	ün > ü：er	合群儿 héqúnr		
16	e > er	模特儿 mótèr	逗乐儿 dòulèr	唱歌儿 chànggēr
		挨个儿 āigèr	打嗝儿 dǎgér	饭盒儿 fànhér
		在这儿 zàizhèr		
17	u > ur	碎步儿 suìbùr	没谱儿 méipǔr	儿媳妇儿 érxífur
		梨核儿 líhúr	泪珠儿 lèizhūr	有数儿 yǒushùr
18	ong > or（鼻化）	果冻儿 guǒdòngr	门洞儿 méndòngr	胡同儿 hútòngr
		抽空儿 chōukòngr	酒盅儿 jiǔzhōngr	小葱儿 xiǎocōngr
	iong > ior（鼻化）	小熊儿 xiǎoxióngr		

（续上表）

类序	音变规律	例词		
19	ao > aor	红包儿 hóngbāor	灯泡儿 dēngpàor	半道儿 bàndàor
		手套儿 shǒutàor	跳高儿 tiàogāor	叫好儿 jiàohǎor
		口罩儿 kǒuzhàor	绝招儿 juézhāor	口哨儿 kǒushàor
		蜜枣儿 mìzǎor		
20	iao > iaor	跑调儿 pǎodiàor	鱼漂儿 yúpiāor	火苗儿 huǒmiáor
		面条儿 miàntiáor	豆角儿 dòujiǎor	开窍儿 kāiqiàor
21	ou > our	衣兜儿 yīdōur	老头儿 lǎotóur	年头儿 niántóur
		小偷儿 xiǎotōur	门口儿 ménkǒur	纽扣儿 niǔkòur
		线轴儿 xiànzhóur	小丑儿 xiǎochǒur	加油儿 jiāyóur
22	iou > iour	顶牛儿 dǐngniúr	抓阄儿 zhuājiūr	棉球儿 miánqiúr
23	uo > uor	火锅儿 huǒguōr	做活儿 zuòhuór	大伙儿 dàhuǒr
		邮戳儿 yóuchuōr	小说儿 xiǎoshuōr	被窝儿 bèiwōr
	（o）> or	耳膜儿 ěrmór	粉末儿 fěnmòr	

普通话水平测试用60篇朗读短文各篇前400个音节中，不算重复的词语，实际需要掌握的儿化词语并不多。应试人需读准以下儿化词语。这些儿化词语及所出现作品序号如下：

点儿：1号、7号、10号、17号、20号、23号、33号、48号、49号、51号、52号、54号、55号、58号

那儿：2号、16号、27号、28号、36号、47号

花儿：3号、30号

一阵儿：5号

一会儿：5号、21号、54号

条儿：5号

球儿：5号

末儿：5号

孩儿：7号、21号、41号、51号、52号

玩儿：7号、58号

火儿：7号

美人儿：9号

线头儿：9号

圈儿：14号、17号、22号

眼儿：14号

口儿：17号

这儿：17号、20号、35号、38号、47号

尖儿：17号

天儿：21 号
鸟儿：27 号
乡巴佬儿：28 号
小家伙儿：28 号
孙儿：33 号
风儿：35 号
味儿：38 号
丝儿：38 号
脸蛋儿：41 号
枣儿：58 号
影儿：50 号

思考和练习

一、儿化词语有哪些音变规则？

二、练读下列普通话儿化词语。

戏法儿　名牌儿　包干儿　掉价儿　扇面儿　花样儿　麻花儿　一块儿
茶馆儿　天窗儿　烟卷儿　老本儿　脖颈儿　半截儿　跑腿儿　打盹儿
小瓮儿　瓜子儿　没词儿　墨汁儿　肚脐儿　有劲儿　花瓶儿　毛驴儿
饭盒儿　碎步儿　胡同儿　小熊儿　叫好儿　跑调儿　衣兜儿　顶牛儿
大伙儿　耳膜儿　差点儿　绕远儿　杂拌儿　好好儿　片儿汤　围脖儿

第五节　语气词“啊”的音变

语气词“啊”出现在句中或句末时，受前面音节末尾音素的影响，读音会发生有规律的变化。2003 年版《大纲》有关“读多音节词语 · 目的”的表述中提及“测查应试人声母、韵母、声调和变调、轻声、儿化读音的标准程度”，没有强调测查“啊”的音变。跟 1994 年版《大纲》相比，2003 年版《大纲》对应试人在“啊”的音变的掌握方面降低了要求，但在普通话的朗读和说话实践中，“啊”的音变仍然实际存在着，PSC“朗读短文”和“命题说话”项对“啊”未正确音变的仍予以扣分。因此，本书仍对普通话“啊”的音变略作解析。

一、语气词“啊”的音变规律

（1）前面音节末尾音素是“ɑ”“o（不包括 ɑo、iɑo）”“e”“i”“ü”时，“啊”由“ɑ”改读成“yɑ”，同“呀”。如：

原来是天上的啊！（作品 3 号）

嗬！好大的雪啊！（作品 5 号）

应该奖励你啊！（作品39号）

而是自己的同学啊……（作品39号）

（2）前面音节末尾音素是“u（包括ao、iao）”时，“啊”由“a”改读成“wa”，同“哇”。如：

狗该是多么庞大的怪物啊！（作品27号）

太阳他有脚啊！（作品50号）

（3）前面的音素是“n”时，“啊”读作“na”，同“哪”。如：

这才这般的鲜润啊。（作品25号）

（4）前面音节末尾音素是“ng”时，“啊”由“a”改读成“nga”。如：

然而，火光啊……（作品16号）

唱啊唱，嘤嘤有韵。（作品22号）

但这是怎样一个妄想啊。（作品25号）

（5）前面音节末尾音素是“-i［ʅ］”和“er”时，是儿化韵，“啊”读作“ra”。如：

是啊，我们有自己的祖国。（作品22号）

是啊，请不要见笑。（作品27号）

二、60篇朗读短文中“啊”的音变情况

60篇朗读短文中，“啊”共出现了20次。3次不发生音变，12次音变出现在各篇前400个音节以内，5次音变出现在各篇前400个音节后。

（1）3次不发生音变。

啊！小桥呢？它躲起来了？（作品18号）

啊！蜕变的桥，传递了家乡进步的消息，透露了家乡富裕的声音。（作品18号）

啊，是对我的美好前途的憧憬支撑着她活下去。（作品42号）

（2）12次出现在各篇前400个音节以内的音变，见前一小节各例。

（3）5次出现在各篇前400个音节后的音变。

再从家乡放到祖国最需要的地方去啊！（作品9号）

家乡的桥啊，我梦中的桥！（作品18号）

人和动物都是一样啊。（作品22号）

这都是千金难买的幸福啊。（作品40号）

但不能平的，为什么偏要白白走这一遭啊？（作品50号）

三、“命题说话”项对语气词“啊”音变情况的测查

PSC“命题说话”项对应试人掌握语气词“啊”的音变情况也有测查要求。应试人在说话过程中，同样应正确进行语气词“啊”的音变。如“这道题真难啊”中的“难啊”的正确发音为“nán'nɑ”而不是“nán'ɑ”。如果不符合相应要求，则被视为发音错误，在“语音面貌”部分扣分。

思考和练习

一、举例说明语气词“啊”的音变有哪些规律。

二、练读60篇朗读短文各篇前400个音节中普通话语气词“啊”的音变。

1. 原来是天上的啊！（作品3号）
2. 嗬！好大的雪啊！（作品5号）
3. 然而，火光啊……（作品16号）
4. 是啊，我们有自己的祖国。（作品22号）
5. 唱啊唱，嘤嘤有韵。（作品22号）
6. 但这是怎样一个妄想啊。（作品25号）
7. 这才这般的鲜润啊。（作品25号）
8. 狗该是多么庞大的怪物啊！（作品27号）
9. 是啊，请不要见笑。（作品27号）
10. 应该奖励你啊！（作品39号）
11. 而是自己的同学啊……（作品39号）

第六节　PSC“读多音节词语”项评分标准

实施计算机辅助普通话水平测试的省、市、区的“读多音节词语”项由国家语言文字工作部门认定的计算机辅助普通话水平测试系统（见图2-3）进行评分。具体评分标准与测试员人工评分标准基本一致。

PSC“读多音节词语”项的评分标准，“国家标准”与“地方标准”基本一致。

一、《大纲》考五项PSC“读多音节词语”项评分标准

读多音节词语（100个音节），限时2.5分钟，共20分。

1. 目的

测查应试人声母、韵母、声调和变调、轻声、儿化读音的标准程度。

2. 要求（略）

3. 评分

（1）语音错误，每个音节扣0.2分。

（2）语音缺陷，每个音节扣0.1分。

（3）超时1分钟以内，扣0.5分；超时1分钟以上（含1分钟），扣1分。

二、考四项的省、市、区PSC“读多音节词语”项评分标准

（1）考四项的省、市、区PSC“读多音节词语”项评分标准主要考核内容与考五项的《大纲》是一致的，但对具体扣分标准中的“语音错误”“语音缺陷”含义有明确阐述，便于评分人及应试人领会。其中，不涉及语流音变者，“语音错误”和“语音缺陷”含义同“读单音节字词”项。考四项的省、市、区的评分标准另对“轻声”“儿化”和“变调”的“语音错误”和“语音缺陷”有详尽解释。

轻声词以“普通话水平测试用必读轻声词语表”为准。该表中有而未读作轻声的，判为错误；该表与《现代汉语词典》《现代汉语规范词典》均未标注为轻声的，如读作轻声，判为错误；该表中没有而《现代汉语词典》《现代汉语规范词典》中标注为轻声的，读不读轻声均不算错误。

儿化词以“普通话水平测试用儿化词语表”为准。该表中有而未读作儿化的，判为错误；该表与《现代汉语词典》《现代汉语规范词典》均未标注为儿化的，如读作儿化，判为错误；该表中没有但《现代汉语词典》《现代汉语规范词典》中标注为儿化的，读不读儿化均不算错误；未按普通话儿化韵音变规则发音的，判为错误。

应该变调而未变调的，或者未按变调规律变调的，该音节判为错误；一个词语内因一个音节声调错误而导致其他音节声调错误的，有关音节均判为错误。

轻声词、儿化词、变调的“语音缺陷”指轻声、儿化、变调读音不完全规范。

（2）两者的超时扣分标准是一致的。同“读单音节字词”项一样，一般情况下，应试人不会因朗读速度过慢而超时被扣分。

计算机辅助测试时，电脑桌面有用时提示（见图3-1）。

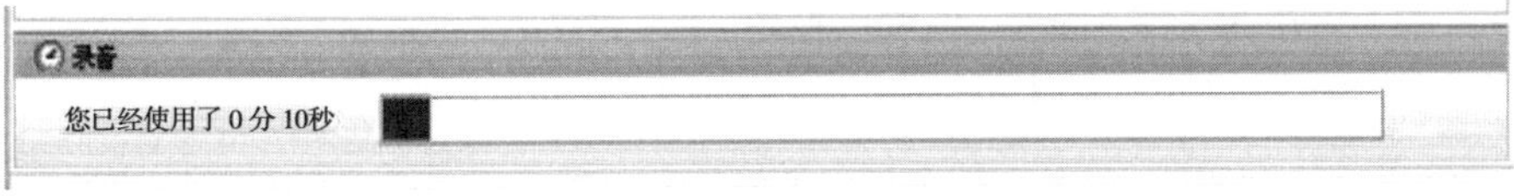

图 3－1　电脑用时提示示意图

由上图可知，应试人读该项“已经使用了 0 分 10 秒”，并可从图片中深色长条的跑动情况，直观地了解应试人测试用时的情况。

（3）考四项的省、市、区 PSC“读多音节词语”项评分标准通常对“改读”也有具体阐述，即“一个词语允许应试人即时改读一次，以改读后的读音为准。隔词语改读无效”。如“给予”，先读“gěiyǔ”，改读“jǐyǔ”，算对；“关卡”，先读“guānqiǎ”，改读“guānkǎ”，算错。

培训教师与应试人需熟知 PSC 各项目的评分标准（尤其是参加测试所在省、市、区的“地方标准”），这有利于应试人有针对性地进行复习准备，避免犯低级错误而导致不必要的失分。

思考和练习

一、熟悉评分标准对于学好“读多音节词语”有何帮助？

二、练读“读多音节词语”材料。

培训教师在领读以下练读材料时，最好能先串讲一遍各词语音节的考点，即发音注意事项。如对“戒指（jièzhi）”的考点分析：①是轻声词语，“指”读轻声；②“戒”是团音，不要误读为尖音。

（一）“读多音节词语”练读材料一。

喷射	加塞儿	红娘	下马	富翁	思想	懒得
眉毛	昂贵	紧缺	国务院	穷苦	奔跑	纯粹
未曾	永久	瓜子儿	定额	简直	抓获	打扰
人群	被窝儿	钢铁	全体	撒谎	收藏	纽扣儿
特别	怀念	创立	学生	日趋	造句	运输
旅馆	白昼	系统	纵队	双方	安排	佛典
因而	率领	尊重	开玩笑	叫唤	出其不意	

（二）“读多音节词语”练读材料二。

群众	恰好	活塞	婢女	战略	公司	柔软
主人翁	细菌	厌倦	打盹儿	强烈	地下水	内在
时光	亏损	聋子	也许	客观	玩耍	民族
应酬	赞成	佛经	老虎	窘迫	被窝儿	全体
觉悟	风格	从而	恶化	头发	难怪	摧残
夸张	骚扰	卫生	拥有	配偶	妥当	情怀
排斥	状况	整修	香肠儿	面条儿	巧夺天工	

（三）“读多音节词语”练读材料三。

天鹅	佛像	男女	半道儿	作品	方法	共同
测量	投票	搜刮	民政	海关	珍贵	饭盒儿
赞美	雄伟	运用	奥妙	人影儿	行当	家眷
转变	坚决	破坏	旋律	热闹	而且	开创
夸张	拖拉机	框子	土匪	悄声	迅速	另外
从中	文明	首饰	日益	单纯	所有	其次
牛仔裤	虐待	恰好	轻蔑	打杂儿	无微不至	

第四章　选择判断

虽然不少省、市、区 PSC 都未将“选择判断”作为必考项，但掌握“词语判断”“量词、名词搭配”及“语序或表达形式判断”相关内容，不仅有助于应试人取得本项测试的好成绩，而且有助于应试人掌握规范的现代汉语词汇和语法，还有助于应试人考好“命题说话”项。因此，本书仍对“选择判断”略作解析。

第一节　词语判断

一、PSC“选择判断”之“词语判断”要素

（一）目的

测查应试人掌握普通话词语的规范程度。

（二）要求

根据“普通话水平测试用普通话与方言词语对照表”，列举 10 组普通话与方言意义相对应但说法不同的词语，由应试人判断并读出普通话的词语。

（三）评分

判断错误，每组扣 0.25 分。

二、PSC“选择判断”之“词语判断”要素解读

普通话词语规范主要涉及古语词、外来词以及方言词等。PSC“选择判断”之“词语判断”部分主要测查应试人判断“意义相对应但说法不同”的普通话词语和方言词语的能力。

为了取得“选择判断”之“词语判断”测试的较好成绩，应试人应经常翻阅并尽量掌握李荣主编的《现代汉语方言大词典》等现代汉语方言工具书。限于时间和精力，也可主要翻阅《普通话水平测试实施纲要》中的“普通话水平测试用普通话与方言词语对照表”（以下简称“对照表”），适当掌握与普通话词语“意义相对应但说法不同”的方言词语。

以“白天”“父母”为例，“对照表”中普通话词语和六个不同方言点方

言词语“意义相对应但说法不同”的情况如表4－1所示。

表4－1 普通话“白天”“父母”和不同方言点的方言词语对照表

普通话	上海话（吴方言）	厦门话（闽方言）	广州话（粤方言）	南昌话（赣方言）	长沙话（湘方言）	梅州话（客家方言）
白天	日里向	日时	日头	日上	日里	日辰头
父母	爷娘	爸母	老豆老母	爷娘	爷娘	爷娘

由上表可知，与普通话词语意义相对应的方言词语可因方言区（点）不同而完全相异，如“白天”；也可部分方言区（点）同用一个方言词语，如“父母”。

翻阅“对照表”并适当掌握相关内容，也有助于应试人考好“命题说话”项。“命题说话”项中，应试人错用方言词语，主要是错用本人母语所在方言区的方言词语。因此，应试人可根据自己母语所在方言区（点），选择翻阅相关语言工具书或字表。如广州应试人可以查阅李荣主编、白宛如编纂的《现代汉语方言大词典·广州方言词典》，或者翻阅“对照表”中有关广州话与普通话词语对照的内容。以“对照表”中E开头的普通话词语为例，与普通话词语“儿女”“儿童”“儿子”“耳朵”“意义相对应但说法不同”的广州话词语分别是“仔女”“细佬哥”“仔”“耳仔”。

思考和练习

一、掌握“词语判断”相关内容有何益处？

二、请判断并读出下列20组词语中的普通话词语。

(1) 下午　开年　来年　出年　(　)　(11) 夜快　傍晚　挨晚　临夜　(　)
(2) 着凉　着冷　冷亲　冷倒　(　)　(12) 事体　跟斗　跟头　筋斗　(　)
(3) 抽斗　柜桶　抽屉　书桌隔　(　)　(13) 泪水　目屎　目汁　眼泪水　(　)
(4) 灸下　厨房　灶屋　灶披间　(　)　(14) 闹猛　热闹　闹热　(　)
(5) 打震　抖震　打噤　发抖　(　)　(15) 许多　交关　真侪　异多　(　)
(6) 洁白　白脱　碰白　雪雪白　(　)　(16) 唔爱　勿要　唔通　别　(　)
(7) 暖热　暖和　热和　烧暖　(　)　(17) 返去　转去　倒去　回去　(　)
(8) 无错　冒错　没错　么错　(　)　(18) 胖子　阿肥　肥佬　肥古佬　(　)
(9) 脑壳　头壳　头拿　脑袋　(　)　(19) 说话　话事　讲说话　(　)
(10) 仍然　照原　原旧　闲系　(　)　(20) 相争　争吵　争拗　拗事　(　)

第二节　量词、名词搭配

一、PSC“选择判断”之“量词、名词搭配”要素

（一）目的

测查应试人掌握普通话量词和名词搭配的规范程度。

（二）要求

根据“普通话水平测试用普通话与方言常见语法差异对照表”（以下简称“差异对照表”），列举10个名词和若干量词，由应试人搭配并读出符合普通话规范的10组名量短语。

（三）评分

搭配错误，每组扣0.5分。

二、PSC“选择判断”之“量词、名词搭配”要素解读

量词是用来表示计算单位的实词，通常分为名量词（也叫物量词）和动量词两大类。名量词用来表示人或事物的计算单位，如“一本书”中的“一本”表示“书”的数量；动量词表示动作行为发生的次数或时间总量等，如“读一遍”中的“一遍”表示“读”这一行为的次数。

PSC“选择判断”主要测查应试人普通话“量词、名词搭配”能力，即测查应试人名量词判断、运用能力。

为了取得较好的“选择判断”之“量词、名词搭配”测试成绩，应试人应经常翻阅并尽量掌握吕叔湘主编的《现代汉语八百词》（增订本）所附的“名词、量词配合表”，或翻阅《普通话水平测试实施纲要》中的“普通话水平测试用普通话常见量词、名词搭配表”（以下简称“搭配表”）。“搭配表”所收现代汉语量词总量不多，应试人应尽量掌握。

翻阅“搭配表”并适当掌握相关内容，也有助于应试人考好“命题说话”项。“命题说话”项中，名量词组搭配不当将被判为语法错误而扣分。当然，动量词组搭配不当也将被判为语法错误而扣分。如“跑一趟”是对的，“跑一袋”是错的。有些名量词组搭配虽有实际使用，但如果未见于“搭配表”，则应试人要尽量避免使用。如要说“我买了1包面巾纸，内装200张”，不说“我买了1包面巾纸，内装200抽”。

为考好“命题说话”项，应试人也应掌握动量词组的搭配等。

附录：普通话水平测试用普通话常见量词、名词搭配表

说明：本表以量词为条目，共选收常见量词 45 条。可与表中所列多个量词搭配的名词，以互见形式出现。

1. 把 bǎ　菜刀、剪刀、宝剑（口）、铲子、铁锨、尺子、扫帚、锁、椅子、钥匙、伞（顶）、茶壶、扇子、提琴、手枪（支）
2. 本 běn　书（部、套）、著作（部）、字典（部）、杂志（份）、账
3. 部 bù　书（本、套）、著作（本）、字典（本）、电影（场）、电视剧、交响乐（场）、电话机、摄像机（架、台）、汽车（辆、台）
4. 场 cháng　雨、雪、冰雹、大风、病、大战、官司
5. 场 chǎng　电影（部）、演出（台）、话剧（台）、杂技（台）、节目（台、套）、交响乐（部）、比赛（节、项）、考试
6. 道 dào　河（条）、瀑布（条）、山（座）、山脉（条）、闪电、伤痕（条）、门（扇）、墙（面）、命令（项、条）、试题（份、套）、菜（份）
7. 滴 dī　水、血、油、汗水、眼泪
8. 顶 dǐng　伞（把）、轿子、帽子、蚊帐、帐篷
9. 对 duì　夫妻、舞伴、耳朵（双、只）、眼睛（双、只）、翅膀（双、只）、球拍（副、只）、沙发（套）、枕头、电池（节）
10. 朵 duǒ　花、云（片）、蘑菇
11. 份 fèn　菜（道）、午餐、报纸（张）、杂志（本）、文件、礼物（件）、工作（项）、事（件）、试题（道、套）
12. 幅 fú　布（块、匹）、被面、彩旗（面）、图画（张）、相片（张）
13. 副 fù　对联、手套（双、只）、眼镜、球拍（对、只）、脸（张）、扑克牌（张）、围棋、担架
14. 个 gè　人、孩子、盘子、瓶子、梨、桃儿、橘子、苹果、西瓜、土豆、西红柿、鸡蛋、饺子、馒头、玩具、皮球、太阳、月亮、白天、上午、国家、社会、故事
15. 根 gēn　草（棵）、葱（棵）、藕（节）、甘蔗（节）、胡须、头发、羽毛、冰棍儿、黄瓜（条）、香蕉、油条、竹竿、针、火柴、蜡烛（支）、香（支、盘）、筷子（双、支）、电线、

绳子（条）、项链（条）、辫子（条）

16. 家 jiā 人家、亲戚（门）、工厂（座）、公司、饭店、商店、医院（所）、银行（所）

17. 架 jià 飞机、钢琴（台）、摄像机（部、台）、鼓（面）

18. 间 jiān 房子（所、套、座）、屋子、卧室、仓库

19. 件 jiàn 礼物（份）、行李、家具（套）、大衣、衬衣、毛衣、衣服（套）、西装（套）、工作（项）、公文、事（份）

20. 节 jié 甘蔗（根）、藕（根）、电池（对）、车厢、课（门）、比赛（场、项）

21. 棵 kē 树、草（根）、葱（根）、白菜

22. 颗 kē 种子（粒）、珍珠（粒）、宝石（粒）、糖（块）、星星、卫星、牙齿（粒）、心脏、子弹（粒）、炸弹、图钉、图章

23. 口 kǒu 人、猪（头）、大锅、大缸、大钟（座）、井、宝剑（把）

24. 块 kuài 糖（颗）、橡皮、石头、砖、肥皂（条）、手表（只）、肉（片）、蛋糕、大饼（张）、布（幅、匹）、绸缎（匹）、手绢（条）、地（片）、石碑（座）

25. 粒 lì 米、种子（颗）、珍珠（颗）、宝石（颗）、牙齿（颗）、子弹（颗）

26. 辆 liàng 汽车（部、台）、自行车、摩托车、三轮车

27. 门 mén 课（节）、课程、技术（项）、亲戚（家）、婚姻、大炮

28. 名 míng 教师（位）、医生（位）、犯人

29. 面 miàn 墙（道）、镜子、彩旗（幅）、鼓（架）、锣

30. 盘 pán 磨（扇）、香（根、支）、磁带、录像带

31. 匹 pǐ 马、布（块、幅）、绸缎（块）

32. 片 piàn 树叶、药片、肉（块）、阴凉、阳光、云（朵）、地（块）

33. 扇 shàn 门（道）、窗户、屏风、磨（盘）

34. 双 shuāng 手（只）、脚（只）、耳朵（对、只）、眼睛（对、只）、翅膀（对、只）、鞋（只）、袜子（只）、手套（副、只）、筷子（根、支）

35. 所 suǒ 学校、医院（家）、银行（家）、房子（间、套、座）

36. 台 tái 计算机、医疗设备（套）、汽车（部、辆）、钢琴（架）、摄像机（部、架）、演出（场）、话剧（场）、杂技（场）、节目（场、套）

37. 套 tào 衣服（件）、西装（件）、房子（间、所、座）、家具

（件）、沙发（对）、餐具、书（本、部）、邮票（张）、医疗设备（台）、节目（场、台）、试题（道、份）

38. 条 tiáo　绳子（根）、项链（根）、辫子（根）、裤子、毛巾、手绢儿（块）、肥皂（块）、船（只）、游艇（只）、蛇、鱼、狗（只）、牛（头、只）、驴（头、只）、黄瓜（根）、河（道）、瀑布（道）、山脉（道）、道路、胡同儿、伤痕（道）、新闻、信息、措施（项）、命令（道、项）

39. 头 tóu　牛（条、只）、驴（条、只）、骆驼（只）、羊（只）、猪（口）、蒜

40. 位 wèi　客人、朋友、作家（名）

41. 项 xiàng　措施（条）、制度、工作（份）、任务、技术（门）、运动、命令（道、条）、比赛（场、节）

42. 张 zhāng　报纸（份）、图画（幅）、相片（幅）、邮票（套）、扑克牌（副）、光盘、大饼（块）、脸（副）、嘴、网、弓、床、桌子

43. 只 zhī　鸟、鸡、鸭、老鼠、兔子、狗（条）、牛（头、条）、驴（头、条）、羊（头）、骆驼（头）、老虎、蚊子、苍蝇、蜻蜓、蝴蝶、手表（块）、杯子、船（条）、游艇（条）、鞋（双）、袜子（双）、手套（副、双）、袖子、球拍（对、副）、手（双）、脚（双）、耳朵（对、双）、眼睛（对、双）、翅膀（对、双）

44. 支 zhī　笔、手枪（把）、蜡烛（根）、筷子（根、双）、香（根、盘）、军队、歌

45. 座 zuò　山（道）、岛屿、城市、工厂（家）、学校（所）、房子（间、所、套）、桥、石碑（块）、雕塑、大钟（口）

思考和练习

一、掌握“量词、名词搭配”相关内容有何益处？

二、请按照普通话规范搭配并读出下列名量词短语。

1. 一 → 把　支　只　张　匹　头　盘　名　幅　道
手枪　鸡蛋　鸡　马　牛　磁带　教师　画　闪电　桌子

2. 一 → 片　台　座　部　顶　根　家　节　只　位
甘蔗　计算机　工厂　字典　帽子　香蕉　饭店　电池
蚊子　朋友　树叶

第三节　语序或表达形式判断

一、PSC“选择判断”之“语序或表达形式”要素

（一）目的

测查应试人掌握普通话语法的规范程度。

（二）要求

根据“差异对照表”列举5组，由应试人判断并读出符合普通话语法规范的表达形式。

（三）评分

判断错误，每组扣0.5分。

选择判断合计超时1分钟以内，扣0.5分；超时1分钟以上（含1分钟），扣1分。答题时语音错误，每个错误音节扣0.1分；如果判断错误已经扣分，不重复扣分。

二、PSC“选择判断”之“语序或表达形式”要素解读

语序是汉语表示语法意义的主要手段之一。语序不一致，相同语素构成的语句的结构或意义会有所变化。如“出口产品”是动宾短语，强调向境外销售产品；“产品出口”是主谓短语，强调该产品是销往境外的。不同语言的语序不一致，古代汉语和现代汉语的语序不一致，同是现代汉语中的共同语和方言的语序也不尽一致。

普通话句型主要包括主谓句和非主谓句，它们各有若干小类。如主谓句中动词谓语句的几种常用句式有：“把”字句、“被”字句、连动句、兼语句、双宾句、存现句等。句式是可以变换的，变换后结构或句意会发生相应的改变。

PSC“选择判断”之“语序或表达形式”主要测查应试人对“普通话和方言意义相对应，但语序或表达习惯不同的短语或句子”的判别能力。“差异对照表”整理出34类应试人应该正确辨别的普通话和方言常见语法差异。涉及词法的有：“词尾”“这”“数量”“二与两”“给”“能（善于）”“能（可以）”“来、去”“起来”“形容词重叠”“程度副词”“范围副词”“否定副词‘不’”“介词：被”“介词：从、在、到、向、往”“动态助词：着、了、过”“结构助词：的、地、得”“语气词”“前缀”等；涉及句法的有：“动不动、形不形”“会不会、能不能、有没有”“不知道、不认得”“动＋宾＋补、

动＋补＋宾”“双宾语”“状＋动/形”“状＋动＋补”“形/动＋补”“够＋形、动＋清楚＋了”“补语”“比较句”“‘把’字句”“并列关系复句和关联词语”“取舍关系复句和关联词语”“假设关系复句和关联词语”等。如：

这件事我不知道。（普通话语句）

这件事我知不道。（山东日照等方言语句）

相比于普通话语句，方言语句在语序上有变化。

翻阅“差异对照表”并适当掌握相关内容，也有助于应试人考好“命题说话”项。“命题说话”项中，语序不当或表达方式不当都将被判为语法错误而扣分，由非方言因素导致的语序不当或表达方式不当也将被判为语法错误而扣分。

思考和练习

一、掌握“语序或表达形式”相关内容有何益处？

二、请判断并读出下列各组句子里的普通话句子。

1. 这风景好好美啊！（　）
   这风景真美啊！（　）
2. 给她一个苹果。（　）
   拿一个苹果到她。（　）
3. 认认真真做事。（　）
   认认真做事。（　）
4. 啤酒三瓶送他。（　）
   送三瓶啤酒他。（　）
   送他三瓶啤酒。（　）
5. 丽娟今年三十二岁。（　）
   丽娟今年三二岁。（　）
6. 这书包会放十本书。（　）
   这书包放得十本书。（　）
   这书包能放十本书。（　）
7. 门阿小王撞坏了。（　）
   门被小王撞坏了。（　）
8. 你笑得不甜的我。（　）
   你笑得不比我甜。（　）
   你笑得不甜过我。（　）
9. 如果不是因为我，哥哥就不走了。（　）

不着我，哥哥就不走了。（　）

10. 请朋友多吃一口。（　）

请朋友吃多一口。（　）

第五章　朗读短文

第一节　朗读60篇短文应掌握的基本技巧

一、什么是PSC朗读短文

朗读就是大声而清晰地将文章读出来。PSC朗读短文要求应试人读准60篇朗读短文各篇前400个音节以及在语流中的声韵调，处理好语调、重音、停顿、语速等朗读要素。

对朗读短文进行测查，是一种对应试人普通话能力的综合考核形式。

二、普通话水平测试朗读基本技巧

（一）读准朗读短文各篇前400个音节

“朗读短文”与“读单音节字词”“读多音节词语”项一样，应试人只要读错了音节中的声母、韵母、声调任何一项或多项，该音节就算读错。朗读短文时出现普通话音节声母或韵母方面的系统性缺陷不再一一扣分，但会被视程度一次性扣分。应试人主要应从4个方面读准60篇朗读短文各篇前400个音节的普通话语音。60篇朗读作品各篇从第401个音节起的语音错误和缺陷不扣分（计算机辅助测试中各篇第401个及以后各音节不再出现）。

1. 读对生字词

朗读60篇短文各篇前400个音节时，如果遇到生字词，应试人应通过查阅《新华字典》《现代汉语词典》《现代汉语规范词典》等现代汉语工具书来解决。每篇朗读短文里都有哪些生字词，各应试人情况不一样。

2. 读对多音字词

应试人首先应了解多音字词有几个正确读音；其次，无论意义是否相同，多音字词的辨读都要分清语境。“差”是个多音字词，表示“差异”“差数”等义项时读“chā”；表示“错误”“缺少”等义项时读“chà”；表示“派遣”“被派遣”等义项时读“chāi”；在单纯词“参差”中读“cī”。如：

一边在心里盘算着怎样向他解释清楚他和阿诺德之间的差（chā）别。（作品2号）

于是你在无言的遗憾中感悟到，富贵与高贵只是一字之差（chà）。（作品 30 号）

3. 朗读短文时不要回读

应试人多读、漏读或错读了朗读短文音节时，不要回头作修正性补读。因为朗读短文时每次语音错误（错读）、漏字（少读）、添字（多读）都要扣 0.1 分，回读等于错上加错，扣分将会增多，如果按“朗读不流畅”处理，还要另行扣分。

如朗读“他偶然有一个和非常成功的商人谈话的机会”时，应试人不小心把“偶”由“ǒu”读成了“hū”，扣 0.1 分。但如果该应试人读完该句后随即纠错，再读为“噢，不对，‘他偶然有一个和非常成功的商人谈话的机会’”，则总共要被扣去 2.3 分，外加“朗读不流畅”扣分。

4. 读准朗读短文中音节的语流音变

普通话水平测试“朗读短文”项对音节在语流音变方面的要求与“读多音节词语”项的要求是一致的。这些要求详见本书第三章“读多音节词语”等。本章第二节“60 篇朗读短文考点精讲”对 60 篇朗读短文音节中一些有代表性的语流音变作了标注，可供应试人学习参考。这些标注中已注明的语流音变，请应试人务必掌握。本书配有短文范读录音。多听朗读短文范读也是读准语流音变的一个有效办法。

读准朗读短文中音节的语流音变，要注意它与读准“读多音节词语”项音节的语流音变的差异之处，即前者语境更复杂，处理音节语流音变的难度也更大。如：“胶东半岛上第一场雪”（作品 5 号）中，音节“一”的语境如果是“一场雪”，则应变调为“yì”。事实上，语句中的“一”和“第”构成序数词“第一”，读音为“yī”，不变调。

（二）处理好句调、重音、停顿、语速等朗读要素

1. 处理好句调

PSC“朗读短文”项测查对语调的要求低于一般的诗文朗诵，但应试人仍应把握好短文的基本情调及文中重要语句的句调。

60 篇朗读短文各有其独特的情调。应试人应较好地领悟短文的真实情感、作者的鲜明态度等，进而巧妙地通过语音具体形象地将它们表达出来。普通话朗读短文句调以平调为主，但也不乏升降、曲折的变化。应试人朗读短文时，要注意文中句调的升降变化。作品 1 号是一篇借景抒情的散文，借白杨树的高贵品格象征、赞美了抗日根据地军民的高贵精神和坚强意志。如朗读第 1 节描写白杨树的“外在”形象，发掘其中所蕴含的高贵品质时，句调多为平调，朗读第 3 节的 4 个反诘句等，句调变为升调。

2. 处理好重音

朗读短文中的重音包括语法重音、逻辑重音等。

语法重音是按语言习惯自然重读的音节，如谓语动词通常读重音。“今晚我们过一个收获节”（作品26号）中，“过”是语法重音。再如表示性状或程度的状语也往往读重音。“王友已经等在门口准备挨训了”（作品39号）中，“已经”是语法重音，重读，突显小学生王友情知“闯祸”，做好了被校长陶行知严厉训斥的心理准备。从这个“已经”中，我们还能看出王友此前应该不止一次“犯错”，已能“熟练应对”师长的批评了。

逻辑重音是根据语意表达的需要而重读的音节，作用是突出或强调。本章第二节“60篇朗读短文考点精讲”讲析的重音处理以逻辑重音处理为主。

3. 处理好停顿

朗读短文中的停顿包括生理停顿、语法停顿和逻辑停顿等。生理停顿的处理主要考虑换气的需要；语法停顿的处理主要依据标点符号；既不需要考虑换气又不在标点符号处的停顿，处理时往往考虑语意表达的需要，即逻辑停顿。

普通话水平测试朗读短文时，应试人要把握好句意，特别注意不能读破句子等，避免犯停连不当的错误。应试人处理生理停顿和逻辑停顿（尤其是逻辑停顿）时要特别小心。如：

“阅读 | 不仅 | 使他 | 多识了 | 草木虫鱼 | 之名”（作品6号），如果应试人读为“阅读 | 不仅 | 使他 | 多 | 识了 | 草木虫鱼之 | 名”，那么就算读破了句子，而且读破了“多 | 识了”“草木虫鱼之 | 名”2处。

4. 处理好语速

朗读短文的正常语速是每分钟300字，不要太慢或太快。应试人首先要根据短文的内容确定朗读的速度；其次，不同文体的短文朗读速度也有所区别。一般而言，记叙文的朗读速度要稍慢些，议论文朗读速度相对快些。要使语速适当，应试人完全没有必要拿着计时器去“掐时”，恰当的做法可以是多听、多跟读范读，也可以请他人帮助判断。

思考和练习

一、简述普通话朗读的基本技巧。

二、听范读录音，注意体会并掌握普通话水平测试朗读短文的基本技巧。

第二节　60 篇朗读短文考点精讲

一、60 篇朗读短文主要考点

（1）朗读短文中有代表性的重点音节的语音提示直接标注在相关词语后面的括号里。标注的是语流音变后的汉语拼音。无法以汉语拼音直接标注的，应试人可参考语音范读练习。

作品中的双斜线“//”为该短文前 400 个必读音节已到的标志。“//”后的汉字音节的发音不在计分范围内，本书不再标注它们的汉语拼音提示。

（2）对语调、语速、重音等要素的朗读处理，详见短文后的具体讲析。

不同指导教师及应试人对朗读短文具体语句的语调、语素、重音等要素的朗读处理会有所不同，本书的讲析内容仅供参考。

（3）停顿中的语法停顿依据朗读作品的标点符号来处理，生理停顿和逻辑停顿的处理可参考有声朗读材料的范读。

流畅朗读，有赖于应试人熟悉朗读短文内容并经常根据有声朗读材料进行练读。

二、60 篇朗读短文考点讲析

作品 1 号

那是力争上游（lìzhēng-shàngyóu）的一（yì）种树，笔直的干（gàn），笔直的枝。它的干呢，通常是丈把高，像是加以人工似的（shìde），一（yí）丈以内，绝无旁枝；它所有的丫枝（yāzhī）呢，一（yí）律向上，而且紧（jǐn）紧靠拢，也像是加以人工似的，成为一（yí）束，绝无横斜逸出；它的宽大的叶子也是片片向上，几（jī）乎没有斜生的，更不用说倒垂了；它的皮，光滑而有银色的晕（yùn）圈，微微泛出（fànchū）淡青色。这是虽在北方的风雪的压迫下却保持着倔强（juéjiàng）挺立的一种树！哪怕只有碗来粗细罢，它却努力向上发展，高到丈许，两丈，参（cān）天耸立，不折不挠（bùzhé-bùnáo），对抗着西北风。

这就是白杨树，西北极普通的一种树，然而决不（bú）是平凡的树！

它没有婆娑（pósuō）的姿态，没有屈曲（qū）盘旋的虬（qiú）枝，也许你要说它不美丽，——如果美是专指“婆娑”或“横斜逸出”之类而言，那么，白杨树算不得树中的好女子（nǚzǐ）；但是它却是伟岸，正直，朴质，严肃，也不缺乏温和，更不（bú）用提它的坚强不屈与挺拔，它是树中的伟丈夫（fu）！当你在积（jī）雪初融（róng）的高原上走过，看见平坦的大地上傲然挺立这么（me）一（yì）株或一（yì）排白杨树，难道你就只觉得树只是树？难道你就不想到它的朴质，严肃，坚强不屈，至少也象征了北方的农民？难道你竟一点儿（yìdiǎnr）也不联想到，在敌后的广大土//地上，到处有坚强不屈，就像这白杨树一样傲然挺立的守卫他们家乡的哨兵？难道你又不更远一点想到这样枝枝叶叶靠紧团结，力求上进的白杨树，宛然象征了今天在华北平原纵横决荡用血写出新中国历史的那种精神和意志？

（节选自茅盾《白杨礼赞》）

这是一篇抒情散文，借揭示白杨树的高贵品格象征，赞美了抗日根据地军民的高贵精神和坚强意志。

节选部分语调由平缓到高扬。

第 1 节描写白杨树的“外在”形象，发掘其中所蕴含的高贵品质，语调多平缓。“倔强挺立”“参天耸立”“不折不挠”“对抗”重读，凸显白杨树的高贵品质所在。

第 2 节承上启下。“极普通”“决不是平凡”重读，形成对比，于“矛盾”中形成统一，凸显白杨树品质的“不平凡”。

第 3 节由树及人。“它没有婆娑的姿态……伟丈夫”承上写白杨树。“伟岸”“正直”“朴质”“严肃”“更”“坚强不屈”“挺拔”“伟丈夫”重读，赋予白杨树以人格化的高贵品质。

“当你在……精神和意志”写具有白杨树精神和意志的“人”。这些“人”是“北方的农民”“守卫他们家乡的哨兵”等抗日军民。这部分褒义形容词都可以重读，共同用来赞美这些“人”的高贵品格。4 个“难道”重读，加强反诘语气，语调应较为昂扬。

作品 2 号

两（liǎng）个同龄的年轻人同时受雇于一（yì）家店铺（diànpù），并且拿同样的薪水。

可是一（yí）段时间后，叫阿诺德（Ānuòdé）的那个小伙子青云直上，而那个叫布鲁诺（Bùlǔnuò）的小伙子却仍（réng）在原地踏（tà）步。布鲁诺很不满意老（lǎo）板的不公正待遇。终于有一天他到老板那儿（nàr）发牢骚了。老板一（yì）边耐心地听着他的抱怨，一（yì）边在心里盘算（suan）

着怎样（zěnyàng）向他解释清楚（chu）他和阿诺德之间的差别（chābié）。

“布鲁诺先生（xiānsheng），”老板开口说话了，“您现在到集市上去一下，看看今天早上（shang）有什么（shénme）卖的。”

布鲁诺从集市上回来向老板汇报说，今早集市上只有（zhíyǒu）一个农民拉了一（yì）车土豆在卖。

“有多少？”老板问。

布鲁诺赶快戴上帽子又跑到集市上，然后回来告诉老板一（yí）共四十袋土豆。

“价格是多少？”

布鲁诺又第三次跑到集市上问来了价格。

“好吧，”老板对他说，“现在请您坐到这把椅子上一（yí）句话也不（bú）要说，看看阿诺德怎么说。”

阿诺德很快就从集市上回来了。向老板汇报说到现在为止只有一个农民在卖土豆，一共四十口袋，价格是多少多少；土豆质量（zhìliàng）很不（bú）错，他带回来一个让老板看看（kan）。这个农民一个钟头（zhōngtóu）以后还会弄来几箱西红柿，据他看价格非常公道（gōngdao）。昨天他们铺子的西红柿卖得很快，库存已经不//多了。他想这么便宜的西红柿，老板肯定会要进一些的，所以他不仅带回了一个西红柿做样品，而且把那个农民也带来了，他现在正在外面等回话呢。

此时老板转向了布鲁诺，说：“现在您肯定知道为什么阿诺德的薪水比您高了吧？”

（节选自张健鹏、胡足青主编《故事时代》中的《差别》）

这是一篇记叙文，通过对两个同龄的年轻人为老板到集市上购物的不同表现的叙写，表明了工作态度对于取得良好成绩的重要性。

节选部分语调平缓中有变化。

第 1 节是故事的开端，语调平缓。重读“同龄”“同时”“同样”，以三个“同”字为下文写他们的“差别”也即“不同”作铺垫。

第 2 节写两人“所得”的差别。“青云直上”与“原地踏步”重读，强调对比。“很不满意”“终于”“发牢骚”重读，凸显可能存在的“不公平”。“一边”“一边”重读，凸显老板处世的精明。此处语调较为低沉。

第 3 ~ 11 节对比叙写布鲁诺和阿诺德到集市购物的表现。这部分朗读语调比较平缓，重点在于叙述，为节选部分最后点明两者的差别作铺垫。

第 3 ~ 9 节写布鲁诺购物的表现。“一个”“又”“第三次”等重读，凸显他工作态度消极、工作能力差；第 10 节写阿诺德购物的表现，“卖得很快”“便宜”“肯定”等重读，凸显他工作态度积极、工作能力强。

第 11 节，是“购物”活动的结束，也是节选部分的收结部分。反问句的语调要高扬，因为它无疑而问。“肯定”重读，突出老板让两人分别购物的用意，揭示文章主旨。

作品 3 号

我常常遗憾（yíhàn）我家门前那块丑石：它黑黝黝（hēiyǒuyǒu）地卧在那里，牛似的（shìde）模样（múyàng）；谁也不知道是什么（shénme）时候留在这里的，谁也不（bú）去理会它。只是麦收时节，门前摊了麦子，奶奶总是说：这块丑石，多占（zhàn）地面呀，抽空把它搬走吧。

它不（bú）像汉白玉那样的细腻（xìnì），可（ké）以刻字雕花，也不（bú）像大青石那样的光滑，可以供（gōng）来浣（huàn）纱捶布。它静静地卧在那里，院边的槐荫（huáiyīn）没有庇覆（bìfù）它，花儿（huār）也不（bú）再在它身边生长。荒草便繁衍（fányǎn）出来，枝蔓（zhīmàn）上下，慢慢地，它竟锈上了绿苔（lǜtái）、黑斑。我们这些做孩子的，也讨厌起它来，曾合伙要搬走它，但力气又不足；虽时时咒（zhòu）骂它，嫌弃它，也无可奈何，只好任它留在那里了。

终有一（yí）日，村子里来了一（yí）个天文学家。他在我家门前路过，突然发现了这块石头（shítou），眼光立即就拉直了。他再没有离开，就住了下来；以后又来了好些人，都说这是一（yí）块陨石（yǔnshí），从天上落（luò）下来已经有二（èr）三百年了，是一（yí）件了不起的东西。不久便来了车，小心翼翼地将它运走了。

这使我们都很惊奇，这又怪又丑的石头，原来是天上的啊（ya）！它补过（guo）天，在天上发过（guo）热、闪过（guo）光，我们的先祖或许仰望过（guo）它，它给了他们光明、向往（xiàngwǎng）、憧憬（chōngjǐng）；而它落下来了，在污土里，荒草里，一（yì）躺就//是几百年了！

我感到自己的无知，也感到了丑石的伟大，我甚至怨恨它这么多年竟会默默地忍受着这一切！而我又立即深深地感到它那种不屈于误解、寂寞的生存的伟大。

（节选自贾平凹《丑石》）

这是一篇托物言志的记叙散文。通过叙写“我”家门前那块丑石的遭遇，揭示了“不屈于误解、寂寞的生存的伟大”的深刻主旨。

节选部分语调先抑后扬。

第1~2节写丑石的“外在丑”。“遗憾”“黑黝黝”“占”“搬走”“不像”“也不像”“没有庇覆”“锈上”“讨厌”“咒骂”“嫌弃”重读，凸显丑石在“我”这样的普通人眼里简直一无是处，既“丑”又碍事，备受冷落。这部分朗读时语调比较低缓，略含怨恨的语气。

第3~4节写丑石的“内在美”。“突然”“拉直”“小心翼翼”重读，凸显“丑石”受到天文学家们的重视；“了不起”“惊奇”“天上的”“光明”“向往”“憧憬”等重读，凸显丑石的历史功绩；“落”“躺”“几百年”重读，强调陨石的“不幸”遭遇。

第5节揭示主旨。“无知”“伟大”“默默”“忍受”“不屈于”重读，赞美丑石“不屈于误解、寂寞的生存的伟大”。这部分作品的朗读语调明显高扬，抒发作者对陨石的赞美之情。

作品4号

在达瑞（Dáruì）八（bā）岁的时候（shíhou），有一（yì）天他想去看电影。因为没有钱，他想是向爸妈要钱，还是自己挣（zhèng）钱。最后他选择了后者。他自己调制（tiáozhì）了一（yì）种汽水，向过路的行人出售。可那时正（zhèng）是寒冷的冬天，没有人买，只有两（liǎng）个人例外——他的爸爸和妈妈。

他偶然有一（yí）个和非常成功的商人（rén）谈话的机会。当他对商人讲述了自己的“破产史”后，商人给了他两个重要的建议：一（yī）是尝试为（wèi）别人解决一（yí）个难题（nántí）；二是把精力集中在你知道的、你会的和你拥有的东西（xi）上。

这两个建议很关键。因为对于一个八岁的孩子而言，他不（bú）会做的事情（qing）很多。于是他穿过（guo）大街小巷（dàjiē-xiǎoxiàng），不停地思考：人们会有什么（shénme）难题，他又如何利用（lìyòng）这个机会？

一天，吃早饭时父亲让达瑞去取报纸。美国的送报员总是把报纸从花园篱笆（ba）的一个特制的管子里塞（sāi）进来。假如你想穿着睡衣舒舒服服（shūshu-fūfū）地吃早饭和看报纸，就必须离开温暖的房间，冒着寒风，到花园去取。虽然路短，但十分麻烦（fan）。

当达瑞为父亲取报纸的时候，一个主意（zhúyi）诞生了。当（dàng）天他就按响邻居的门铃，对他们说，每个月只需付给他一（yì）美元，他就每天早上把报纸塞（sāi）到他们的房门底下。大多数人都同意了，很快他有//了七十多个顾客。一个月后，当他拿到自己赚的钱时，觉得自己简直是飞上了天。

很快他又有了新的机会，他让他的顾客每天把垃圾袋放在门前，然后由他早上运到垃圾桶里，每个月加一美元。之后他还想出了许多孩子赚钱的办法，并把它集结成书，书名为《儿童挣钱的二百五十个主意》。为此，达瑞十二岁时就成了畅销书作家，十五岁有了自己的谈话节目，十七岁就拥有了几百万美元。

（节选自［德］博多·舍费尔《达瑞的故事》，刘志明译）

这是一篇记叙文，写少年达瑞的创业过程，赞扬他“有志者事竟成”。

节选部分语调总体舒缓，结尾部分写达瑞创业成功部分较为欢快。

第 1 节写达瑞创业的缘起及尝试的失败。“八岁”重读，凸显他创业初始年龄小；“最后”“后者”重读，表明他决心创业；“自己”重读，强调个人创业的真实；“两个人”重读，表明他尝试的失败。整体语调较为低缓。

第 2 ~ 3 节写达瑞受到重要启迪，直接促成他后来的成功。“一是”“二是”重读，凸显建议的数量；“解决”“难题”重读，表明创业的目的、原则；“知道”“会”“拥有”重读，强调创业的方法；“关键”重读，强调建议的重要性；“不停地”重读，凸显达瑞创业的执着。语调较前轻快。

第 4 ~ 6 节写达瑞的创业日益成功。“假如”“麻烦”重读，强调达瑞受启迪的缘由，是灵感的火花；“诞生”“很快”“自己”“简直”“飞上了天”重读，写他初获成功的顺利和喜悦；“很快”“又”“加”“还”重读，强调新创业举措不断出现；“十二岁”“十五岁”“十七岁”重读，强调他创业成功速度之快、年龄之小。语调更为轻快。

作品 5 号

这是入冬以来，胶东半岛上第一（dìyī）场雪。

雪纷纷扬扬，下得很大。开始还伴着一阵儿（yízhènr）小雨，不久就只见大片大片的雪花，从彤云密布（tóngyún-mìbù）的天空中飘落下来。地面上一会儿（yíhuìr）就白了。冬天的山村，到了夜里就万籁俱寂（wànlài-jùjì），只听得雪花簌簌（sùsù）地不（bú）断往下落，树木的枯枝被雪压断了，偶尔（ǒu'ěr）咯吱一（yì）声响。

大雪整整（zhěngzhěng）下了一（yí）夜。今天早晨，天放晴了，太阳出来了。推开门一（yí）看，嗬！好大的雪啊（ya）！山川、河流、树木、房屋，全都罩（zhào）上了一（yì）层厚厚的雪，万里江山，变成了粉妆玉砌（fěnzhuāng-yùqì）的世界。落光了叶子的柳树上挂满了毛茸茸（máoróngróng）

亮晶晶的银条儿（yíntiáor）；而那些冬夏常青的松树和柏树（bǎishù）上，则挂满了蓬松松（péngsōngsōng）沉甸甸（chéndiàndiàn）的雪球儿（xuěqiúr）。一阵风吹来，树枝轻轻地摇晃，美丽的银条儿和雪球儿簌簌地落下来，玉屑似的（shìde）雪末儿（xuěmòr）随风飘扬，映着清晨的阳光，显出一（yí）道道五光十色（wǔguāng-shísè）的彩虹。

大街上的积（jī）雪足有一（yì）尺多深，人踩上去，脚底下发出咯吱（gēzhī）咯吱的响声。一（yì）群群孩子在雪地里堆雪人，掷（zhì）雪球儿。那欢乐的叫喊声，把树枝上的雪都震落下来了。

俗话说，“瑞雪（ruìxuě）兆丰年”。这个话有充分的科学根据，并不是一（yí）句迷信的成语。寒冬大雪，可（kě）以冻死一（yí）部分越冬的害虫；融化了的水渗（shèn）进土层深处，又能供应（gōngyìng）//庄稼生长的需要。我相信这一场十分及时的大雪，一定会促进明年春季作物，尤其是小麦的丰收。有经验的老农把雪比做是“麦子的棉被”。冬天“棉被”盖得越厚，明春麦子就长得越好，所以又有这样一句谚语：“冬天麦盖三层被，来年枕着馒头睡。”

我想，这就是人们为什么把及时的大雪称为“瑞雪”的道理吧。

（节选自峻青《第一场雪》）

这是一篇写景散文，通过对胶东半岛第一场雪雪景的描写，强调瑞雪不仅赏心悦目，而且“兆丰年”。节选部分语调富于变化。

第 1 节，交代下雪的时间，朗读语调平缓。

第 2 ~4 节写雪后的景致。描写雪落及雪后景致的词语重读。

第 2 节写雪落的过程。“纷纷扬扬”要读得抑扬顿挫。“大片大片”“飘落”“簌簌”“不断”“压断”重读，从不同侧面叙写雪下得很大；第 3 节写自然景观。“好大”“厚厚”“粉妆玉砌”“美丽”“玉屑似的”“五光十色”等重读，叙写雪景的形、雪景的美。这部分文字朗读时要表现出惊喜和赞叹；第 4 节写人的活动。“一群群”“欢乐”重读，强调雪后活动的人数量多、心情好。语调较为欢快。

第 5 ~6 节赞雪，点明主旨。“充分的”“科学”“有经验的”“又”“馒头”等重读，突出胶东半岛这“第一场雪”对农业丰收的重要意义，抒发了对它的赞美之情。这部分作品说明瑞雪的作用，语气较为平淡，语速较缓。读谚语的语气显得较为俏皮。

作品6号

我常想读书人是世间幸福人，因为他除了拥（yōng）有现实的世界之外，还拥有另一（yí）个更为（wéi）浩瀚（hàohàn）也更为丰富的世界。现实的世界是人人都有的，而后一个世界却为（wéi）读书人所独有。由此我想，那些失去或不能阅读的人是多么的不（bú）幸，他们的丧（sàng）失是不可补偿的。世间有诸多的不平等，财富的不平等，权力的不平等，而阅读能力的拥有或丧（sàng）失却体现为（wéi）精神的不平等。

一个人的一（yì）生，只能经历自己拥有的那一（yí）份欣悦（xīnyuè），那一（yí）份苦难，也（yé）许再加上他亲自闻知的那一（yì）些关于自身以外的经历和经验。然而，人们通过阅读，却能进入不同时空的诸多他人的世界。这样，具有阅读能力的人，无形间获得（huòdé）了超越有限生命的无限可能性。阅读不仅使他多识了草木虫鱼之名，而且可以上溯（sù）远（yuǎn）古下及未来，饱（bǎo）览存在的与非存在的奇风异俗。

更为重要的是，读书加惠于人们的不仅是知识的增广，而且还在于精神的感化与陶冶（táoyě）。人们从读书学做人，从那些往哲先贤以及当代才俊的著述中学得（xuédé）他们的人格。人们从《论语》中学得智慧的思考，从《史记》中学得严肃的历史精神，从《正气歌》中学得人格的刚烈，从马克思（Mǎkèsī）学得人世//的激情，从鲁迅学得批判精神，从托尔斯泰学得道德的执着。歌德的诗句刻写着睿智的人生，拜伦的诗句呼唤着奋斗的热情。一个读书人，一个有机会拥有超乎个人生命体验的幸运人。

（节选自谢冕《读书人是幸福人》）

这是一篇议论文，通过分析读书的三大益处强调中心论点——“读书人是世间幸福人”。

节选部分朗读语调由平缓而渐趋激昂。

第1节论析“读书人是世间幸福人”的第一条理由。“现实”“浩瀚”“丰富”“独有”“不幸”“不可补偿”“不平等”重读，强调“读书”对人拥有“更为丰富的世界”的好处。

第2节论析“读书人是世间幸福人”的第二条理由。“只能”“也许”重读，强调个人经历的局限，“然而”“有限”“无限”“不仅”“草木虫鱼”“而且”“奇风异俗”重读，强调读书对人“获得了超越有限生命的无限可能性”的好处。

第3节论析“读书人是世间幸福人”的第三条理由。“更为重要的”“感化”“陶冶”“往哲先贤”“当代才俊”以及7个“学得”和“刻写”“呼唤”

“有机会”重读，强调读书对人“精神的感化与陶冶”的好处。

作品 7 号

一（yì）天，爸爸下班回到家已经很晚了，他很累也有点儿（yóudiǎnr）烦，他发现五岁的儿子（érzi）靠在门旁正等着他。

“爸，我可（ké）以问您一（yí）个问题吗？”

“什么（shénme）问题？”“爸，您一（yì）小时可以赚多少钱？”“这与（yú）你无关，你为什么问这个问题？”父亲生气地说。

“我只是想知道，请告诉我，您一小时赚多少钱？”小孩儿（xiǎoháir）哀求道。“假如你一（yí）定要知道的话，我一小时赚二十美金。”

“哦，”小孩子（xiǎoháizi）低下了头，接着又说，“爸，可以借我十美金吗？”父亲发怒了：“如果你只是要借钱去买毫无意义的玩具的话，给我回到你的房间睡觉去。好好（hāo）想（xiáng）想（xiang）为什么你会那么自私。我每天辛苦工作，没时间和你玩儿（wánr）小孩子的游戏。”

小孩儿默默地回到自己的房间关上门。

父亲坐下来还在生气。后来，他平静（píngjìng）下来了。心想他可能对孩子太凶了——或许孩子真的很想买什么东西，再说他平时很少要过钱。

父亲走进孩子的房间：“你睡了吗？”“爸，还没有，我还醒着（xǐngzhe）。”孩子回答。

“我刚才可能对你太凶了，”父亲说，“我不应该发那么大的火儿（huǒr）——这是你要的十美金。”“爸，谢谢您。”孩子高兴地从枕头（zhěntou）下拿出一些被弄皱（zhòu）的钞票，慢慢地数着。

“为什么你已经有钱了还要？”父亲不解地问。

“因为原来不够，但现在凑够了。”孩子回答，“爸，我现在有//二十美金了，我可以向您买一个小时的时间吗？明天请早一点儿回家——我想和您一起吃晚餐。”

（节选自唐继柳编译《二十美金的价值》）

这是一篇记叙文，通过叙写小男孩向父亲借钱购买“一起吃晚餐”时间的故事，表达孩子对父亲的热爱和依恋之情。

节选部分语调从平和到紧张再到平和，平缓中有起伏。

第 1 节写父子见面。“很晚”“累”“烦”重读，写父亲的辛劳，也是下文父亲生气发怒的缘由之一；“等”重读，强调小孩达成心愿的决心大。

第 2 ~6 节写父子之间的 4 组对话。“什么”“无关”“生气”“一定要”

“发怒”“好好”“没时间”等重读，强调父亲对儿子问话的用意的误解；“可以”“只是”“可以”“默默”等重读，凸显一个5岁男孩的乖巧、胆怯和委屈。

第7～11节写父子间的3组对话，误解消除。“平静”“太凶了”“很少”重读，强调“父亲”的自责；“醒着”“谢谢”“凑够”“早一点儿”“一起”等重读，凸显孩子的答话不仅消解了父亲的疑惑，更表达了他对父亲的热爱和依恋。

作品8号

我爱月夜，但我也爱星天。从前在家乡七八月的夜晚在庭院里纳凉的时候，我最爱看天上密密麻麻的繁星（fánxīng）。望着星天，我就会忘记一切（yíqiè），仿佛（fǎngfú）回到了母亲的怀里似的（shìde）。

三年前在南京我住的地方（fang）有一（yí）道后门，每（méi）晚我打开后门，便看见一（yí）个静寂（jìngjì）的夜。下面是一（yí）片菜园，上面是星群密布的蓝天。星光在我们的肉眼里虽然微小，然而它使我们觉得光明无处不在。那时候我正在读一（yì）些天文学的书，也认得（de）一些星星，好像它们就是我的朋友（you），它们常常在和我谈话一样。

如今在海上，每晚和繁星相对，我把它们认得很熟（shú）了。我躺在舱面上，仰望天空。深蓝色的天空里悬着无数半明半昧（bànmíng-bànmèi）的星。船在动，星也在动，它们是这样低，真是摇摇欲坠（yáoyáo-yùzhuì）呢！渐渐地我的眼睛模糊（móhu）了，我好像看见无数萤火虫在我的周围飞舞。海上的夜是柔和（róuhé）的，是静寂的，是梦幻的。我望着许多认识（shi）的星，我仿佛（fǎngfú）看见它们在对我眨（zhá）眼，我仿佛听见它们在小声说话。这时我忘记了一切。在星的怀抱中我微笑着，我沉睡着。我觉得自己是一个小孩子，现在睡在母亲的怀里了。

有一夜，那个在哥伦波（Gēlúnbō）上船的英国人指给我看天上的巨人。他用手指着：//那四颗明亮的星是头，下面的几颗是身子，这几颗是手，那几颗是腿和脚，还有三颗星算是腰带。经他这一番指点，我果然看清楚了那个天上的巨人。看，那个巨人还在跑呢！

（节选自巴金《繁星》）

这是一篇抒情散文，通过对不同场合繁星的描写，表达了作者对繁星的热爱。

文中涉及描写繁星之多、之美，以及表达作者热爱繁星的语句朗读时语调较为昂扬，其他以平缓的语调来处理。

第 1 节重读“最爱”“密密麻麻”“忘记一切”，凸显作者在家乡庭院里见到繁星并十分喜爱。

第 2 节写作者在南京住处见到的繁星。“星群密布”“然而”“无处不在”“认得”重读，强调繁星好像“就是我的朋友，它们常常在和我谈话一样”。

第 3～4 节写作者在海上旅行时经自己观察和别人指点所见的繁星。“很熟”“无数”“也在动”“摇摇欲坠”“柔和”“静寂”“梦幻”“果然”“跑”重读，借助于拟人化手法，作者再次叙写了繁星对“我”的益处，表达了自己对繁星的热爱。

作品 9 号

假（jià）日到河滩上转转（zhuɑn），看见许多孩子在放风筝（fēngzheng）。一（yì）根根长长的引线，一（yì）头系（jì）在天上，一头系在地上，孩子同风筝都在天与地之间悠荡，连心也被悠荡得恍恍惚惚（huánghuǎng-hūhū）了，好像又回到了童年。

儿时的放风筝，大多是自己的长辈或家人编扎（biānzā）的，几根削（xiāo）得很薄（báo）的篾，用细纱线扎成各种鸟兽的造型，糊上雪白的纸片，再用彩笔勾勒出面孔与翅膀的图案。通常扎得最多的是“老雕”“美人儿（rénr）”“花蝴蝶”等。

我们家前院就有位叔叔（shu），擅（shàn）扎风筝，远近闻名。他扎的风筝不只体形好看，色彩艳丽，放飞得高远，还在风筝上绷一（yí）叶用蒲苇削（xiāo）成的膜片，经风一（yì）吹，发出“嗡嗡”的声响，仿佛（fǎngfú）是风筝的歌唱，在蓝天下播扬，给开阔的天地增添了无尽的韵味，给驰荡的童心带来几分疯狂。

我们那条胡同（hútong）的左邻右舍（shè）的孩子们放的风筝几（jī）乎都是叔叔编扎的。他的风筝不（bú）卖钱，谁上门去要，就给谁，他乐意自己贴钱买材料。

后来，这位叔叔去了海外，放风筝也渐与孩子们远离了。不过年年叔叔给家乡写信，总不忘提起儿时的放风筝。香港回归之后，他在家信中说到，他这只被故乡放飞到海外的风筝，尽（jǐn）管飘荡游弋（yóuyì），经沐（mù）风雨，可那线头儿（xiàntóur）一直在故乡和//亲人手中牵着，如今飘得太累了，也该要回归到家乡和亲人身边来了。

是的。我想，不光是叔叔，我们每个人都是风筝，在妈妈手中牵着，从小放到大，再从家乡放到祖国最需要的地方去啊！

（节选自李恒瑞《风筝畅想曲》）

这是一篇抒情散文，借写儿时的放风筝，阐明每个人无论放飞多远，心头总被祖国母亲所牵挂的道理，抒发作者的爱国之情。

节选部分语调平缓中有变化。

第1节“天上”“地上”“天与地之间”“悠荡”“心”“恍恍惚惚”“又”重读，凸显眼前放风筝的美好景致勾起作者对童年的美好回忆。语调平缓。

第2～5节写作者回忆儿时放风筝的情景。“儿时”“大多”“最多”“嗡嗡”“歌唱”“播扬”“无尽”“几乎”“不卖钱”重读，凸显儿时放风筝从制作过程到放飞场景的美好，集中叙写了一位擅扎风筝的“叔叔”的手艺精巧，为人善良；“写信”“尽管”“可”“故乡和亲人”“回归”重读，凸显“叔叔”身在海外，心系故乡的美好感情。朗读这部分内容要能体现作者对往事的眷恋。

第6节“不光”“妈妈”“最需要”重读，强调节选部分的写作主旨。这部分朗读时较为坚定，富有抒情性。

作品10号

爸不懂得（dǒngde）怎样表达爱，使我们一家人融洽（róngqià）相处（chǔ）的是我妈。他只是每天上班下班，而妈则把我们做过的错事开列清单，然后由他来责骂我们。

有一（yí）次我偷了一（yí）块糖果，他要我把它送回去，告诉（su）卖糖的说是我偷来的，说我愿意替他拆箱卸货作为（wéi）赔偿。但妈妈（māmɑ）却明白（bɑi）我只是个孩子（zi）。

我在运动场（chǎng）打秋千（qiūqiān）跌断了腿，在前往医院途中一直抱着我的，是我妈。爸把汽车停在急诊室（shì）门口，他们叫他驶开，说那空（kòng）位是留给紧急车辆停放的。爸听了便叫嚷道：“你以为这是什么（shénme）车？旅游车？”

在我生日会上，爸总是显得有些不（bú）大相称（xiāngchèn）。他只是忙于吹气球，布置餐桌，做杂务。把插着蜡烛的蛋糕推过来让我吹的，是我妈。

我翻阅照相册时，人们总是问：“你爸爸是什么样子的？”天晓得！他老是忙着替别人拍照。妈和我笑容可掬（xiàoróng-kějū）地一起拍的照片，多得不可胜数（bùkě-shèngshǔ）。

我记得妈有一次叫他教（jiāo）我骑自行车。我叫他别放手，但他却说是应该放手的时候（hou）了。我摔倒之后，妈跑过来扶我，爸却挥手要她走开。我当时生气极了，决心要给他点儿（diǎnr）颜色看。于是我马上爬上自行车，而且自己骑给他看。他只是微笑。

我念大学时，所有的家信都是妈写的。他//除了寄支票外，还寄过一封短柬给我，说因为我不在草坪上踢足球了，所以他的草坪长得很美。

每次我打电话回家，他似乎都想跟我说话，但结果总是说："我叫你妈来接。"

我结婚时，掉眼泪的是我妈。他只是大声擤了一下鼻子，便走出房间。

我从小到大都听他说："你到哪里去？什么时候回家？汽车有没有汽油？不，不准去。"爸完全不知道怎样表达爱。除非……

会不会是他已经表达了，而我却未能察觉？

（节选自［美］艾尔玛·邦贝克《父亲的爱》）

这是一篇记叙文，通过叙写父亲和"我"的几件往事，赞美父爱的深沉、含蓄。

节选部分重读的音节应能直接或间接体现父爱的深沉、含蓄，语调有起伏，语气较多样。

第 1 ~ 9 节写父亲几件与"我"有关的"不懂得怎样表达爱"的往事。"我"对父亲的总体印象是"不近人情""没有情趣""不善言辞"等。语气中有"埋怨"。

"不懂得""只是""责骂"重读，总写作者对父亲的印象；"偷""愿意"重读，强调父亲对培养女儿良好道德情操的用心；"叫嚷""什么""旅游车"重读，凸显父亲对女儿恢复身体健康的急切心情；"不大相称" "天晓得""别""挥手""微笑""很美""擤"重读，集中显示深沉、含蓄的父爱的外在表现。语调较明快，突出作者急于表述的心情。

第 10 ~ 11 节"除非""会不会""未能"重读，借反问句式表明"我"对父爱由不理解到理解，进而揭示文章主旨。语调舒缓，语含疑问。

作品 11 号

一（yí）个大问题一（yì）直盘踞在我脑袋（dai）里：

世界杯怎么（zěnme）会有如此巨大的吸引力？除去足球本身的魅力之外，还有什么超乎其上而更伟大的东西（xi）？

近来观看世界杯，忽然从中得到了答案：是由于一（yì）种无上崇高（chónggāo）的精神情感——国家荣誉感！

地球上的人都会有国家的概念，但未必时时都有国家的感情。往往人到异国，思念家乡，心怀故国，这国家概念就变得有血（xiě）有肉，爱国之情来得非常具体。而现代社会，科技昌达，信息快捷（kuàijié），事事上网，世界真是太小太小，国家的界限似乎（sìhū）也不那么清晰了。再说足球正在快速世界化，平日里各国球员频繁转会（zhuǎnhuì），往来随意，致使越来越多的国家联赛都具有国际的因素。球员们不论国籍，只效力于自己的俱乐部，他们比赛时的激情中完全没有爱国主义的因子（yīnzǐ）。

然而，到了世界杯大赛，天下大变。各国球员都回国效力（xiàolì），穿上与光荣的国旗同样色彩的服装。在每一场比赛前，还高唱国歌以宣誓对自己祖国的挚爱（zhì'ài）与忠诚。一种血缘（xuèyuán）情感开始在全身的血管（xuèguǎn）里燃烧起来，而且立刻热血（rèxuè）沸腾。

在历史时代，国家间经常发生对抗，好男儿（nán'ér）戎装（róngzhuāng）卫国。国家的荣誉往（wáng）往需要以自己的生命去//换取。但在和平时代，唯有这种国家之间大规模对抗性的大赛，才可以唤起那种遥远而神圣的情感，那就是：为祖国而战！

（节选自冯骥才《国家荣誉感》）

这是一篇议论文，借分析足球运动员在不同比赛场合的不同表现，阐明体育运动中也存在“国家荣誉感”的道理。

节选部分先是疑问语气，后为平缓，逐步至高扬。

第1～3节以设问形式提出中心论点：世界杯的根本吸引力在于球员身上体现出来的国家荣誉感。“大”“一直”“怎么”“还有”重读，强调问题的提出；“忽然”重读，强调恍然大悟；“答案”重读，引出初步结论。

第4～6节，以世界杯与联赛、国家间对抗的“历史时代”与“和平时代”对比，论证中心论点。“都”“但未必”重读，欲扬先抑，强调当今社会爱国主义意识似乎在淡化；“然而”“高唱”“燃烧”“沸腾”“为祖国”重读，共同体现“为祖国而战”的崇高主题。语调较为激昂。

作品12号

夕阳落山不久，西方的天空，还燃烧着一（yí）片橘（jú）红色的晚霞。大海，也被这霞光染成（rǎnchéng）了红色，而且比天空的景色更要壮观。因为它是活动的，每当一（yì）排排波浪涌起的时候（hou），那映照在浪峰上的霞光，又红又亮，简直就像一片片霍霍燃烧着的火焰，闪烁着，消失了。而后面的一排，又闪烁着，滚动着，涌了过来。

天空的霞光渐渐地淡下去了，深红的颜色变成了绯红（fēihóng），绯红又变为浅红。最后，当这一（yí）切红光都消失了的时候，那突然显得高而远了的天空，则呈现出一（yí）片肃穆（sùmù）的神色。最早出现的启明星，在这蓝色的天幕上闪烁起来了。它是那么大，那么亮，整个广漠的天幕上只有它在那里放射着令人注目的光辉，活像一（yì）盏悬挂在高空的明灯。

夜色加浓，苍空中的“明灯”越来越多了。而城市各处的真的灯火也次第亮了起来，尤其是围绕（wéirào）在海港周围山坡上的那一片灯光，从半空倒（dào）映在乌蓝的海面上，随着波浪，晃动着，闪烁着，像一（yí）串流动着的珍珠，和那一片片密布在苍穹（cāngqióng）里的星斗（dǒu）互相辉映，煞（shà）是好看。

在这幽美的夜色中，我踏着软绵绵（ruǎnmiánmián）的沙滩，沿着海边，慢慢地向前走去。海水，轻轻地抚摸着细软的沙滩，发出温柔的//刷刷声。晚来的海风，清新而又凉爽。我的心里，有着说不出的兴奋和愉快。

夜风轻飘飘地吹拂着，空气中飘荡着一种大海和田禾相混合的香味儿，柔软的沙滩上还残留着白天太阳炙晒的余温。那些在各个工作岗位上劳动了一天的人们，三三两两地来到这软绵绵的沙滩上，他们浴着凉爽的海风，望着那缀满了星星的夜空，尽情地说笑，尽情地休憩。

（节选自峻青《海滨仲夏夜》）

这是一篇写景散文。按时间顺序，描写了晚霞、明星、灯火、海水、海风以及在沙滩上说笑、休憩的人们，抒发了作者对海滨仲夏夜美景的热爱。

节选部分朗读语调从容、轻快。

第 1 节写霞。“燃烧”“橘红色”“染”“霍霍”“火焰”重读，集中写海边所见晚霞的绚丽多姿。

第 2 节写星。“最早”“闪烁”“大”“亮”“放射”“明灯”重读，描写启明星的情状。

第 3 节写灯。“次第”“倒映”“晃动”“闪烁”“像……珍珠”“辉映”“煞是好看”重读，描写城市各处真的灯火的迷人。

第 4 ~5 节写人。“轻轻”“抚摸”“温柔”“清新”“凉爽”“兴奋”“愉快”重读，写海水、海风可人的感觉；“轻飘飘”“香味儿”“余温”重读，承前写海滨仲夏夜的自然景致；“三三两两”“浴着”“望着”“尽情”“说笑”重读，强调劳作了一天的人们在沙滩上欢快地享受海滨美景。

作品 13 号

生命在海洋里诞生绝不（bú）是偶然（ǒurán）的，海洋的物理和化学性质，使它成为孕育（yùnyù）原始生命的摇篮。

我们知道，水是生物的重要组成部分，许多动物组织的含水量在百分之八十以上，而一（yì）些海洋生物的含水量高达百分之九十五。水是新陈代谢（xīnchén-dàixiè）的重要媒介，没有它，体内的一（yí）系列生理和生物化学反应就无法进行，生命也就停止。因此，在短时期内动物缺水要比缺少食物更加危（wēi）险。水对今天的生命是如此重要，它对脆弱的原始生命，更是举足轻重（jǔzú-qīngzhòng）了。生命在海洋里诞生，就不（bú）会有缺水之忧。

水是一（yì）种良好的溶剂。海洋中含有许多生命所必需的无机盐，如氯（lǜ）化钠、氯化钾、碳酸盐、磷酸盐，还有溶解氧，原始生命可以毫不费力地从中吸取它所需要的元素。

水具有很高的热容量，加之海洋浩大，任凭夏季烈日曝晒（pùshài），冬季寒风扫荡，它的温度变化却比较小。因此，巨大的海洋就像是天然的“温箱”，是孕育原始生命的温床。

阳光虽然为（wéi）生命所必需，但是阳光中的紫外线却有扼杀（èshā）原始生命的危险。水能有效地吸收紫外线，因而又为原始生命提供了天然的“屏障”（píngzhàng）。

这一（yí）切都是原始生命得以产生和发展的必要条件。//

（节选自童裳亮《海洋与生命》）

这是一篇说明文，从“海洋的物理和化学性质”角度说明了水对于原始生命产生和发展的重要性。

节选部分重在说明事物、事理，语调总体平缓。

第 1 节重读“绝不是”，总说海洋是孕育原始生命的摇篮。

第 2 ~ 5 节分说海洋是孕育原始生命的摇篮。“含水量”“高达”“媒介”“无法”“更加”“更是”等重读，强调水作为生物新陈代谢媒介的重要作用；“良好”“必需”“毫不费力”重读，强调水作为溶剂对于原始生命的重要作用；“很高”“温箱”“温床”重读，强调水的巨大的热容量对于原始生命产生和发展的重要性；“紫外线”“有效”“吸收”等重读，强调水为原始生命充当“屏障”的作用。

第 6 节总结节选部分。“一切”“必要”重读，强调说明水对于原始生命产生和发展的重要性。

作品 14 号

读小学的时候（hou），我的外祖母去世了。外祖母生前最疼爱（téng'ài）我，我无法排除自己的忧伤，每天在学校的操场上一圈儿（yìquānr）又一圈儿地跑着，跑得累倒在地上，扑在草坪上痛哭。

那哀痛的日子（zi），断断续续地持续了很久，爸爸妈妈也不知道如何安慰我。他们知道与其（yǔqí）骗我说外祖母睡着（shuìzháo）了，还不如对我说实话：外祖母永远不（bú）会回来了。

“什么（shénme）是永远不会回来呢？”我问着。

“所有时间里的事物，都永远不会回来。你的昨天过去，它就永远变成昨天，你不能再回到昨天。爸爸以前也和你一（yí）样小，现在也不能回到你这么（zhème）小的童年了；有一（yì）天你会长大，你会像外祖母一样老；有一天你度过了你的时间，就永远不会回来了。”爸爸说。

爸爸等于给我一（yí）个谜语，这谜语比课本上的“日历挂在墙壁，一天撕去一页，使我心里着急（zháojí）”和“一（yí）寸光阴一寸金，寸金难买寸光阴”还让我感到可怕；也比作文本上的“光阴似箭，日月如梭（suō）”更让我觉得有一种说不（bu）出的滋味。

时间过得那么飞快，使我的小心眼儿（xīnyǎnr）里不只是着急，还有悲伤。有一天我放学回家，看到太阳快落山了，就下决心说：“我要比太阳更快地回家。”我狂奔回去，站在庭院前喘气（chuǎnqì）的时候，看到太阳//还露着半边脸，我高兴地跳跃起来，那一天我跑赢了太阳。以后我就时常做那样的游戏，有时和太阳赛跑，有时和西北风比快，有时一个暑假才能做完的作业，我十天就做完了；那时我三年级，常常把哥哥五年级的作业拿来做。每一次比赛胜过时间，我就快乐得不知道怎么形容。

如果将来我有什么要教给我的孩子，我会告诉他：假若你一直和时间比赛，你就可以成功！

（节选自林清玄《和时间赛跑》）

这是一篇记叙文，通过叙写作者几件和时间赛跑的往事，从童心角度感悟时间不回头，揭示了和时间比赛就可以成功的道理。

节选部分语调前半部分较为低缓，后半部分较为轻快。

第1～5节写父亲告诉“我”“所有时间里的事物，都永远不会回来”。“最”“忧伤”“痛哭”重读，强调外祖母去世给“我”带来的哀伤；“与其”“还不如”“永远”“所有”“都”重读，凸显父亲给“我”解释什么是“永远不会回来”；“可怕”“滋味”重读，强调“我”听后的感受。语调低缓、语含忧伤。

第6～7节叙写自己和时间赛跑的几件往事，揭示主旨。“下决心”“更快”“狂奔”“跳跃”“跑赢”“快乐”等重读，强调自己和时间赛跑并获胜的喜悦心情；“一直”“成功”重读，强调作者拟将自己对时间流逝的感悟教给孩子。这部分朗读可较为轻快。

作品 15 号

三十年代初，胡适在北京大学任教授。讲课时他常常对白话文大加称赞（chēngzàn），引起一（yì）些只喜欢文言文而不喜欢白话文的学生（sheng）的不满。

一次，胡适正讲得得意的时候（hou），一（yí）位姓魏的学生突然站了起来，生气地问：“胡先生，难道说白话文就毫无缺点吗?”胡适微笑着回答说：“没有。”那位学生更加激动了：“肯定有！白话文废话太多，打电报用字多，花钱多。”胡适的目光顿时变亮了。轻声地解释说：“不一（yí）定吧！前几天有位朋友（you）给我打来电报，请我去政府部门工作，我决定不去，就回电拒绝了。复电是用白话写的，看来也很省字。请同学们根据我这个意思（si），用文言文写一个回电，看看究竟（jiūjìng）是白话文省字，还是文言文省字?”胡教授刚说完，同学们立刻认真地写了起来。

十五分钟过去，胡适让同学举手，报告用字的数目，然后挑（tiāo）了一份用字最少的文言电报稿，电文是这样写的：

“才疏（shū）学浅，恐难胜任，不堪（kān）从命。”白话文的意思是：学问不深，恐怕很难担任这个工作，不能服从安排。

胡适说，这份写得确实不错，仅用了十二个字。但我的白话电报却只用了五个字：

“干不了，谢谢（xièxie）!”

胡适又解释说：“干不了”就有才疏学浅、恐难胜任的意思；“谢谢”既//对朋友的介绍表示感谢，又有拒绝的意思。所以，废话多不多，并不看它是文言文还是白话文，只要注意选用字词，白话文是可以比文言文更省字的。

（节选自陈灼主编《实用汉语中级教程》中的《胡适的白话电报》）

这是一篇记叙文，通过叙写拟发电报稿的事情，展现了胡适先生的循循善诱，阐明了“只要注意选用字词，白话文是可以比文言文更省字的”的道理。

节选部分表现胡适先生和喜欢文言文的学生的“冲突”的对话，语调较为急促，胡适先生所作的最后解释，语调较为坚定，其他内容的语调以平缓为主。

第 1 ~ 2 节“大加”“引起”“不满”“得意”“生气”“废话”“轻声”“立刻”等重读，凸显胡适和喜爱文言文的学生之间的“冲突”，交代拟写电报稿的缘起。

第3~6节叙写胡适先生对比点评自己和学生所拟写的电报稿。“最少”“确实”“仅”“十二个”“只”“五个”重读，比较用字数量的多少。

第7节“就有”“既”“又”重读，强调凸显胡适先生在内容表达方面所作的解释；“所以”“并”“只要”“可以”重读，阐明文章的主旨。

作品16号

很久以前，在一（yí）个漆黑（qīhēi）的秋天的夜晚，我泛舟在西伯利亚（Xībólìyà）一（yì）条阴森森的河上。船到一个转弯处，只见前面黑黢黢（hēiqūqū）的山峰下面一（yì）星火光蓦地（mòdì）一闪。

火光又明又亮，好像就在眼前……

“好啦，谢天谢地！”我高兴地说，“马上（mǎshàng）就到过夜的地方（fang）啦！”

船夫扭头朝身后的火光望了一眼，又不以为然（bùyǐwéirán）地划起桨来。

“远着呢！”

我不相信他的话，因为火光冲破朦胧（ménglóng）的夜色，明明在那儿（nàr）闪烁（shǎnshuò）。不过船夫是对的，事实上，火光的确（díquè）还远着呢。

这些黑夜的火光的特点是：驱散黑暗，闪闪发亮，近在眼前，令人神往。乍（zhà）一（yí）看，再划几下就到了……其实却还远着呢！……

我们在漆黑如墨的河上又划了很久。一（yí）个个峡谷和悬崖，迎面驶来，又向后移去，仿佛（fǎngfú）消失在茫茫的远方，而火光却依然停在前头（tou），闪闪发亮，令人神往——依然是这么近，又依然是那么远……

现在，无论是这条被悬崖峭壁（qiàobì）的阴影笼罩的漆黑的河流，还是那一星明亮的火光，都经常浮现在我的脑际，在这以前和在这以后，曾有许多火光，似乎（sìhū）近在咫尺（zhíchǐ），不只使我一人心驰神往。可是生活之河却仍然在那阴森森的两岸之间流着，而火光也依旧非常遥远。因此，必须加劲划桨……

然而，火光啊（nga）……毕竟……毕竟就//在前头！……

（节选自［俄］柯罗连科《火光》，张铁夫译）

这是一篇叙事散文，通过对黑暗夜河上看见火光情景的叙写，阐明了富有象征意义的道理：黑暗中的火光即使遥远，也是一种希望，激励人们前行。

朗读时语速应比较舒缓，语气较平实。

第 1～3 节写火光使“我”高兴。“漆黑”“阴森森”“黑黢黢”“蓦地”“又明又亮”重读，凸显环境的漆黑和火光的明亮之间的强烈反差；“高兴”“马上”重读，写“我”因受到火光的鼓舞而振奋。

第 4～9 节写黑暗中的这种火光的特点：驱散黑暗，似近而远。“不以为然”“远”“不相信”“明明”“不过”“事实上”“的确”重读，借作者和船夫的对话引起下文的议论；“乍一看”“远”重读，交代漆黑夜色中火光的特点。渔夫的答话语气应是沉稳的；“依然”重读，继续交代作者的行程，是对前文情感的延展。

第 10 节“毕竟”“前头”重读，揭示主旨，强调只要有火光存在，希望就存在，就能激励人们前行。

作品 17 号

对于一（yí）个在北平住惯的人，像我，冬天要是不刮风，便觉得（juéde）是奇迹；济南（Jǐnán）的冬天是没有风声的。对于一个刚由伦敦（Lúndūn）回来的人，像我，冬天要能看得见日光，便觉得是怪事；济南的冬天是响晴的。自然，在热带的地方（fang），日光永远是那么（nàme）毒，响亮的天气，反有点儿（diǎnr）叫人害怕。可是，在北方的冬天，而能有温晴的天气，济南真得（děi）算个宝地。

设若单单是有阳光，那也算不了（liǎo）出奇。请闭上眼睛想：一（yí）个老城，有山有水，全在天底下晒着阳光，暖和（nuǎnhuo）安适地睡着，只等春风来把它们唤醒，这是不是理想的境界？小山把济南围了个圈儿（quānr），只有北边缺着点口儿（kǒur）。这一（yì）圈小山在冬天特别可爱，好像是把济南放在一个小摇篮里，它们安静不动地低声地说：“你们放心吧，这儿（zhèr）准保暖和。”真的，济南的人们在冬天是面上含笑的。他们一（yí）看那些小山，心中便觉得有了着落（zhuóluò），有了依靠。他们由天上看到山上，便不知不觉地想起：明天也许就是春天了吧？这样的温暖，今天夜里山草也许就绿起来了吧？就是这点儿幻想不能一（yì）时实现，他们也并不着急（zháojí），因为这样慈善的冬天，干什么还希望别的呢！

最妙的是下点儿小雪呀。看吧，山上的矮松越发的青黑，树尖儿（jiānr）上顶//着一髻儿白花，好像日本看护妇。山尖儿全白了，给蓝天镶上一道银边。山坡上，有的地方雪厚点儿，有的地方草色还露着；这样，一道儿白，一道儿暗黄，给山们穿上一件带水纹儿的花衣；看着看着，这件花衣好像被风儿吹动，叫你希望看见一点儿更美的山的肌肤。等到快日落的时候，微黄的阳光斜射在山腰上，那点儿薄雪好像忽然害羞，微微露出点儿粉色。就是下小雪吧，济南是受不住大雪的，那些小山太秀气。

（节选自老舍《济南的冬天》）

这是一篇写景散文，通过描写济南冬天有特色的景致，抒发了作者对济南冬天景色的赞美之情。

第1节“像我”“奇迹”“怪事”“响晴”“宝地”重读，凸显济南冬天“温晴”的特点以及作者的赞叹。

第2节“算不了”“可爱”“准保”“面上含笑”“着落”“依靠”“也许”“一时”“并不”重读，交代济南地理环境的特征，也是济南“温晴”的原因，同时强调作者对济南冬天的无限喜爱之情。

第3节“最妙”“越发”“全”“银边”“花衣”“害羞”“太秀气”等重读，它们从色彩和变化等角度展现了山上雪景及其动人的情态。

作品18号

纯朴的家乡村边有一（yì）条河，曲曲弯弯（qūqū-wānwān），河中架一（yì）弯石桥，弓样的小桥横跨两岸。

每天，不管是鸡鸣晓月，日丽中天，还是月华泻（xiè）地，小桥都印下串串（chuànchuàn）足迹，洒落串串汗珠。那是乡亲（xiāngqīn）为了追求多棱（léng）的希望，兑现美好的遐想（xiáxiǎng）。弯弯小桥，不时荡过（guo）轻吟低唱，不时露（lù）出舒心的笑容。

因而，我稚小（zhìxiǎo）的心灵，曾将心声献给小桥：你是一弯银色的新月，给人间普照光辉；你是一把闪亮的镰刀，割刈（gēyì）着欢笑的花果；你是一根晃悠悠的扁担（biǎndan），挑起（tiāoqǐ）了彩色的明天！哦，小桥走进我的梦中。

我在漂泊（piāobó）他乡的岁月，心中总涌动（yǒngdòng）着故乡的河水，梦中总看到弓样的小桥。当我访南疆探北国，眼帘闯进座座雄伟的长桥时，我的梦变得丰满了，增添了赤橙（chéng）黄绿青蓝紫。

三十多年过去，我带着满头霜花回到故乡，第一紧要的便是去看望小桥。

啊！小桥呢？它躲起来了？河中一（yí）道长虹，浴着朝霞（zhāoxiá）熠熠（yìyì）闪光。哦，雄浑的大桥敞开胸怀，汽车的呼啸、摩托的笛音、自行车的叮铃，合奏着进行交响乐；南来的钢筋、花布，北往的柑橙（gānchéng）、家禽，绘出交流欢悦图……

啊！蜕变（tuìbiàn）的桥，传递了家乡进步的消息（xiāoxi），透露了家乡富裕的声音。时代的春风，美好的追求，我蓦地（mòdì）记起儿时唱//给小桥的歌，哦，明艳艳的太阳照耀了，芳香甜蜜的花果捧来了，五彩斑斓的岁月拉开了！

我心中涌动的河水，激荡起甜美的浪花。我仰望一碧蓝天，心底轻声呼喊：家乡的桥啊，我梦中的桥！

（节选自郑莹《家乡的桥》）

这是一篇记叙文，通过叙写家乡的桥的今昔变化，抒发了作者对家乡的思念以及对家乡巨变的赞美之情。

节选部分语调由平缓到高扬。

第1~4节写作者记忆中的家乡的桥。“石桥”“弓样”及三个比喻“新月”“镰刀”“扁担”重读，具体叙写家乡的桥在作者记忆中的美好形象。因为是回忆，重在为下文写家乡的新桥作铺垫，所以朗读时的语调整体上是平缓的。

第5~7节写作者重返故乡所见的家乡的桥。“满头霜花”“第一紧要”重读，强调作者看望家乡小桥的心情，读来稍稍急切；“躲”重读，强调“家乡的桥”变化巨大：梦中的桥不见了；“长虹”“熠熠闪光”“敞开”“合奏”“绘出”重读，是对眼前的桥的描写；“进步”“富裕”“照耀”“捧来”“拉开”重读，共同体现家乡的桥也即家乡面貌的巨大变化。

第8节“激荡”“甜美”“呼喊”重读，抒情，揭示主旨，由描写家乡的桥到眷恋、赞美故乡。本部分语调总体轻快、高扬。

作品19号

三百多年前，建筑设计师莱伊恩（Láiyī'ēn）受命设计了英国温泽（Wēnzé）市政府大厅。他运用工程力学的知识（zhīshi），依据自己多年的实践，巧妙地设计了只用一（yì）根柱子支撑（zhīchēng）的大厅天花板。一（yì）年以后，市政府权威人士进行工程验收时，却说只用一根柱子支撑天花板太危险，要求莱伊恩再多加几根柱子。

莱伊恩自信只要一根坚固的柱子足以保证大厅安全，他的“固执”惹恼（rěnǎo）了市政官员，险些被送上法庭。他非常苦恼（kúnǎo），坚持自己原先的主张吧，市政官员肯定会另找人修改设计；不坚持吧，又有悖（bèi）自己为人（wéirén）的准则。矛盾了很长一（yí）段时间，莱伊恩终于想出了一条妙计，他在大厅里增加了四根柱子，不过这些柱子并未与天花板接触，只不过是装装（zhuāngzhuang）样子（yàngzi）。

三百多年过去了，这个秘密（mìmì）始终没有被人发现。直到前两年，市政府准备修缮（xiūshàn）大厅的天花板，才发现莱伊恩当年的“弄虚作假”。消息（xiāoxi）传出后，世界各国的建筑专家和游客云集（yúnjí），当地政府对此也不加掩饰（yǎnshì），在新世纪到来之际，特意将大厅作为一个旅游景点对外开放，旨在引导人们崇尚（chóngshàng）和相信科学。

作为一名建筑师，莱伊恩并不是最出色的。但作为一个人，他无疑非常伟大，这种//伟大表现在他始终恪守着自己的原则，给高贵的心灵一个美丽的住所：哪怕是遭遇到最大的阻力，也要想办法抵达胜利。

（节选自游宇明《坚守你的高贵》）

这是一篇记叙文，通过叙述莱伊恩巧妙解决两难困局并最终被世人崇尚的经历，表明了一个道理——哪怕是遭遇到最大的阻力，也要想办法抵达胜利。

节选部分朗读语调总体平缓，最后部分语调可稍稍高扬。

第 1 ~2 节写莱伊恩遇到并巧妙解决两难困局。

第 1 节“巧妙”“却说”重读，突出莱伊恩与“权威人士”观点的对立；第 2 节“自信”“惹恼”“苦恼”“坚持”“肯定”“不坚持”“有悖”“终于”“只不过”等重读，凸显莱伊恩面临两难并最终解决的过程。朗读时要突出莱伊恩的“苦恼”。

第 3 ~4 节写世人最终理解、赞同并崇尚莱伊恩的所作所为。

第 3 节“秘密”“才发现”“弄虚作假”“特意”重读，强调莱伊恩的行为被后人发现、理解和崇尚；第 4 节“并不是”“无疑”“恪守”“原则”“最大”重读，议论中点明主旨。

作品 20 号

自从传言有人在萨文（Sàwén）河畔（pàn）散步时无意发现了金子（jīnzi）后，这里便常有来自四面八方（sìmiàn-bāfāng）的淘金者。他们都想成为富翁（wēng），于是寻遍了整个河床，还在河床上挖出很多大坑，希望借助它们找到更多的金子。的确（díquè），有一（yì）些人找到了，但另外一些人因为一无所得（yìwú-suǒdé）而只好扫兴归去。

也有不甘心落空的，便驻扎（zhùzhā）在这里，继续寻找。彼得·弗雷特（Bǐdé · Fúléitè）就是其中一员。他在河床附近买了一（yí）块没人要的土地，一个人默默（mòmò）地工作。他为了找金子，已把所有的钱都押在这块土地上。他埋头苦干了几个月，直到土地全变成了坑坑洼洼（kēngkēngwāwā），他失望了——他翻遍了整块土地，但连一丁点儿（yìdīngdiǎnr）金子都没看见。

六个月后，他连买面包的钱都没有了。于是他准备离开这儿（zhèr）到别处去谋生。

就在他即将（jíjiāng）离去的前一个晚上（wǎnshang），天下起了倾盆（qīngpén）大雨，并且一（yí）下就是三天三夜。雨终于停了，彼得走出小木屋，发现眼前的土地看上去好像和以前不一（yí）样：坑坑洼洼已被大水冲刷平整（píngzhěng），松软的土地上长出一（yì）层绿茸茸（lùrōngrōng）的小草。

"这里没找到金子，"彼得忽有所悟地说，"但这土地很肥沃（féiwò），我可以用来种花，并且拿到镇上去卖给那些富人，他们一定会买些花装扮他们华丽的客//厅。如果真是这样的话，那么我一定会赚许多钱，有朝一日我也会成为富人……"

于是他留了下来。彼得花了不少精力培育花苗，不久田地里长满了美丽娇艳的各色鲜花。

五年以后，彼得终于实现了他的梦想——成了一个富翁。"我是唯一的一个找到真金的人！"他时常不无骄傲地告诉别人，"别人在这儿找不到金子后便远远地离开，而我的'金子'是在这块土地里，只有诚实的人用勤劳才能采集到。"

（节选自陶猛译《金子》）

这是一篇记叙文，通过叙写弗雷特在河床附近的土地上种花致富的传奇经历，告诉人们一个真理：只有诚实的人用勤劳才能采集到"成功的金子"。

节选部分朗读时语速偏缓，语调平实而有变化。

第 1～3 节写弗雷特淘金失败的结局。"传言""常有""都想""扫兴"重读，强调来淘金者多数失败；"驻扎""默默""押""埋头苦干""翻遍""一丁点""别处"重读，强调弗雷特也不例外，他的淘金行为也以失败而告终。这部分重读之处主要是为了突出他淘金的失败，为下文写他的成功作铺垫。

第 4～7 节写弗雷特种花致富的经历。"就在""倾盆大雨""三天三夜""不一样""忽有所悟""种花""一定"重读，写他因雨滞留后的重大发现——土地很肥沃，可用来种花；"留""培育""长满"重读，写他种花的情景；"实现""梦想""唯一""不无骄傲""只有""勤劳""才能"重读，写他获得成功的喜悦和心得，点明节选部分主旨。语调较前高扬。

作品 21 号

我在加拿大（Jiānádà）学习期间遇到过两次募捐（mùjuān），那情景至今使我难以忘怀。

一（yì）天，我在渥太华（Wòtàihuá）的街上被两个男孩子（nánháizi）拦住去路。他们十来岁，穿得整整齐齐，每人头上戴着个做工精巧、色彩鲜艳的纸帽，上面写着“为帮助患小儿麻痹的伙伴募捐”。其中的一（yí）个，不由分说（bùyóu-fēnshuō）就坐在小凳上给我擦起皮鞋来，另一个则彬彬有礼（bīnbīn-yóulǐ）地发问：“小姐，您是哪国人？喜欢渥太华吗？”“小姐，在你们国家有没有小孩儿（háir）患小儿麻痹？谁给他们医疗费？”一（yì）连串的问题，使我这个有生以来头一次在众目睽睽（zhòngmù-kuíkuí）之下让别人擦鞋的异乡人，从近乎狼狈的窘态（jiǒngtài）中解脱出来。我们像朋友（péngyou）一样聊起天儿（tiānr）来……

几个月之后，也是在街上。一（yì）些十字路口处或车站坐着几位老人。他们满头银发（yínfà），身穿各种老式军装，上面布满了大大小小形形色色的徽章、奖章，每人手捧一大束鲜花，有水仙、石竹、玫瑰（méigui）及叫不出名字（zi）的，一（yí）色雪白。匆匆过往的行人纷纷止步，把钱投进这些老人身旁的白色木箱内，然后向他们微微鞠躬，从他们手中接过一朵花。我看了一会儿（yíhuìr），有人投一（yì）两元，有人投几百元，还有人掏出支票填好后投进木箱。那些老军人毫不注意人们捐多少钱，一（yì）直不//停地向人们低声道谢。同行的朋友告诉我，这是为纪念二次大战中参战的勇士，募捐救济残废军人和烈士遗孀，每年一次；认捐的人可谓踊跃，而且秩序井然，气氛庄严。有些地方，人们还耐心地排着队。我想，这是因为他们都知道：正是这些老人们的流血牺牲换来了包括他们信仰自由在内的许许多多。

我两次把那微不足道的一点儿钱捧给他们，只想对他们说声“谢谢”。

（节选自青白《捐诚》）

这是一篇记叙文，通过叙写两次在加拿大参加募捐的经历，表达了作者对充满诚意的募捐的肯定和难以忘怀。

节选部分语调以平缓为主。

第 1 节“两次”重读，强调自己参加募捐的次数；“难以忘怀”重读，强调印象深刻。

第 2 节写自己参加为帮助患小儿麻痹的青少年募捐。“整整齐齐”“不由分说”“彬彬有礼”“解脱”“像朋友一样”重读，写第一次参加募捐的情景，强调小男孩的率真以及募捐活动的意义。朗读男孩的“发问”时语气应诚恳、热情。

第 3 节写自己参加为资助“二战”残废老兵及烈士遗孀的募捐。“也”重读，突出这次募捐的地点；“满头银发”“形形色色”“手捧”“一色”“毫不注意”“一直不停”重读，写接受募捐的老兵的形象及行为；“纷纷”“耐心”“都知道”重读，突出募捐人的诚恳和耐心。朗读描写老兵形象的语句时应体现敬意，对募捐者也应语含赞许。

第 4 节“两次”“只想”重读，照应开头，总写自己参加募捐的感受，语含真挚。

作品 22 号

没有一（yí）片绿叶，没有一缕（yìlǚ）炊烟，没有一（yí）粒泥土，没有一（yì）丝花香，只有水的世界，云的海洋。

一（yí）阵台风袭（xí）过，一（yì）只孤单的小鸟无家可归，落到被卷到洋里的木板上，乘流（chéngliú）而下，姗姗（shānshān）而来，近了，近了！……

忽然，小鸟张开翅膀（chìbǎng），在人们头顶盘旋（pánxuán）了几圈儿（quānr），“噗啦（pūlā）”一声落到了船上。许是累了？还是发现了“新大陆”？水手撵（niǎn）它它不走，抓它，它乖乖地落在掌心。可爱的小鸟和善良的水手结（jié）成了朋友（you）。

瞧，它多美丽，娇巧的小嘴，啄理（zhuólǐ）着绿色的羽毛，鸭子样的扁脚，呈现出春草的鹅黄。水手们把它带到舱里，给它“搭铺（dāpù）”，让它在船上安家落户，每天，把分到的一塑料桶淡水匀给它喝，把从祖国带来的鲜美的鱼肉分给它吃，天长日久，小鸟和水手的感情日趋笃（dǔ）厚。清晨，当第一束（dìyīshù）阳光射进舷窗（xiánchuāng）时，它便敞开美丽的歌喉，唱啊（nga）唱，嘤嘤有韵（yīngyīng-yǒuyùn），宛如春水淙淙（cóngcóng）。人类给它以生命，它毫不悭吝（qiānlìn）地把自己的艺术青春奉献给了哺育（bǔyù）它的人。可能都是这样？艺术家们的青春只会献给尊敬他们的人。

小鸟给远航生活蒙上了一（yì）层浪漫色调（sèdiào）。返航时，人们爱不释手（àibúshìshǒu），恋恋不舍地想把它带到异乡。可小鸟憔悴（qiáocuì）了，给水，不喝！喂肉，不吃！油亮的羽毛失去了光泽。是啊（ra），我//们有自己的祖国，小鸟也有它的归宿，人和动物都是一样啊，哪儿也不如故乡好！

慈爱的水手们决定放开它，让它回到大海的摇篮去，回到蓝色的故乡去。离别前，这个大自然的朋友与水手们留影纪念。它站在许多人的头上，肩上，掌上，胳膊上，与喂养过它的人们，一起融进那蓝色的画面……

（节选自王文杰《可爱的小鸟》）

这是一篇记叙文，通过叙写水手和小鸟和谐相处的故事，揭示了“知恩图报”“眷恋故土”等人生道理。

节选部分语调平缓中有变化。

第1~4节写水手和小鸟结成朋友，小鸟“知恩图报”。“孤单”“无家可归”重读，强调小鸟在台风过后的孤苦无依，语调较为低缓；“忽然”“噗啦”“撵”“抓”“乖乖”“可爱”“善良”重读，凸显小鸟的机灵、可爱以及水手的善良；“美丽”“娇巧”重读，具体描写小鸟的可爱；“安家落户”“匀”“分”“日趋笃厚”重读，写水手对小鸟的关切；“唱”“宛如”“毫不悭吝”“都是”“只会”重读，强调小鸟的“知恩图报”。语含欣喜，语调较为昂扬。

第5~6节写因小鸟“眷恋故土”，水手将小鸟放飞。“爱不释手”“恋恋不舍”“憔悴”“不喝”“不吃”重读，写小鸟因眷恋故乡而憔悴，同时阐明“哪儿也不如故乡好”的道理，语调较为低沉；“放开”“回到”“头上”“肩上”“掌上”“胳膊上”“融进”重读，写水手们将小鸟放飞以及他们之间的依恋之情。语含不舍，富有抒情性。

作品23号

纽约（Niǔyuē）的冬天常有大风雪，扑面的雪花不（bú）但令人难以睁开眼睛，甚至呼吸都会吸入冰冷的雪花。有时前一（yì）天晚上还是一（yí）片晴朗，第二天拉开窗帘，却已经积雪盈尺，连门都推不开了。

遇到这样的情况，公司、商店常会停止上班，学校也通过广播，宣布停课。但令人不解的是，惟有公立小学，仍然开放。只见黄色的校车，艰难地在路边接孩子，老师则一（yí）大早就口中喷着热气，铲去车子前后的积雪，小心翼翼（xiǎoxīn-yìyì）地开车去学校。

据统计，十年来纽约的公立小学只因为超级暴风雪停过七次课。这是多么令人惊讶（jīngyà）的事。犯得着（fàndezháo）在大人都无须上班的时候（hou）让孩子去学校吗？小学的老师也太倒霉（dǎoméi）了吧？

于是，每逢大雪而小学不停课时，都有家长打电话去骂。妙的是，每个打电话的人，反应全一（yí）样——先是怒气冲冲地责问，然后满（mán）口道歉，最后笑容满面地挂上电话。原因是，学校告诉家长：

在纽约有许多百万富翁，但也有不少贫困的家庭。后者白天开不起暖气

（nuǎnqì），供（gōng）不起午餐，孩子的营养全靠学校里免费的中饭，甚至可以多拿些回家当晚餐。学校停课一天，穷孩子就受一天冻，挨（ái）一天饿，所以老师们宁愿（nìngyuàn）自己苦一点儿（diǎnr），也不能停课。//

或许有家长会说：何不让富裕的孩子在家里，让贫穷的孩子去学校享受暖气和营养午餐呢？

学校的答复是：我们不愿让那些穷苦的孩子感到他们是在接受救济，因为施舍的最高原则是保持受施者的尊严。

（节选自刘墉《课不能停》）

这是一篇夹叙夹议的散文，通过叙写纽约公立小学即使在严寒的冬雪之日也坚持不停课的情景，表达了“施舍的最高原则是保持受施者的尊严”的主旨。

语调处理方面欲扬先抑。

第 1 节“扑面”“盈尺”重读，强调纽约的冬雪很大。

第 2 节写纽约公立小学坚持不停课。“常”“惟有”重读，强调纽约公立小学与众不同的做法；“一大早”“小心翼翼”重读，强调公立小学老师接学生上学的艰难。

以上内容读来语调较为低缓。

第 3～7 节，校方释疑，表达主旨。“只”“令人惊讶”“犯得着”“太倒霉”重读，强调公立小学的做法令人费解；“每逢”“都有”“骂”重读，强调部分家长对学校做法极为费解；“妙”“全一样”“先是”“然后”“最后”重读，凸显家长态度的转变，强调校方释疑的合理性和有效性；“有”“也有”重读，突出贫富差距；“全靠”“甚至”“受”“冻”“挨”“饿”重读，描述穷苦家庭的学生生活窘迫；“宁愿”“也”重读，突出公立小学冬雪之日不停课的重要性；“答复”“不愿”“因为”“最高”重读，强调施舍的原则是保护受施者的尊严。这部分内容读来语调高扬，语气较为坚定。

作品 24 号

十年，在历史上不过是一瞬间（yíshùnjiān）。只要稍加注意，人们就会发现：在这一瞬间里，各种事物都悄悄经历了自己的千变万化。

这次重新访日，我处处感到亲切和熟悉，也在许多方面发觉了日本的变化。就拿奈良（Nàiliáng）的一（yí）个角落来说吧，我重游了为（wèi）之感受很深的唐招提寺（Zhāotísì），在寺内各处匆匆走了一（yí）遍，庭院依旧，但意想不（bú）到还看到了一（yì）些新的东西（dōngxi）。其中之一，就是近几年从中国移植来的“友谊（yǒuyì）之莲”。

在存放鉴真（Jiànzhēn）遗像的那个院子里，几株中国莲昂然挺立，翠绿的宽大荷叶正迎风而舞，显得十分愉快。开花的季节已过，荷花朵朵已变为莲蓬累累（léiléi）。莲子（liánzǐ）的颜色正在由青转紫，看来已经成熟了。

我禁不住（jīnbúzhù）想：“因”已转化为“果”。

中国的莲花开在日本，日本的樱花开在中国，这不是偶然。我希望这样一（yì）种盛况延续不衰（shuāi）。可能有人不欣赏花，但决不会有人欣赏落在自己面前的炮弹。

在这些日子（rìzi）里，我看到了不少多年不见的老朋友（péngyou），又结识了一些新朋友。大家喜欢涉及的话题之一，就是古长安和古奈良。那还用得着（yòngdezháo）问吗，朋友们缅怀（miǎnhuái）过去，正是瞩望（zhǔwàng）未来。瞩目于未来的人们必将获得（huòdé）未来。

我不例外，也希望一个美好的未来。

为//了中日人民之间的友谊，我将不浪费今后生命的每一瞬间。

（节选自严文井《莲花和樱花》）

这是一篇抒情散文，通过叙写访日所见所感，表达了作者对中日两国人民之间友谊长存的期盼。

节选部分语调于平缓中见变化。

第 1 节总写时光流逝带来的变化。平缓朗读即可。

第 2 ~7 节写作者访日所见所感。“意想不到”“新”“友谊之莲”重读，强调发现“友谊之莲”；“昂然”“迎风而舞”“愉快”“荷花朵朵”“莲蓬累累”“成熟”重读，凸显“友谊之莲”可人的情态，引出下文的“所感”；描写“友谊之莲”情态的语句朗读时要有所高扬；“因”“果”重读，总写中日人民之间友谊的发展；“希望”“决不会”“老朋友”“新朋友”“缅怀”“瞩望”“必将”等重读，凸显作者对中日两国人民友谊长存的期盼。

第 8 节，“不浪费”“瞬间”重读，表达了作者决心珍惜光阴，为中日人民之间的友谊作出贡献。

作品 25 号

梅雨潭闪（shǎn）闪的绿色招引着我们，我们开始追捉她那离合的神光了。揪（jiū）着草，攀着乱石，小心探身下去，又鞠躬过了一（yí）个石穹门（shíqióngmén），便到了汪汪一（yí）碧的潭边了。

瀑布（pùbù）在襟袖（jīnxiù）之间，但是我的心中已没有瀑布了。我的心随潭水的绿而摇荡。那醉人的绿呀！仿佛（fǎngfú）一（yì）张极大极大的荷叶铺着，满是奇异的绿呀。我想张开两臂抱住她，但这是怎样一个妄想啊（nga）。

站在水边，望到那面，居然觉着（juézhe）有些远呢！这平铺（píngpū）着、厚积着的绿，着实（zhuóshí）可爱。她松松地皱缬（zhòuxié）着，像少妇拖着的裙幅；她滑滑地明亮着，像涂了“明油”一（yì）般，有鸡蛋清那样软，那样嫩（nèn）；她又不杂些尘滓（chénzǐ），宛然（wǎnrán）一（yí）块温润的碧玉，只清清的一（yí）色——但你却看不透她！

我曾见过北京什刹海（Shíchàhǎi）拂地（fúdì）的绿杨，脱不了鹅黄的底子，似乎（sìhū）太淡了。我又曾见过杭州虎跑（Hǔpáo）寺近旁高峻而深密的“绿壁”，丛叠着无穷的碧草与绿叶的，那又似乎太浓了。其余呢，西湖的波太明了，秦淮河的也太暗了。可爱的，我将什么来比拟你（bínǐnǐ）呢？我怎么（zěnme）比拟（bínǐ）得出呢？大约潭是很深的，故能蕴蓄（yùnxù）着这样奇异的绿；仿佛蔚蓝的天融了一块在里面似的（shìde），这才这般的鲜润啊（na）。

那醉人的绿呀！我若能裁你以为带，我将赠给那轻盈（qīngyíng）的//舞女，她必能临风飘举了。我若能挹你以为眼，我将赠给那善歌的盲妹，她必明眸善睐了。我舍不得你，我怎舍得你呢？我用手拍着你，抚摩着你，如同一个十二三岁的小姑娘。我又掬你入口，便是吻着她了。我送你一个名字，我从此叫你“女儿绿”，好吗？

第二次到仙岩的时候，我不禁惊诧于梅雨潭的绿了。

（节选自朱自清《绿》）

这是一篇写景抒情散文。通过描写梅雨潭潭水奇异的绿，抒写作者的喜悦之情。

文中描写梅雨潭水迷人景致及表达作者喜悦心情的文字要读得欢快些。

第 1 节写作者探访梅雨潭。“闪闪”“汪汪一碧”重读，初写梅雨潭的神奇的绿；“招引”“追捉”重读，凸显作者对梅雨潭的向往；“揪”“攀”“探身”“鞠躬”重读，凸显作者探访梅雨潭的历程。

第 2 ~ 5 节具体叙写梅雨潭奇异的绿。“摇荡”“醉人”“奇异”“抱住”“妄想”重读，写梅雨潭“奇异”的绿及其对作者的强烈的冲击；“平铺”“厚积”“松松”“滑滑”“软”“嫩”“温润”“清清”重读，继续描写梅雨潭的“奇异”的绿；“太淡”“太浓”“太明”“太暗”“比拟”重读，在比较中写梅雨潭的绿的可爱；“融”“鲜润”重读，再次叙写梅雨潭“奇异”的绿；“醉人”“裁”“赠”“挹”“拍”“抚摩”“掬”“吻”“女儿绿”重读，凸显作者对梅雨潭“奇异”的绿的喜爱之情。

第6节“不禁”“惊诧”重读，再次抒发作者对梅雨潭的喜爱之情。

作品26号

我们家的后园有半亩空（kòng）地，母亲说：“让它荒着怪可惜的，你们那么（nàme）爱吃花生，就开辟（kāipì）出来种花生吧。”我们姐弟几个都很高兴，买种（zhǒng），翻地，播种（zhǒng），浇水，没过几个月，居然收获了。

母亲说：“今晚我们过一（yí）个收获节，请你们父亲也来尝尝（chángchang）我们的新花生，好不好？”我们都说好。母亲把花生做成了好几样食品，还吩咐就在后园的茅亭（máotíng）里过这个节。

晚上（wǎnshang）天色不太好，可是父亲也来了，实在很难得（nándé）。

父亲说：“你们爱吃花生吗？”

我们争着答应：“爱！”

“谁能把花生的好处说出来？”

姐姐（jiějie）说：“花生的味（wèir）美。”

哥哥（gēge）说：“花生可以榨油。”

我说：“花生的价钱便宜（piányi），谁都可以买来吃，都喜欢（xǐhuan）吃。这就是它的好处。”

父亲说：“花生的好处很多，有一（yí）样最可贵：它的果实埋在地里，不（bú）像桃子（táozi）、石榴（shíliu）、苹果那样，把鲜红嫩绿（nènlǜ）的果实高高地挂在枝头上，使人一（yí）见就生爱慕（àimù）之心。你们看它矮矮地长在地上，等到成熟了，也不能立刻分辨（fēnbiàn）出来它有没有果实，必须挖出来才知道。”

我们都说是，母亲也点点头。

父亲接下去说：“所以你们要像花生，它虽然不好看，可是很有用，不（bú）是外表好看而没有实用的东西（dōngxi）。”

我说：“那么，人要做有用的人，不（bú）要做只讲体面，而对别人没有好处的人了。”//

父亲说：“对。这是我对你们的希望。”

我们谈到夜深才散。花生做的食品都吃完了，父亲的话却深深地印在我的心上。

（节选自许地山《落花生》）

这是一篇记叙文，通过叙写“我们”一家人过花生收获节时的场景，揭示了做人不要贪图“外表好看”而“要做有用的人”的深刻主旨。

朗读节选部分要处理好人物说话的语气语调的差别，叙事部分读来应干脆利落。

第 1 节重读“荒”，表明对土地闲置的惋惜；“买种”“翻地”“播种”“浇水”重读，凸显孩子们种花生时的欢快；“居然”重读，表明收获时的惊喜。

第 2 节承上启下，引入过花生收获节。“新”突出喜悦；“都说好”凸显孩子们的喜悦和对父亲的爱戴；“好几样”突出菜肴的丰盛。

第 3 ~ 14 节具体叙述“我们”一家人在茅亭里过花生收获节的情景。“实在”重读，表明父亲和“我们”这些儿女不常欢聚；“争着”重读，凸显孩子们的可爱及家庭氛围的和睦、欢乐；“最可贵”重读，因为父亲在强调花生不慕虚荣的品格，“对”是肯定语气，所以重读。父亲的语气读来要沉稳、意味深长。“我”的答话语气要稍明快，符合“我”领悟父亲语意后急切表白的心情，与年龄特征也吻合。

第 15 节，收结节选部分。“深深地”重读，强调“我”对父亲语意的领会以及对这次花生收获节印象深刻。

作品 27 号

我打猎归来，沿着花园的林荫路走着。狗跑在我前边。

突然，狗放慢脚步，蹑足潜行（nièzú-qiánxíng），好像嗅（xiù）到了前边有什么（shénme）野物。

我顺着林荫路望去，看见了一（yì）只嘴边还带黄色、头上生着柔毛的小麻雀。风猛烈地吹打着林荫路上的白桦（huà）树，麻雀从巢（cháo）里跌落下来，呆呆地伏在地上，孤立无援地张开两只羽毛还未丰满的小翅膀。

我的狗慢慢向它靠近。忽然，从附近一（yì）棵树上飞下一只黑胸脯（xiōngpú）的老麻雀，像一颗石子（shízǐ）似的（shìde）落到狗的跟前。老麻雀全身倒（dào）竖着羽毛，惊恐万状，发出绝望、凄惨的叫声，接着向露出牙齿、大张着的狗嘴扑去。

老麻雀是猛扑下来救护幼雀的。它用身体掩护着自己的幼儿……但它整个小小的身体因恐怖而战栗（zhànlì）着，它小小的声音也变得粗暴嘶哑（sīyǎ），它在牺牲自己！

在它看来，狗该是多么庞大的怪物啊（wa）！然而，它还是不能站在自己高高的、安全的树枝上……一（yì）种比它的理智更强烈的力量，使它从那儿

(nàr) 扑下身来。

我的狗站住了，向后退了退……看来，它也感到了这种力量。

我赶紧唤住惊慌失措的狗，然后我怀着崇敬的心情，走开了。

是啊（ra），请不要见笑。我崇敬（chóngjìng）那只小小的、英勇的鸟儿(niǎor)，我崇敬它那种爱的冲动和力量。

爱，我想，比//死和死的恐惧更强大。只有依靠它，依靠这种爱，生命才能维持下去，发展下去。

（节选自［俄］屠格涅夫《麻雀》，巴金译）

这是一篇叙事散文，借写狗与麻雀的冲突，使读者深切感受到世间最真挚的爱的力量。

第 1 ~8 节写狗与麻雀的冲突。

第 1 节读来舒缓。

第 2 ~5 节读来急切、紧张。“突然”“蹑足潜行”重读，突出狗嗅到了猎物而“慎重其事”的样子；“猛烈”“跌落”“呆呆”“孤立无援”“小翅膀”重读，凸显小麻雀在疾风中的可怜状；“忽然”“飞”“石子似的”“扑”重读，写老麻雀勇敢的 面；“倒竖”“惊恐万状”“绝望”“凄惨”重读，写老麻雀恐惧的一面；“猛扑”“救护”“掩护”“小小”“战栗”“粗暴”“嘶哑”“牺牲”重读，凸显老麻雀为了救护小麻雀而奋不顾身。

第 6 ~7 节写比较现实的力量和爱的力量。“庞大”“不能”“高高”“安全”“更强烈”“扑”重读，强调爱的力量；“退”重读，强调现实的力量被爱的力量战胜。这部分语句读来较为舒缓，体现作者的思考。

第 8 ~9 节“崇敬”“冲动”“力量”重读，强调作者受到老麻雀精神的感染。

第 10 节“爱”“强大”“依靠”“维持”“发展”重读，议论中揭示节选部分主旨，强调爱的力量的强大。这部分体现主旨的语句读来较为激奋，充满崇敬、赞美语气。

作品 28 号

那年我六岁。离我家仅一箭之遥（yíjiàn-zhīyáo）的小山坡旁，有一（yí）个早已被废弃的采石场，双亲从来不准我去那儿（nàr），其实那儿风景十分迷人。

一（yí）个夏季的下午，我随着一（yì）群小伙伴偷偷上那儿（nàr）去了。就在我们穿越了一（yì）条孤寂的小路后，他们却把我一个人留在原地，然后奔（bēn）向“更危险的地带”了。

等他们走后，我惊慌失措（jīnghuāng-shīcuò）地发现，再也找不（bu）到要回家的那条孤寂的小道了。像只无头的苍蝇（cāngying），我到处乱钻，衣裤上挂满了芒刺。太阳已经落山，而此时此刻，家里一（yí）定开始吃晚餐了，双亲正盼着我回家……想着想着，我不由得背靠着一（yì）棵树，伤心地呜呜大哭起来……

突然，不（bù）远处传来了声声柳笛。我像找到了救星，急忙循声（xúnshēng）走去。一条小道边的树桩上坐着一（yí）位吹笛人，手里还正削（xiāo）着什么（shénme）。走近细看，他不就是被大家称为“乡巴佬儿（xiāngbālǎor）”的卡廷（Kǎtíng）吗？

“你好，小家伙儿（xiǎojiāhuor），”卡廷说，“看天气多美，你是出来散步的吧？”

我怯生生（qièshēngshēng）地点点头，答道：“我要回家了。”

“请耐心等上几分钟，”卡廷说，“瞧，我正在削一（yì）支柳笛（liǔdí），差不多（chàbuduō）就要做好了，完工后就送给你吧！”

卡廷边削边不时把尚未成形的柳笛放在嘴里试吹一下。没过多久，一支柳笛便递到我手中。我俩在一（yí）阵阵清脆悦耳（yuè'ěr）的笛音//中，踏上了归途……

当时，我心中只充满感激，而今天，当我自己也成了祖父时，却突然领悟到他用心之良苦！那天当他听到我的哭声时，便判定我一定迷了路，但他并不想在孩子面前扮演“救星”的角色，于是吹响柳笛以便让我能发现他，并跟着他走出困境！就这样，卡廷先生以乡下人的纯朴，保护了一个小男孩儿强烈的自尊。

（节选自唐若水译《迷途笛音》）

这是一篇记叙文，叙写卡廷以乡下人的纯朴，保护了一个小男孩的自尊。节选部分语调较有变化。

第1~3节写“我”因迷途而痛哭。“六岁”重读，强调作者当时年龄小；“偷偷”“一个人”“更危险”重读，交代“我”迷途的原因是“落单”了；“再也”“乱钻”“一定”“不由得”“伤心”“大哭”重读，强调迷途了的“我”的惊慌。这部分读来语速应急促些，语调稍高。

第4~8节写卡廷将“我”引出迷途的过程。“突然”“声声”“急忙”重读，凸显“笛声”对迷途的“我”的重要性；“不就是”重读，强调有些出乎意料；“散步”“点点头”重读，一问一答之间，照应了后文的“保护自尊”；“一阵阵”“清脆悦耳”重读，凸显“我”在确信可以走出迷途后的喜悦。这部分语调读来颇为欢快，突出“我”“获救”后的喜悦之情。

第9节，写“我”今日的感想，揭示主旨。“感激”“领悟”“良苦”“并不想”“于是”“保护”重读，表明作者对当年卡廷良苦用心的领悟。语调平缓、低沉。

作品29号

在浩瀚无垠（hàohàn-wúyín）的沙漠里，有一（yí）片美丽的绿洲（lùzhōu），绿洲里藏着一（yì）颗闪光的珍珠。这颗珍珠就是敦煌（Dūnhuáng）莫高窟（Mògāokū）。它坐落（zuòluò）在我国甘肃省敦煌市三危山和鸣沙山的怀抱中。

鸣沙山东麓（lù）是平均高度为十七米的崖壁。在一（yì）千六百多米长的崖壁上，凿（záo）有大小洞窟七百余个，形成了规模宏伟的石窟群。其中四百九十二个洞窟中，共有彩色塑像两千一（yì）百余尊，各种壁画共四万五千多平方米。莫高窟是我国古代无数艺术匠师留给人类的珍贵文化遗产。

莫高窟的彩塑，每一尊都是一件精美的艺术品。最大的有九层楼那么高，最小的还不如一（yí）个手掌大。这些彩塑个性鲜明，神态各异。有慈眉善目的菩萨（púsà），有威风凛凛（lǐnlǐn）的天王，还有强壮勇猛的力士……

莫高窟壁画的内容丰富多彩，有的是描绘古代劳动人民打猎、捕鱼、耕田、收割的情景，有的是描绘人们奏乐、舞蹈、演杂技的场面，还有的是描绘大自然的美丽风光。其中最引人注目的是飞天。壁画上的飞天，有的臂挎（kuà）花篮，采摘（cǎizhāi）鲜花；有的反弹琵琶（pípá），轻拨银弦（yínxián）；有的倒悬（dàoxuán）身子，自天而降；有的彩带飘拂（piāofú），漫天遨游（áoyóu）；有的舒展着双臂，翩翩起舞。看着这些精美动人的壁画，就像走进了//灿烂辉煌的艺术殿堂。

莫高窟里还有一个面积不大的洞窟——藏经洞。洞里曾藏有我国古代的各种经卷、文书、帛画、刺绣、铜像等共六万多件。由于清朝政府腐败无能，大量珍贵的文物被外国强盗掠走。仅存的部分经卷，现在陈列于北京故宫等处。

莫高窟是举世闻名的艺术宝库。这里的每一尊彩塑、每一幅壁画、每一件文物，都是中国古代人民智慧的结晶。

（节选自小学《语文》第六册中的《莫高窟》）

这是一篇说明文，介绍了我国敦煌莫高窟里的彩塑、壁画和藏经洞，赞扬了我国古代劳动人民的智慧。

语调总体平缓，但有所变化。

第1节，介绍敦煌莫高窟的地理位置。“绿洲”“珍珠”重读，凸显它处于沙漠绿洲的特定地理环境。

第2节，介绍敦煌莫高窟的规模。“七百”“宏伟”“两千一百”“四万五千”等数字重读，凸显莫高窟的规模很大。

第3节，介绍莫高窟的彩塑。“精美”“最大”“最小”“鲜明”“各异”“慈眉善目”“威风凛凛”“强壮勇猛”重读，写莫高窟彩塑的神态各异。

第4节，介绍莫高窟的壁画。“丰富多彩”“引人注目”“臂挎”“反弹”“倒悬”“飘拂”“舒展”重读，写莫高窟壁画的内容丰富。

第5节，介绍莫高窟的藏经洞。“曾”“六万”重读，强调藏经洞里曾经有过丰富的宝藏；“仅存”重读，对莫高窟宝藏的流失表示痛心。平缓中有沉痛。

第6节“举世闻名”以及3个“每”和“都是”重读，强调莫高窟是艺术宝库。平缓中有自豪。

作品30号

其实你在很久以前并不喜欢牡丹（mǔdān），因为它总被人作为富贵膜拜（móbài）。后来你目睹了一次牡丹的落花，你相信所有的人都会为（wèi）之感动：一阵清风徐来，娇艳鲜嫩的盛期牡丹忽然整朵整朵地坠落（zhuìluò），铺撒一地绚丽（xuànlì）的花瓣（huābàn）。那花瓣落地时依然鲜艳夺目，如同一（yì）只奉上祭坛的大鸟脱落的羽毛，低吟（dīyín）着壮烈的悲歌离去。

牡丹没有花谢花败之时，要么烁（shuò）于枝头（zhītóu），要么归于泥土，它跨越萎顿（wěidùn）和衰老（shuāilǎo），由青春而死亡，由美丽而消遁（dùn）。它虽美却不（bú）吝惜生命，即使告别也要展示给人最后一次的惊（jīng）心动魄。

所以在这阴冷的四月里，奇迹不（bú）会发生。任凭游人扫兴（sǎoxìng）和诅咒（zǔzhòu），牡丹依然安之若素（ānzhī-ruòsù）。它不苟且（gǒuqiě）、不俯就、不妥协（tuǒxié）、不媚俗，甘愿自己冷落自己。它遵循自己的花期自己的规律，它有权利为自己选择每年一度的盛大节日。它为什么不（bú）拒绝寒冷？

天南海北的看花人，依然络绎不绝（luòyì-bùjué）地涌入洛阳城。人们不（bú）会因牡丹的拒绝而拒绝它的美。如果它再被贬谪（biǎnzhé）十次，也许它就会繁衍（fányǎn）出十个洛阳牡丹城。

于是你在无言的遗憾中感悟到，富贵与高贵只是一字之差（chà）。同人一样，花儿（huār）也是有灵性的，更有品位之高低。品位这东西为（wéi）气为（wéi）魂为（wéi）//筋骨为神韵，只可意会。你叹服牡丹卓尔不群之姿，方知品位是多么容易被世人忽略或是漠视的美。

（节选自张抗抗《牡丹的拒绝》）

这是一篇托物言志的散文，通过对牡丹花落时节悲壮场面的描写，揭示牡丹拒绝寒冷的原因，赞扬牡丹不慕虚荣、执着追求生命存在的灿烂的精神。

节选部分语调平缓中有激昂。

第1~3节写作者目睹牡丹一次“落花”时的所见所感。“并不”“感动”重读，强调作者目睹牡丹的一次落花前后态度的变化；“整朵”“一地”“依然”重读，凸显牡丹落花时的惨烈；“要么”“跨越”“任凭”“依然”和4个“不”以及“甘愿”“有权利”“为什么”重读，议论中揭示牡丹的高贵品质。语调舒缓中有激越。

第4~5节写作者及游人理解并赞美牡丹的精神。“依然”“不会”“十次”“一字之差”“灵性”和4个“为（wéi）”以及“叹服”“方知”重读，凸显作者及游人对牡丹精神的理解，语含赞美。

作品31号

森林涵养（hányǎng）水源，保持水土（shuǐtǔ），防止水旱灾害的作用非常大。据专家测算（cèsuàn），一（yí）片十万亩面积的森林，相当于一（yí）个两百万立方米的水库，这正如农谚（nóngyàn）所说的：“山上多栽树，等于修水库。雨多它能吞，雨少它能吐（tǔ）。”

说起森林的功劳，那还多得很。它除了为人类提供木材及许多种生产、生活的原料之外，在维护生态环境方面也是功劳卓著（zhuózhù）。它用另一种“能吞能吐”的特殊功能孕育了人类。因为地球在形成之初，大气中的二氧化碳（èryǎnghuàtàn）含量很高，氧气很少，气温也高，生物是难以生存的。大约在四亿年之前，陆地才产生了森林。森林慢慢将大气中的二氧化碳吸收，同时吐出新鲜氧气，调节（tiáojié）气温：这才具备了人类生存的条件，地球上才最终有了人类。

森林，是地球生态系统的主体，是大自然的总调度（diàodù）室，是地球的绿色之肺。森林维护地球生态环境的这种“能吞能吐”的特殊功能是其他任何物体都不能取代的。然而，由于地球上的燃烧物增多，二氧化碳的排放量急剧增加，使得地球生态环境急剧恶化（èhuà），主要表现为全球气候变暖，水分蒸发（zhēngfā）加快，改变了气流的循环（xúnhuán），使气候（qìhòu）

变化加剧，从而引发热浪、飓风（jùfēng）、暴雨、洪涝及干旱。

为了//使地球的这个“能吞能吐”的绿色之肺恢复健壮，以改善生态环境，抑制全球变暖，减少水旱等自然灾害，我们应该大力造林、护林，使每一座荒山都绿起来。

（节选自《中考语文课外阅读试题精选》中的《“能吞能吐”的森林》）

这是一篇说明文，主要说明森林维护地球生态环境的作用。

朗读语调总体平缓。

第 1～3 节从不同方面说明森林维护地球生态环境的作用。

第 1 节“涵养”“保持”“防止”“相当”重读，突出森林在保护地球方面的首要作用。

第 2 节“另一种”“具备”“条件”重读，强调森林对人类所起的巨大作用。

第 3 节“主体”“总调度室”“绿色之肺”重读，进一步说明森林在防止工业污染等造成的环境恶化方面所起的作用。

第 4 节“应该”“绿”重读，强调人类应该行动起来去植树造林。

作品 32 号

朋友（péngyou）即将（jíjiāng）远行。

暮春时节，又邀了几位朋友在家小聚。虽然都是极熟（shú）的朋友，却是终年难得（nándé）一（yí）见，偶尔（ǒu'ěr）电话里相遇，也无非是几句寻常话。一（yì）锅小米稀饭，一（yì）碟大头菜，一（yì）盘自家酿制（niàngzhì）的泡菜（pàocài），一（yì）只巷口买回的烤鸭，简简单单，不（bú）像请客，倒（dào）像家人团聚。

其实，友情也好，爱情也好，久而久之都会转化为亲情。

说也奇怪，和新朋友会谈文学、谈哲学、谈人生道理等等（děngděng），和老朋友却只话家常，柴米油盐（chái-mǐ-yóu-yán），细细碎碎，种种琐事（suǒshì）。很多时候（shíhou），心灵的契合（qìhé）已经不需要太多的言语来表达。

朋友新烫了个头，不敢回家见母亲，恐怕惊骇（jīnghài）了老人家，却欢天喜地（huāntiān-xǐdì）来见我们，老朋友颇能以一种趣味性的眼光欣赏这个改变。

年少（niánshào）的时候，我们差不多都在为别人而活，为苦口婆心（kǔkǒu-póxīn）的父母活，为循循善诱（xúnxún-shànyòu）的师长活，为许多观念、许多传统的约束力而活。年岁逐增，渐渐挣脱（zhèngtuō）外在的限制与束缚（shùfù），开始懂得为自己活，照自己的方式做一（yì）些自己喜欢的事，不（bú）在乎（zàihu）别人的批评意见，不在乎别人的诋毁（díhuǐ）流言，只在乎那一（yí）份随心所欲的舒坦（shūtan）自然。偶尔，也能够纵容自己放浪一（yí）下，并且有一（yì）种恶作剧的窃喜。

就让生命顺其自然，水到渠成吧，犹如窗前的//乌桕，自生自落之间，自有一份圆融丰满的喜悦。春雨轻轻落着，没有诗，没有酒，有的只是一份相知相属的自在自得。

夜色在笑语中渐渐沉落，朋友起身告辞，没有挽留，没有送别，甚至也没有问归期。

已经过了大喜大悲的岁月，已经过了伤感流泪的年华，知道了聚散原来是这样的自然和顺理成章，懂得这点，便懂得珍惜每一次相聚的温馨，离别便也欢喜。

（节选自杏林子《朋友和其他》）

这是一篇抒情散文，通过抒写作者与朋友交往的一些感受，表达了珍惜彼此感情等人生感悟。

节选部分朗读深沉而舒缓，能体现深邃情感。

第1～2节略写朋友小聚。“又”重读，强调作者再次和朋友小聚；“不像”“倒像”重读，强调朋友聚会的“随意”和惬意。

第3～7节表达了作者由朋友聚会而生的人生感慨。“其实”“亲情”重读，是作者的初步感悟；“奇怪”“只话”“不需要”“欢天喜地”“趣味性”重读，谈朋友相处之道、之乐；“为别人”“为自己活”“不在乎”“只在乎”“放浪”“窃喜”“没有”“有”等重读，具体点明作者的人生感悟。

第8～9节“没有”“也没有”“已经”“便也欢喜”重读，进一步强调作者由朋友道别而引发的人生感悟。

作品33号

我们在田野散步（sànbù）：我，我的母亲，我的妻子（qīzi）和儿子（érzi）。

母亲本不愿出来的。她老了，身体不好，走远一点儿（yìdiǎnr）就觉得很累。我说，正因为如此，才应该多走走。母亲信服地点点（diándiǎn）头，便去拿外套。她现在很听我的话，就像我小时候很听她的话一样。

这南方初春的田野，大块小块的新绿随意地铺着，有的浓，有的淡，树上的嫩芽也密了，田里的冬水也咕咕地起着水泡。这一切都使人想着一样东西（dōngxi）——生命。

我和母亲走在前面，我的妻子和儿子走在后面。小家伙突然叫起来："前面是妈妈和儿子，后面也是妈妈和儿子。"我们都笑了。

后来发生了分歧（fēnqí），母亲要走大路，大路平顺；我的儿子要走小路，小路有意思（yìsi）。不过，一切都取决于我。我的母亲老了，她早已习惯听从她强壮的儿子；我的儿子还小，他还习惯听从他高大的父亲；妻子呢，在外面，她总是听我的。一霎时（shàshí）我感到了责任的重大。我想找一个两全（liǎngquán）的办法，找不出；我想拆散（chāisàn）一家人，分成两路，各得其所，终不愿意。我决定委屈（wěiqū）儿子，因为我伴同他的时日还长。我说："走大路。"

但是母亲摸摸孙儿（ér）的小脑瓜，变了主意（zhǔyi/zhúyi）："还是走小路吧。"她的眼随小路望去：那里有金色的菜花，两行整齐的桑树，//尽头一口水波粼粼的鱼塘。"我走不过去的地方，你就背着我。"母亲对我说。

这样，我们在阳光下，向着那菜花、桑树和鱼塘走去。到了一处，我蹲下来，背起了母亲；妻子也蹲下来，背起了儿子。我和妻子都是慢慢地，稳稳地，走得很仔细，好像我背上的同她背上的加起来，就是整个世界。

（节选自莫怀戚《散步》）

文章选取"散步"这一生活细节，展示一家三代和睦亲爱的关系，颂扬了中华民族尊老爱幼的传统美德。

节选部分语言凝练而朴实。总体而言，没有过于起伏的语调变化。

第 1 节写全家出门散步。"我""母亲""妻子""儿子"重读，交代全家人的构成。

第 2 ~7 节写全家人散步的情景。

第 2 节"多走走"重读，交代散步的缘由；"听……话"重读，表明母子相互依赖情况的变化，为下文"我"遵从"母亲"意愿埋下伏笔。

第 3 节从大处着笔描写田野上的美好景色。"新绿""嫩芽""生命"重读，凸显散步的妙处是有利于生命的健康。

第 4 节"突然""也是""都"重读，凸显"儿子"的天真，同时显示一家人一起散步的和睦愉快。

第 5 节"分歧""大路""平顺""小路""有意思"重读，交代散步过程中存在分歧；"两全""找不出""拆散""不愿意"重读，凸显"我"的为难；"决定""还长"重读，交代"我"的艰难决定及其理由——尊老有限。

第 6 节“摸摸”“望”“金色”“整齐”“水波粼粼”重读，写“母亲”看着“美好”景致所作出的善解人意的决定。

以上部分朗读时要注意体现不同身份的人物的不同语气：“母亲”慈爱、“我”果断、“儿子”童真。

第 7 节揭示主旨。“慢慢地”“稳稳地”“加起来”“整个世界”重读，强调对于一个家庭而言，老幼皆大欢喜就构成了全部的欢乐。

作品 34 号

地球上是否真的存在“无底洞”？按说地球是圆的，由地壳（dìqiào）、地幔（dìmàn）和地核（dìhé）三层组成，真正的“无底洞”是不应存在的，我们所看到的各种山洞、裂口、裂缝（lièfèng），甚至火山口也都只是地壳浅部的一种现象。然而中国一些古籍（gǔjí）却多次提到海外有个深奥莫测的无底洞。事实上地球上确实有这样一个“无底洞”。

它位于希腊（Xīlà）亚各斯（Yàgèsī）古城的海滨（hǎibīn）。由于濒临（bīnlín）大海，大涨潮时，汹涌的海水便会排山倒海（páishān-dǎohǎi）般地涌入洞中，形成一股湍湍（tuāntuān）的急流。据测，每天流入洞内的海水量达三万多吨。奇怪的是，如此大量的海水灌入洞中，却从来没有把洞灌满。曾有人怀疑，这个“无底洞”，会不（bu）会就像石灰岩地区的漏斗、竖井、落水洞一类的地形。然而从二十世纪三十年代以来，人们就做了多种努力企图寻找它的出口，却都是枉费心机（wǎngfèi-xīnjī）。

为（wèi）了揭开这个秘密，一九五八年美国地理学会派出一（yì）支考察队，他们把一（yì）种经久不变（jīngjiǔ-búbiàn）的带色染料溶解在海水中，观察染料是如何随着海水一（yì）起沉下去。接着又察看了附近海面以及岛上的各条河、湖，满怀希望地寻找这种带颜色的水，结果令人失望。难道是海水量太大把有色水稀释（xīshì）得太淡，以致无法发现？//

至今谁也不知道为什么这里的海水会没完没了地“漏”下去，这个“无底洞”的出口又在哪里，每天大量的海水究竟都流到哪里去了？

（节选自［美］罗伯特·罗威尔《神秘的“无底洞”》）

这是一篇说明文，介绍有关地球上的“无底洞”的情况。

节选部分语调总体平缓。

第 1 节提出问题。“是否”“确实”重读，以设问的句式确认地球上存在“无底洞”。

第 2 ~4 节介绍“无底洞”的地理位置。“排山倒海”“急流”重读，突出

“无底洞”“吸水”时的情景；“三万”“从来”“没有”“灌满”重读，介绍“无底洞”的“神秘”状况；“努力”“枉费心机”“失望”“不知道”重读，强调人类虽然几经努力，仍然不能解开它的奥秘。

作品 35 号

我在俄国见到的景物再没有比托尔斯泰（Tuō'ěrsītài）墓更宏伟、更感人的。

完全按照托尔斯泰的愿望，他的坟墓成了世间最美的、给人印象最深刻的坟墓。它只是树林中的一（yí）个小小的长方形土丘，上面开满鲜花——没有十字架，没有墓碑，没有墓志铭（mùzhìmíng），连托尔斯泰这个名字也没有。

这位比谁都感到受自己的声名所累（lěi）的伟人，却像偶尔（ǒu'ěr）被发现的流浪汉，不为（wéi）人知的士兵，不留名姓地被人埋葬了。谁都可以踏进他最后的安息地，围在四周稀疏（xīshū）的木栅栏（zhàlan）是不关闭的——保护列夫·托尔斯泰得以安息的没有任何别的东西，惟有人们的敬意；而通常，人们却总是怀着好奇（hàoqí），去破坏伟人墓地的宁静。

这里，逼人的朴素禁锢（jìngù）住任何一（yì）种观赏的闲情（xiánqíng），并且不容许你大声说话。风儿（Fēng'ér）俯临（fǔlín），在这座无名者之墓的树木之间飒飒（sàsà）响着，和暖（hénuǎn）的阳光在坟头（féntóu）嬉戏；冬天，白雪温柔地覆盖这片幽暗的圭（guī）土地。无论你在夏天或冬天经过这儿（zhèr），你都想象不到，这个小小的、隆起的长方体里安放着一（yí）位当代最伟大的人物。

然而，恰恰（qiàqià）是这座不留姓名的坟墓，比所有挖空心思（xīnsi）用大理石和奢华（shēhuá）装饰建造的坟墓更扣人心弦（kòurénxīnxián）。在今天这个特殊的日子//里，到他的安息地来的成百上千人中间，没有一个有勇气，哪怕仅仅从这幽暗的土丘上摘下一朵花留作纪念。人们重新感到，世界上再没有比托尔斯泰最后留下的、这座纪念碑式的朴素坟墓更打动人心的了。

（节选自［奥］茨威格《世间最美的坟墓》，张厚仁译）

这是一篇抒情散文，作品在对墓地朴素美的描绘中寄寓对托尔斯泰人格美的赞美。

节选部分体现托尔斯泰坟墓朴素美的句子很多，朴素的特点显而易见，因而朗读语言既平实、质朴，同时也较富抒情性。语调舒缓。

第 1 节重读“再没有”“宏伟”“感人”，总体赞美托尔斯泰坟墓。

第 2 ~ 5 节从不同侧面写托尔斯泰墓的朴素美。

第2节“完全”“最美”“最深刻”重读，从大处描写托尔斯泰墓；“只是”“开满”和3个“没有”以及“也没有”重读，强调托尔斯泰墓的朴素美。

第3～5节强调托尔斯泰人格的美使前来凭吊他墓地的人产生敬意，从而保持它的宁静。“伟人”“不留名姓”“想象不到”重读，形成鲜明对比；“谁都可以”“不关闭”“惟有”“敬意”重读，突出人们对托尔斯泰的由衷敬意；“逼人”“禁锢”“不容许”重读，强调托尔斯泰伟大人格的力量；“飒飒”“和暖”“温柔”重读，凸显连自然景物都对托尔斯泰肃然起敬的情状。

作品36号

我国的建筑，从古代的宫殿到近代的一（yì）般住房，绝大部分是对称（duìchèn）的，左边怎么（zěnme）样，右边怎么样。苏州园林可绝不讲究对称，好像故意避免似的（shìde）。东边有了一（yí）个亭子（tíngzi）或者一（yí）道回廊，西边决不会来一个同样的亭子或者一道同样的回廊。这是为什么（wèishénme）？我想，用图画来比方（bǐfang），对称的建筑是图案画，不是美术画，而园林是美术画，美术画要求自然（zìrán）之趣，是不讲究对称的。

苏州园林里都有假山和池沼（chízhǎo）。

假山的堆叠（duīdié），可以说是一项艺术而不仅是技术。或者是重峦叠嶂（chóngluán-diézhàng），或者是几座小山配合着竹子（zhúzi）花木，全在乎（zàihu）设计者和匠师（jiàngshī）们生平多阅历，胸中有丘壑（qiūhè），才能使游览者攀登的时候（shíhou）忘却苏州城市，只觉得（juéde）身在山间。

至于池沼，大多引用活水。有些园林池沼宽敞，就把池沼作为全园的中心，其他景物配合着布置。水面假如成河道模样（múyàng），往往安排桥梁。假如安排两座以上的桥梁，那就一（yí）座一个样，绝不雷同（léitóng）。

池沼或河道的边沿很少砌齐整的石岸，总是高低屈曲（qūqū）任其自然。还在那儿（nàr）布置几块玲珑（línglóng）的石头（shítou），或者种些花草。这也是为了取得（qǔdé）从各个角度看都成一幅画的效果。池沼里养着金鱼或各色鲤鱼，夏秋季节荷花或睡莲（shuìlián）开//放，游览者看“鱼戏莲叶间”，又是入画的一景。

（节选自叶圣陶《苏州园林》）

这是一篇说明文，介绍苏州园林的景物特征。

相对于一般说明文，节选部分语言生动而有情趣。

第 1 节“绝不”“故意”“比方”重读，强调苏州园林“绝不讲究对称”的结构特点。

第 2～5 节具体说明苏州园林假山和池沼的景物特征。

第 2 节“都有”重读，强调“假山”“池沼”在苏州园林中的重要地位。

第 3 节说明苏州园林中“假山”的景物特点。“全在乎”“才能”“只觉得”重读，说明苏州园林假山堆叠的匠心独运。

第 4 节具体说明“池沼”。“活水”“宽敞”“中心”“河道”“往往”“绝不”重读。

第 5 节“高低屈曲”“入画”重读，说明苏州园林池沼或河道沿岸的景物特征。

能体现苏州园林“假山”“池沼”等景物特点的语句要读得欢快些。

作品 37 号

一（yí）位访美中国女作家，在纽约（Niǔyuē）遇到一位卖花的老太太（tàitai）。老太太穿着（chuānzhuó）破旧，身体虚弱，但脸上的神情却是那样祥和（xiánghé）兴奋（xīngfèn）。女作家挑（tiāo）了一朵花说：“看起来，你很高兴。”老太太面带微笑地说：“是的，一切都这么（zhème）美好，我为什么（wèishénme）不高兴呢？”“对烦恼，你倒（dào）真能看得开。”女作家又说了一（yí）句。没料到，老太太的回答更令女作家大吃一（yì）惊：“耶稣（Yēsū）在星期五被钉（dìng）上十字架时，是全世界最糟糕的一（yì）天，可三天后就是复活节。所以，当我遇到不（bú）幸时，就会等待三天，这样一（yí）切就恢复正常了。”

“等待三天”，多么富于哲理的话语，多么乐观的生活方式。它把烦恼（fánnǎo）和痛苦抛下，全力去收获快乐（kuàilè）。

沈从文在“文革”期间，陷入了非人的境地。可他毫不在意，他在咸宁时给他的表侄、画家黄永玉写信说：“这里的荷花真好，你若来……”身陷苦难却仍为荷花的盛开欣喜赞叹不已，这是一（yì）种趋于澄明（chéngmíng）的境界，一种旷达洒脱的胸襟（xiōngjīn），一种面临磨难（mónàn）坦荡从容（cóngróng）的气度，一种对生活童子（tóngzǐ）般的热爱和对美好事物无限向往的生命情感。

由此可见，影响一个人快乐的，有时并不是困境及磨难，而是一个人的心态。如果把自己浸泡（jìnpào）在积极、乐观、向上的心态中，快乐必然会//占据你的每一天。

（节选自《态度创造快乐》）

这是一篇议论文，由中国女作家和美国老太太的对话，阐明态度创造快乐的道理。

节选部分语调以平缓为主，议论部分语带昂扬。

第 1 节叙事，引出论题。“破旧”“虚弱”“祥和”“兴奋”重读，对比“老太太”的外貌状况和内在精神；“高兴”“微笑”“看得开”“最糟糕”“三天后”“等待三天”重读，引出论题。

第 2 节“富于哲理”“乐观”重读，肯定“等待三天”见解的重要性。

第 3 节举例论证。“毫不在意”“欣喜”“赞叹”“趋于澄明”“旷达洒脱”“坦荡从容”“热爱”“向往”重读，凸显作家沈从文身陷苦难还能乐观豁达的精神境界。

第 4 节是节选部分的中心论点所在。“并不是”“而是”重读，强调“心态”对人“快乐”心情的影响力。

作品 38 号

泰山极顶看日出，历来被描绘成十分壮观的奇景。有人说：登泰山而看不（bu）到日出，就像一（yì）出大戏没有戏眼（xìyǎn），味儿（wèir）终究有点寡淡。

我去爬山那天，正赶上个难得（nándé）的好天，万里长空，云彩丝儿（yúncaisīr）都不（bú）见。素常，烟雾腾腾的山头，显得眉目分明。同伴们都欣喜地说：“明天早晨准可以看见日出了。”我也是抱着这种想头（xiǎngtou），爬上山去。

一（yí）路从山脚往上爬，细看山景，我觉得挂在眼前的不（bú）是五岳独尊（wǔyuè-dúzūn）的泰山，却像一（yì）幅规模惊人的青绿山水画，从下面倒（dào）展开来。在画卷（huàjuàn）中最先露（lòu）出的是山根（shāngēnr）底那座明朝建筑岱宗坊（Dàizōngfāng），慢慢地便现出王母池、斗母宫（Dóumǔgōng）、经石峪（Jīngshíyù）。山是一（yì）层比一层深，一（yì）叠比一叠奇，层层叠叠，不知还会有多深多奇，万山丛中，时而点染（diánrǎn）着极其工细的人物。王母池旁的吕祖殿里有不少尊明塑，塑着吕洞宾等一（yì）些人，姿态神情是那样有生气，你看了，不禁（bùjīn）会脱口赞叹说：“活啦。”

画卷继续展开，绿阴森森的柏洞（bǎidòng）露面（lòumiàn）不太久，便来到对松山。两面奇峰对峙（duìzhì）着，满山峰都是奇形怪状的老松，年纪怕都有上千岁了，颜色竟那么浓，浓得好像要流下来似的（shìde）。来到这儿（zhèr），你不妨权当一（yí）次画里的写意人物，坐在路旁的对松亭里，看看山色，听听流//水和松涛。

一时间，我又觉得自己不仅是在看画卷，却又像是在零零乱乱翻着一卷历史稿本。

（节选自杨朔《泰山极顶》）

这是一篇借景抒情散文，借描写登泰山途中的所见所感，赞美祖国大好河山。

节选部分描写登山沿途所见景物的特征及作者抒发赞美之情的文字，朗读时要略为激昂。

第 1 节“壮观”重读，写泰山极顶看日出的重要性。

第 2 节写“我”登泰山时的天气状况。“难得”“眉目分明”“欣喜”重读，突出天气晴好及“我们”的喜悦之情。

第 3 ~5 节写“我”登泰山路上的所见所感。“青绿山水画”重读，总写泰山沿途景物的特征；“最先”“慢慢”重读，强调作者登山的行踪；“深”“奇”“点染”“生气”“绿阴森森”“奇形怪状”“浓”“流下来”重读，写泰山沿途景物的特征。语气中含兴奋、激动；“赞叹”“不仅”“却又”重读，强调作者所感。朗读时要突出赞美之情。

作品 39 号

育才小学校长陶行知（Táo Xíngzhī）在校园看到学生（xuésheng）王友用泥块砸自己班上的同学，陶行知当即（dāngjí）喝止（hèzhǐ）了他，并令他放学后到校长室去。无疑，陶行知是要好好教育这个“顽皮”的学生。那么他是如何教育的呢？

放学后，陶行知来到校长室，王友已经等在门口准备挨（ái）训了。可一（yí）见面，陶行知却掏出一（yí）块糖果送给王友，并说：“这是奖给你的，因为你按时来到这里，而我却迟到了。”王友惊疑（jīngyí）地接过糖果。

随后，陶行知又掏出一块糖果放到他手里，说：“这第二块糖果也是奖给你的，因为当我不让你再打人时，你立即就住手了，这说明你很尊重（zūnzhòng）我，我应该奖你。”王友更惊疑了，他眼睛睁得大大的。

陶行知又掏出第三块糖果塞（sāi）到王友手里，说：“我调查过了，你用泥块砸那些男生，是因为他们不守游戏规则，欺负（qīfu）女生；你砸他们，说明你很正直善良，且有批评不良行为的勇气，应该奖励你啊（ya）！”王友感动极了，他流着眼泪后悔地喊道：“陶……陶校长你打我两下吧！我砸的不是坏人，而是自己的同学啊（ya）……”

陶行知满意地笑了，他随即掏出第四块糖果递给王友，说："为（wèi）你正确地认识错误，我再奖给你一块糖果，只可惜我只有这一块糖果了。我的糖果//没有了，我看我们的谈话也该结束了吧！"说完，就走出了校长室。

（节选自《教师博览·百期精华》中的《陶行知的"四块糖果"》）

这是一篇记叙文，借写陶行知利用"四块糖果"来"表扬""奖励"犯了错误的学生，肯定了他教育手法的高超，赞美了他对学生的浓浓爱意和对教育事业的崇高责任感。

节选部分语调富有变化，朗读过程中要体现"出乎意料""合乎情理"的特点。

第 1 节写陶行知阻止学生王友继续犯错误。"喝止""令"重读，突出他阻止学生继续犯错误的严肃性和果断性。语音要响亮，语气要坚定。

第 2 ~ 5 节具体写陶行知利用"四块糖果"帮助王友认识错误、改正错误的经过。"奖""奖励""再奖"重读，突出陶行知教育手段的高超；"惊疑""更惊疑""感动极了""后悔""喊道"重读，写王友在陶校长独特手段的教育下，认识、改正所犯错误的态度的转变过程；"满意"重读，凸显教育的成效。这部分陶行知的话语要诚挚、恳切，而王友的话语读起来变化较大，要能体现他从"惊疑"到"惭愧"再到"感动"的心路历程。

作品 40 号

享受幸福是需要学习的，当它即将（jíjiāng）来临的时刻需要提醒。人可以自然而然（zìrán'érrán）地学会感官的享乐，却无法天生地掌握幸福的韵律。灵魂的快意同器官的舒适像一（yí）对孪生（luánshēng）兄弟，时而相傍（bàng）相依，时而南辕北辙（nányuán-běizhé）。

幸福是一种心灵的震颤（zhènchàn）。它像会倾听音乐的耳朵一样，需要不（bú）断地训练。

简而言之，幸福就是没有痛苦的时刻。它出现的频率并不（bú）像我们想象的那样少。人们常常只是在幸福的金马车已经驶过去很远时，才捡起地上的金鬃（zōng）毛说，原来我见过（jiànguo）它。

人们喜爱回味（huíwèi）幸福的标本，却忽略它披着露水散发（sànfā）清香的时刻。那时候我们往往步履（bùlǚ）匆匆，瞻前顾后（zhānqián-gùhòu）不知在忙着什么（shénme）。

世上有预报台风的，有预报蝗灾的，有预报瘟疫（wēnyì）的，有预报地震的。没有人预报幸福。

其实幸福和世界万物一（yí）样，有它的征兆（zhēngzhào）。

幸福常常是朦胧（ménglóng）的，很有节制地向我们喷洒甘霖（gānlín）。你不要总希望轰轰烈烈的幸福，它多半只是悄悄地扑面而来。你也不要企图把水龙头（lóngtóu）拧（nǐng）得更大，那样它会很快地流失。你需要静静地以平和之心，体验它的真谛（zhēndì）。

幸福绝大多数是朴素的。它不（bú）会像信号弹似的（shìde），在很高的天际闪烁（shǎnshuò）红色的光芒。它披着本色的外衣，亲//切温暖地包裹起我们。

幸福不喜欢喧嚣浮华，它常常在暗淡中降临。贫困中相濡以沫的一块糕饼，患难中心心相印的一个眼神，父亲一次粗糙的抚摸，女友一张温馨的字条……这都是千金难买的幸福啊。像一粒粒缀在旧绸子上的红宝石，在凄凉中愈发熠熠夺目。

（节选自毕淑敏《提醒幸福》）

这是一篇议论文，借写人们忽略幸福存在的日常现象，告诫人们应珍惜幸福时刻，尽情享受生活。

节选部分语调以平缓为主，朗读时要体现作者的语重心长。

第 1 ~ 5 节论述幸福来临的时刻需要提醒的道理。“自然而然”“无法”“天生地”重读，对比强调人在学会感观享乐和掌握幸福韵律方面的差异。

文章使用了好几个比喻，如“像会倾听音乐的耳朵”“金马车已经驶过去很远”“标本”“披着露水散发清香”，来阐明幸福容易被人们忽略的道理。

第 6 ~ 9 节论述如何珍惜幸福时刻、尽情享受生活的道理。“朦胧”“节制”“悄悄”“朴素”“本色”“暗淡”重读，凸显“幸福”降临的特征；“糕饼”“眼神”“抚摸”“字条”“红宝石”“熠熠夺目”重读，强调“幸福”降临的表现及其给人们的感受。

作品 41 号

在里约热内卢（Lǐyuērènèilú）的一（yí）个贫民窟（pínmínkū）里，有一个男孩子（nánháizi），他非常喜欢足球，可是又买不（bu）起，于是就踢（tī）塑料盒，踢汽水瓶，踢从垃圾箱里捡来的椰子壳（ké）。他在胡同（hútòng）里踢，在能找到的任何一（yí）片空地上踢。

有一（yì）天，当他在一（yí）处干涸（gānhé）的水塘里猛踢一个猪膀胱（pángguāng）时，被一（yí）位足球教练看见了。他发现这个（zhège）男孩儿（háir）踢得很像是那么（nàme）回事，就主动提出要送给他一个足球。

小男孩儿（nánháir）得到足球后踢得更卖劲儿（màijìnr）了。不久，他就能准确地把球踢进远处随意（suíyì）摆放的一个水桶里。

圣诞节（Shèngdàn Jié）到了，孩子的妈妈（māma）说："我们没有钱买圣诞礼物送给我们的恩人，就让我们为他祈祷（qídǎo）吧。"

小男孩儿跟随妈妈祈祷完毕，向妈妈要了一（yì）把铲子便跑了出去。他来到一（yí）座别墅（biéshù）前的花园里，开始挖坑。

就在他快要挖好坑的时候，从别墅里走出一个人来，问小孩儿在干什么（gànshénme），孩子抬起满是汗珠的脸蛋儿（liǎndànr），说："教练，圣诞节到了，我没有礼物送给您，我愿给您的圣诞树挖一个树坑。"

教练把小男孩儿从树坑里拉上来，说："我今天得到了世界上最好的礼物。明天你就到我的训练场去吧。"

三年后，这位十七岁的男孩儿在第六届足球锦标赛（jǐnbiāosài）上独进二十一球，为（wèi）巴西第一次捧回了金杯。一个原来不//为世人所知的名字——贝利，随之传遍世界。

（节选自刘燕敏《天才的造就》）

这是一篇记叙文，通过叙述球王贝利成长过程中的一段经历，赞扬了他的启蒙教练爱才育才的伯乐精神，同时也表现了贝利母子知恩图报的高贵品质。

节选部分语调较有起伏，语速中等。

第1~2节写贝利酷爱踢球并获得教练的帮助。"非常""踢""任何"重读，强调贝利练球的刻苦；"很像""主动"重读，强调教练识才、爱才；"更卖劲儿""准确""随意"重读，进一步强调贝利练习认真及进步明显。

第3~6节"恩人""祈祷""跑""拉""最好""明天"等重读，写贝利母子知恩图报且以行动感动了教练，人物对话中要读出"妈妈"的诚恳、小男孩的天真和教练的感动。

第7节"十七岁""独进""第一次""传遍"重读，突出贝利终于成就功业，语气较为兴奋。

作品42号

记得我十三岁时，和母亲住在法国东南部的耐斯（Nàisī）城。母亲没有丈夫（zhàngfu），也没有亲戚（qīnqi），够清苦的，但她经常能拿出令人吃惊的东西（dōngxi），摆在我面前。她从来不吃肉，一（yí）再说自己是素食者（sùshízhě）。然而有一（yì）天，我发现母亲正仔细地用一（yì）小块碎面包擦那给我煎牛排用的油锅。我明白（míngbai）了她称（chēng）自己为（wéi）

素食者的真正原因。

我十六岁时，母亲成了耐斯市美蒙（Měiméng）旅馆的女经理。这时，她更忙碌了。一天，她瘫在椅子上，脸色苍白，嘴唇发灰（fāhuī）。马上找来医生，做出诊断：她摄取了过多的胰岛素（yídǎosù）。直到这时我才知道母亲多年一直对我隐瞒的疾痛——糖尿病。

她的头歪向枕头一边，痛苦地用手抓挠（zhuānao）胸口。床架上方，则挂着一（yì）枚我一九三二年赢得（yíngdé）耐斯市少年乒乓球冠军的银质奖章。

啊，是对我的美好前途的憧憬支撑（zhīchēng）着她活下去，为了给她那荒唐的梦至少加一（yì）点真实的色彩，我只能继续努力，与时间竞争，直至一九三八年我被征入空军。巴黎（Bālí）很快失陷，我辗转调到英国皇家空军。刚到英国就接到了母亲的来信。这些信是由在瑞士（Ruìshì）的一个朋友（péngyou）秘密地转（zhuǎn）到伦敦，送到我手中的。

现在我要回家了，胸前佩戴（pèidài）着醒目的绿黑两色的解放十字绶（shòu）//带，上面挂着五六枚我终身难忘的勋章，肩上还佩戴着军官肩章。到达旅馆时，没有一个人跟我打招呼。原来，我母亲在三年半以前就已经离开人间了。

在她死前的几天中，她写了近二百五十封信，把这些信交给她在瑞士的朋友，请这个朋友定时寄给我。就这样，在母亲死后的三年半的时间里，我一直从她身上吸取着力量和勇气——这使我能够继续战斗到胜利那一天。

（节选自［法］罗曼·加里《我的母亲独一无二》）

这是一篇记叙文，通过叙写最能反映母亲个性的几个细节，刻画了一个坚强而又充满爱心的母亲形象。

节选部分语调以平实为主，注意适当变化，朗读时要注意抒情性。

第1节“清苦”“令人吃惊”等重读，突出母亲独立持家的坚强；“从来”“一再”“仔细”“擦”“真正”等重读，强调母亲对“我”物质上的关爱。

第2～6节写母亲的坚强以及对“我”精神上的激励。“忙碌”“瘫”重读，强调母亲积劳成疾；“隐瞒”重读，强调母亲的坚强；“这时”重读，强调“我”的后悔，较为低沉；“歪”“抓挠”“挂”“支撑”“努力”“竞争”重读，写母亲对“我”的期盼成为激励我不断进取的动力；“辗转”“来信”“秘密”重读，强调这种激励一直延续到“我”的军旅生活；“佩戴”“挂”“勋章”“肩章”重读，突出“我”取得的军功；“三年半”重读，强调母亲对“我”的激励一直延续到她“身后”；“几天”“二百五十”“三年半”“一直”重读，语调要稍稍高扬，表达感动和敬佩之情。

作品 43 号

生活对于任何人都非易事，我们必须有坚韧不拔（jiānrèn-bùbá）的精神。最要紧的，还是我们自己要有信心。我们必须相信，我们对每一（yí）件事情（shìqing）都具有天赋的才能，并且，无论付出任何代价，都要把这件事完成。当事情结束的时候（shíhou），你要能问心无愧（wènxīn-wúkuì）地说："我已经尽我所能了。"

有一（yì）年的春天，我因病被迫在家里休息（xiūxi）数（shù）周。我注视着我的女儿们所养的蚕正在结茧（jiéjiǎn），这使我很感兴趣。望着这些蚕执着（zhízhuó）地、勤奋地工作，我感到我和它们非常相似（xiāngsì）。像它们一样，我总是耐心地把自己的努力集中在一个目标上。我之所以如此，或许是因为有某种力量在鞭策（biāncè）着我——正如蚕被鞭策着去结茧一般。

近五十年来，我致力于科学研究，而研究，就是对真理的探讨。我有许多美好快乐的记忆。少女时期我在巴黎（Bālí）大学，孤独地过着求学的岁月；在后来献身科学的整个时期，我丈夫（zhàngfu）和我专心致志，像在梦幻中一（yì）般，坐在简陋（jiǎnlòu）的书房里艰辛地研究，后来我们就在那里发现了镭。

我永远追求安静的工作和简单的家庭生活。为（wèi）了实现这个理想，我竭力（jiélì）保持宁静的环境，以免受人事的干扰和盛名的拖累（tuōlěi）。

我深信，在科学方面我们有对事业而不是//对财富的兴趣。我的唯一奢望是在一个自由国家中，以一个自由学者的身份从事研究工作。

我一直沉醉于世界的优美之中，我所热爱的科学也不断增加它崭新的远景。我认定科学本身就具有伟大的美。

（节选自［波兰］玛丽·居里《我的信念》，剑捷译）

这是一篇自传体散文，通过回忆往事，表现了居里夫人的人格美及其与她取得巨大成就之间的联系。

节选部分语言风格平实，朗读时以平缓为主，但能体现居里夫人人格美的语句要予以突出。

第 1 节"坚韧不拔""最要紧的""必须""问心无愧"重读，总体描写居里夫人的人格美。

第 2 ~4 节"孤独""梦幻"重读，突出居里夫人专注工作的感受；"发现"重读，突出她的工作成绩；"追求""以免"重读，强调居里夫人为做到"专注"而特有的生活方式。语调较为舒缓，突出抒情性。

第 5 ~6 节“兴趣”“奢望”“沉醉”“热爱”重读，强调居里夫人人格美的又一方面——酷爱科学。语气较为昂扬。

作品 44 号

我为什么（wèishénme）非要教（jiāo）书不可？是因为我喜欢当教师的时间安排表和生活节奏（jiézòu）。七、八、九三个月给我提供（gōng）了进行回顾、研究、写作的良机，并将三者有机融合，而善于回顾、研究和总结正是优秀教师素质中不可缺少的成分。

干这行（háng）给了我多种多样的“甘泉”去品尝，找优秀的书籍去研读，到“象牙塔”和实际世界里去发现。教学工作给我提供了继续学习的时间保证，以及多种途径（tújìng）、机遇和挑战。

然而，我爱这一（yì）行的真正原因，是爱我的学生（xuésheng）。学生们在我的眼前成长、变化。当教师意味着亲历“创造”过程的发生——恰似（qiàsì）亲手赋予（fùyǔ）一（yì）团泥土以生命，没有什么比目睹（mùdǔ）它开始呼吸更激动人心的了。

权利我也有了：我有权利去启发诱导（yòudǎo），去激发智慧的火花，去问费心思考的问题，去赞扬回答的尝试，去推荐书籍，去指点迷津（zhǐdiǎn-míjīn）。还有什么别的权利能与之相比呢？

而且，教书还给我金钱和权利之外的东西，那就是爱心。不仅有对学生的爱，对书籍的爱，对知识的爱，还有教师才能感受到的对“特别”学生的爱。这些学生，有如冥顽不灵（míngwán-bùlíng）的泥块，由于接受了老师的炽爱（chì'ài）才勃发了生机。

所以，我爱教书，还因为，在那些勃发生机的“特//别”学生身上，我有时发现自己和他们呼吸相通，忧乐与共。

（节选自［美］彼得·基·贝得勒《我为什么当教师》）

这是一篇议论文，通过对为什么当教师这一问题的回答，表明了作者热爱学生的高尚品德。

节选部分语调在平缓中有起伏，体现作者喜悦、自豪的感情。

第 1 ~2 节阐述作者喜欢当教师的一些原因。语调以平缓为主。“良机”“不可缺少”等重读，强调当教师有时间提高自己的业务素质；“品尝”“研读”“发现”等重读，强调自己可以提高的具体业务素质。

第 3 ~6 节阐述作者喜欢当教师的“真正”（主要）原因。语调较前高扬，语含欢快、自豪。"真正""爱"重读，强调"我"喜爱教书的根本原因是热爱学生；"创造""诱导""激发""问""赞扬""推荐""指点""呼吸相通""忧乐与共"等重读，具体阐述"我"热爱学生的理由、做法和感受。

作品 45 号

中国西部我们通常是指黄河与秦岭（Qínlǐng）相连一线以西，包括西北和西南的十二个省、市、自治区。这块广袤（guǎngmào）的土地面积为五百四十六万平方公里，占国土总面积的百分之五十七；人口二点八亿，占全国总人口的百分之二十三。

西部是华夏文明的源头。华夏祖先的脚步是顺着水边走的：长江上游出土过元谋人牙齿化石，距今约一（yì）百七十万年；黄河中游出土过蓝田人头盖骨（tóugàigǔ），距今约七十万年。这两处古人类都比距今约五十万年的北京猿人资格（zīgé）更老。

西部地区是华夏文明的重要发源地，秦皇汉武以后，东西方文化在这里交汇融合，从而有了丝绸之路的驼铃声声，佛院深寺的暮鼓晨钟（mùgǔ-chénzhōng）。敦煌莫高窟（Mògāokū）是世界文化史上的一（yí）个奇迹，它在继承汉晋艺术传统的基础上，形成了自己兼收并蓄（jiānshōu-bìngxù）的恢宏（huīhóng）气度，展现出精美绝伦（jīngměi-juélún）的艺术形式和博大精深的文化内涵。秦始皇兵马俑（bīngmáyǒng）、西夏王陵、楼兰古国、布达拉宫、三星堆、大足石刻等历史文化遗产，同样为（wéi）世界所瞩目（zhǔmù），成为中华文化重要的象征。

西部地区又是少数民族及其文化的集萃（jícuì）地，几乎（jīhū）包括了我国所有的少数民族。在一些偏远的少数民族地区，仍保留//了一些久远时代的艺术品种，成为珍贵的"活化石"，如纳西古乐、戏曲、剪纸、刺绣、岩画等民间艺术和宗教艺术。特色鲜明、丰富多彩，犹如一个巨大的民族民间文化艺术宝库。

我们要充分重视和利用这些得天独厚的资源优势，建立良好的民族民间文化生态环境，为西部大开发作出贡献。

（节选自《中考语文课外阅读试题精选》中的《西部文化和西部开发》）

这是一篇说明文，介绍了我国西部地区的地域文化与民族文化。

节选部分朗读语调以舒缓为主，但应突出能体现我国西部地区丰富文化内涵的语句。

第 1 节介绍"中国西部"的范围、面积、人口等基本情况。"以西""十二”“五百四十六万”“百分之五十七”“二点八”“百分之二十三”重读，突出具体数据。

第2~4节“源头”“元谋人”“一百七十万”“蓝田人”“七十万”重读，强调说明我国西部地区的古人类文明历史久远、丰富多彩。先重读“发源地”“交汇”“精美绝伦”“博大精深”等，强调华夏文明和历史文化遗迹；再重读“集萃地”“活化石”“宝库”，说明少数民族文化。

第5节“重视”“利用”“得天独厚”等重读，点明中心。

作品46号

高兴，这是一（yì）种具体的被看得（de）到摸得着（zháo）的事物所唤起的情绪。它是心理的，更是生理的。它容易来也容易去，谁也不应该对它视而不见（shì'érbújiàn）失之交臂（shīzhī-jiāobì），谁也不应该总是做那些使自己不高兴也使旁人不高兴的事。让我们说一（yí）件最容易做也最令人高兴的事吧，尊重你自己，也尊重别人，这是每一（yí）个人的权利，我还要说这是每一个人的义务。

快乐（kuàilè），它是一种富有概括性的生存状态、工作状态。它几乎是先验的，它来自生命本身的活力，来自宇宙、地球和人间的吸引，它是世界的丰富、绚丽（xuànlì）、阔大、悠久的体现。快乐还是一种力量，是埋在地下的根脉（gēnmài）。消灭一个人的快乐比挖掘掉一（yì）棵大树的根要难得多。

欢欣，这是一种青春的、诗意的情感。它来自面向着未来伸开双臂奔跑的冲力，它来自一种轻松而又神秘、朦胧（ménglóng）而又隐秘的激动，它是激情即将（jíjiāng）到来的预兆（yùzhào），它又是大雨过后的比下雨还要美妙得多也久远得多的回味……

喜悦，它是一种带有形而上（xíng'érshàng）色彩的修养和境界。与其（yǔqí）说它是一种情绪，不如说它是一种智慧、一种超拔、一种悲天悯人（bēitiān-mǐnrén）的宽容和理解，一种饱经沧桑（bǎojīng-cāngsāng）的充实和自信，一种光明的理性，一种坚定//的成熟，一种战胜了烦恼和庸俗的清明澄澈。它是一潭清水，它是一抹朝霞，它是无边的平原，它是沉默的地平线，多一点儿、再多一点儿喜悦吧，它是翅膀，也是归巢。它是一杯美酒，也是一朵永远开不败的莲花。

（节选自王蒙《喜悦》）

这是一篇议论文，通过由“高兴”到“快乐”到“欢欣”再到“喜悦”的逐层论析，阐明了喜悦“是一种带有形而上色彩的修养和境界”的观点。

节选部分朗读语调基本平缓。每节文字中立论的语句要昂扬些。

第 1 节“高兴”“情绪”重读，给“高兴”下定义；“心理”“生理”“权利”“义务”重读，进一步诠释“高兴”。

第 2 节“快乐”“状态”重读，给“快乐”下定义；“先验”“活力”“吸引”“体现”“力量”“根脉”重读，进一步诠释“快乐”。

第 3 节“欢欣”“情感”重读，给“欢欣”下定义；“冲力”“激动”“预兆”“回味”重读，进一步诠释“欢欣”。

第 4 节“喜悦”“修养”“境界”重读，给“喜悦”下定义；“智慧”“超拔”“宽容和理解”“充实和自信”“理性”“成熟”“清明澄澈”等重读，进一步诠释“喜悦”。

语调趋于沉稳。

作品 47 号

在湾仔（Wānzǎi），香港最热闹（rènao）的地方（dìfang），有一棵榕树（róngshù），它是最贵的一（yì）棵树，不光在香港，在全世界，都是最贵的。

树，活的树，又不卖何言其贵？只因它老，它粗，是香港百年沧桑（cāngsāng）的活见证，香港人不忍看着它被砍伐，或者被移走，便跟要占用这片山坡的建筑者谈条件：可以在这儿（zhèr）建大楼盖商厦，但一（yī）不准砍树，二不准挪（nuó）树，必须把它原地精心养起来，成为香港闹市中的一（yì）景。太古大厦的建设者最后签了合同（hétong），占用这个大山坡建豪华商厦的先决条件是同意保护这棵老树。

树长在半山坡上，计划将树下面的成千上万吨山石全部掏空（tāokōng）取走，腾出地方来盖楼，把树架在大楼上面，仿佛它原本是长在楼顶上似的（shìde）。建设者就地造了一（yí）个直径十八米、深十米的大花盆，先固定好这棵老树，再在大花盆底下盖楼。光这一（yí）项就花了两千三百八十九万港币，堪称（kānchēng）是最昂贵的保护措施了。

太古大厦落成之后，人们可以乘（chéng）滚动扶梯一（yí）次到位，来到太古大厦的顶层，出后门，那儿（nàr）是一（yí）片自然景色。一棵大树出现在人们面前，树干（shùgàn）有一（yì）米半粗，树冠（shùguān）直径足有二十多米，独木成林，非常壮观（zhuàngguān），形成一（yí）座以它为中心的小公园，取名叫“榕圃（Róngpǔ）”。树前面//插着铜牌，说明缘由。此情此景，如不看铜牌的说明，绝对想不到巨树根底下还有一座宏伟的现代大楼。

（节选自舒乙《香港：最贵的一棵树》）

这是一篇记叙文。通过对香港一棵百年大树在太古大厦建设过程中得以存留事件的叙述，赞颂了香港市民重视文物保护的精神。

节选部分朗读语调有所起伏，平和中有疑问、有释然。

第 1 节“榕树”“最贵”“全世界”重读，点题。

第 2 节“老”“粗”“活见证”重读，强调了这棵树的重要性。朗读设问句时应注意突出它的悬念；“不忍”“一不准”“二不准”重读，强调香港市民重视文物保护的决心。

第 3 节“就地”“先”“再”重读，突出保护百年老树的具体过程；数字重读，强调工程实施的难度。

第 4 节“独木成林”“壮观”“榕圃”“想不到”重读，强调百年老树受保护后形成的独特景观。语含喜悦。

作品 48 号

我们的船渐渐地逼近榕树了。我有机会看清它的真面目（miànmù）：是一（yì）棵大树，有数不清（shǔbuqīng）的丫枝（yāzhī），枝上又生根，有许多根一（yì）直垂到地上，伸进泥土里。一部分（bùfen）树枝垂到水面，从远处看，就像一棵大树斜躺在水面上一（yí）样。

现在正是枝繁叶茂（zhīfán-yèmào）的时节。这棵榕树好像在把它的全部生命力展示给我们看。那么多的绿叶，一簇（yícù）堆在另一簇的上面，不留一点儿（yìdiǎnr）缝隙（fèngxì）。翠绿的颜色明亮地在我们的眼前闪耀，似乎每一（yí）片树叶上都有一（yí）个新的生命在颤动（chàndòng），这美丽的南国的树！

船在树下泊（bó）了片刻，岸上很湿，我们没有上去。朋友说这里是“鸟的天堂”，有许多鸟在这棵树上做窝，农民不许人去捉它们。我仿佛（fǎngfú）听见几只鸟扑翅（pūchì）的声音，但是等到我的眼睛（yǎnjing）注意地看那里时，我却看不（bu）见一（yì）只鸟的影子，只有无数的树根立在地上，像许多根木桩。地是湿的，大概涨潮时河水常常冲上岸去。“鸟的天堂”里没有一只鸟，我这样想到。船开了，一个朋友（péngyou）拨着船，缓缓地流到河中间去。

第二天，我们划着船到一个朋友的家乡去，就是那个有山有塔的地方（dìfang）。从学校出发，我们又经过那“鸟的天堂”。

这一（yí）次是在早晨，阳光照在水面上，也照在树梢（shùshāo）上。一（yí）切都//显得非常光明。我们的船也在树下泊了片刻。

起初四周围非常清静。后来忽然起了一声鸟叫。我们把手一拍，便看见一只大鸟飞了起来，接着又看见第二只，第三只。我们继续拍掌，很快地这个树林就变得很热闹了。到处都是鸟声，到处都是鸟影。大的，小的，花的，黑的，有的站在枝上叫，有的飞起来，在扑翅膀。

（节选自巴金《鸟的天堂》）

这是一篇记叙文，记叙了作者和朋友们两次经过“鸟的天堂”时的所见所感，表达了作者目睹成群飞鸟的喜悦之情。

节选部分语调明快。

第1~3节叙写“我”和朋友们第一次经过“鸟的天堂”时的所见所感。“榕树”“真面目”“大树”“翠绿”“明亮”“美丽”“南国”重读，描述作为“鸟的天堂”所在的榕树的状况；“看不见”“没有”“想到”重读，写作者没有看到飞鸟的失望心情。

第4~6节叙写“我”和朋友们第二次经过“鸟的天堂”时的所见所感。“又”重读，强调“我们”所用的促使鸟儿飞翔的手段；“一只”“第二只”“第三只”“到处”“鸟声”“鸟影”“叫”“飞”“扑”重读，突出众鸟乱飞的热闹景象，表达作者的喜悦之情。

作品49号

有这样一（yí）个故事（gùshi）。

有人问：世界上什么（shénme）东西（dōngxi）的气力最大？回答纷纭（fēnyún）得很，有的说“象”，有的说“狮”，有人开玩笑似的（shìde）说：是“金刚”，金刚有多少气力，当然大家全不知道。

结果，这一（yí）切答案完全不（bú）对，世界上气力最大的，是植物的种子（zhǒngzi）。一（yí）粒种子所可（kě）以显现出来的力，简直是超越一切。

人的头盖骨，结合得非常致密（zhìmì）与坚固，生理学家和解剖（jiěpōu）学者用尽了一切的方法，要把它完整地分出来，都没有这种力气。后来忽然有人发明了一个方法，就是把一（yì）些植物的种子放在要剖析（pōuxī）的头盖骨里，给它以温度与湿度，使它发芽。一（yì）发芽，这些种子便以可怕的力量，将一切机械（jīxiè）力所不能分开的骨骼（gǔgé），完整地分开了。植物种子的力量之大，如此如此。

这，也许特殊了一点儿（diǎnr），常人不容易理解。那么，你看见过（guo）笋（sǔn）的成长吗？你看见过被压在瓦砾（wǎlì）和石块下面的一（yì）棵小草的生长吗？它为着向往阳光，为着达成它的生之意志，不管上面的石块如何重，石与石之间如何狭，它必定要曲曲折折（qūqū-zhézhé）地，但是顽强不屈地透到地面上来。它的根往土壤钻，它的芽往地面挺，这是一种不可抗拒（bùkě-kàngjù）的力，阻止它的石块，结果也被它掀翻，一粒种子的力量之大，//如此如此。

没有一个人将小草叫做“大力士”，但是它的力量之大，的确是世界无比。这种力是一般人看不见的生命力。只要生命存在，这种力就要显现。上面的石块，丝毫不足以阻挡。因为它是一种“长期抗战”的力；有弹性，能屈能伸的力；有韧性，不达目的不止的力。

（节选自夏衍《野草》）

这是一篇议论文，阐明了“生命力”是世界上最强大的力的道理。

第1～4节讲述一个故事，说明种子是世界上气力最大的。“最大”“种子”“超越”“可怕”“如此”重读，强调植物种子的巨大力量。这部分内容朗读时语调总体平缓，叙述的目的是为下文议论作铺垫。

第5～6节深发论述，点明主旨。“笋”“成长”“小草”“生长”“曲曲折折”“顽强不屈”“不可抗拒”“生命力”“弹性”“能屈能伸”“有韧性”“不达目的不止”重读，强调它们的共同点在于有“一般人看不见的生命力”。语调较为高扬。

作品50号

燕子去了，有再来的时候（shou）；杨柳枯了，有再青的时候；桃花谢了，有再开的时候。但是，聪明（cōng · míng）的，你告诉（su）我，我们的日子为什么一去不复返呢？——是有人偷了他们罢：那是谁（shéi）？又藏在何处呢？是他们自己逃走了罢：现在又到了哪里呢？

去的尽管（jǐnguǎn）去了，来的尽管（jǐnguǎn）来着；去来的中间，又怎样地匆匆呢？早上我起来的时候，小屋里射进两三方斜斜的太阳（tài · yáng）。太阳他有脚啊（wa），轻轻悄悄地挪移了；我也茫茫然跟着旋转（zhuàn）。于是——洗手的时候，日子从水盆里过去；吃饭的时候，日子从饭碗里过去；默默时，便从凝然的双眼前过去。我觉察他去的匆匆了，伸出手遮挽时，他又从遮挽着的手边过去；天黑时，我躺在床上，他便伶伶俐俐地从我身上跨过，从我脚边飞去了。等我睁开眼和太阳再见，这算又溜走了一日。我掩着面叹息。但是新来的日子的影儿（yǐngr）又开始在叹息里闪过了。

在逃去如飞的日子里，在千门万户的世界里的我能做些什么呢？只有徘徊罢了，只有匆匆罢了；在八千多日的匆匆里，除徘徊外，又剩些什么呢？过去的日子如轻烟，被微风吹散了，如薄雾，被初阳蒸（zhēng）融（róng）了；我留着些什么痕迹呢？我何曾留着像游丝样的痕迹呢？我赤裸裸（luóluǒ）来//到这世界，转眼间也将赤裸裸的回去罢？但不能平的，为什么偏要白白走这一遭啊？

你聪明的，告诉我，我们的日子为什么一去不复返呢？

（节选自朱自清《匆匆》）

这是一篇抒情散文。作者借描画时间流逝的踪迹，表达了叹惋和无奈之情。

第1节以一组排比句开篇，以世间许多事物“去了是可以复返”的现象，引出“我们的日子一去不复返”，借以反衬。下句写作者不明日子去处的困惑。本节语调总体是平和而不激越。“再来”“再青”“再开”“不复返”“偷”“谁”“藏”“何处”“逃走”“哪里”等重读。

第2节从“去的尽管去了”到“这算又溜走了一日”，作者借不同生活场景凸显日子去得“匆匆”，再次引出作者深切的叹息。凡是能凸显“匆匆”意旨的词语都可重读。如“有脚啊”“挪移了”，先后4个“过去”以及“跨过”“飞去”“溜走”等。最后一句，再次表达作者对于日子一去不复返的叹惋和无奈，所以要重读2个“叹息”和1个“闪过”。为凸显“匆匆”，朗读本节内容时语速可稍快。

第3节抒写在一去不复返的日子中作者对于自己一事无成的遗憾之情。2个“只有”和2个“徘徊”、2个“痕迹”和“赤裸裸”等重读。本节语调偏于低缓且有沉痛感。

作品51号

有个塌鼻子（bízi）的小男孩儿（háir），因为两岁时得过（déguo）脑炎，智力受损，学习起来很吃力。打个比方（bǐfang），别人写作文能写二（èr）三百字，他却只能写三五行。但即便（jíbiàn）这样的作文，他同样能写得很动人。

那是一（yí）次作文课，题目是“愿望”。他极其认真地想了半天，然后极认真地写，那作文极短。只有三句话：我有两个愿望，第一个是，妈妈（māma）天天笑眯眯（xiàomīmī）地看着我说：“你真聪明。”第二个是，老师天天笑眯眯地看着我说：“你一点儿（yìdiǎnr）也不笨。”

于是，就是这篇作文，深深地打动了他的老师，那位妈妈式的老师不仅给了他最高分，在班上带感情地朗读了这篇作文，还一笔一画（yìbǐ-yíhuà）地批道：你很聪明，你的作文写得非常感人，请放心，妈妈肯定会格外（géwài）喜欢你的，老师肯定会格外喜欢你的，大家肯定会格外喜欢你的。

捧着作文本，他笑了，蹦蹦跳跳（bèngbèng-tiàotiào）地回家了，像只喜鹊。但他并没有把作文本拿给妈妈看，他是在等待，等待着一（yí）个美（méi）好的时刻。

那个时刻终于到了，是妈妈的生日——一个阳光灿烂的星期天：那天，他起得特别早，把作文本装在一个亲手做的美丽的大信封里，等着妈妈醒来。妈妈刚刚睁眼醒来，他就笑眯眯地走到妈妈跟前说："妈妈，今天是您的生日，我要//送给您一件礼物。"

果然，看着这篇作文，妈妈甜甜地涌出了两行热泪，一把搂住小男孩儿，搂得很紧很紧。

是的，智力可以受损，但爱永远不会。

（节选自张玉庭《一个美丽的故事》）

这是一篇记叙文，叙写一个智障男孩因一篇情真意切的三句话作文而打动了老师，感动了母亲，从而得到她们关爱的故事，揭示了"智力可以受损，但爱永远不会"的主旨。

语调总体平缓，但不乏变化。

第1节介绍小男孩"残"而不"废"。"很吃力""只能""三五行"重读，突出他的智障程度，语含同情；"同样""动人"重读，凸显小男孩儿作文的以"情"动人，语含肯定。

第2~3节写小男孩获得师爱。"极其""极"重读，"认真"与"短"形成对照，一方面写出小男孩态度认真，另一方面照应他的"智障"，所以重读；"真""一点儿"重读，凸显小男孩对获得"由衷"的积极评价的渴望；"深深地""带感情地""一笔一画地"重读，它们共同凸显老师被打动的情形；"肯定""格外"重读，表明老师在强调小男孩一定会被喜爱。朗读作文内容时应有天真而恳切的语气。

第4~6节写小男孩获得母爱。"等待""美好"重读，突出小男孩的欢快及慎重之情；"终于"重读，照应前文的"等待"；"阳光灿烂""一把""很紧"，凸显母亲的感动及其对孩子的挚爱。描写母亲的话语读来应有幸福、激动甚至喜出望外之情。

第7节议论，揭示文章主旨。"是的"重读，表肯定；"可以""永远不会"重读，形成对应；"智力"和"爱"对应重读，是节选部分主旨落实点。

作品 52 号

小学的时候（shíhou），有一（yí）次我们去海边远足，妈妈（māma）没有做便饭，给了我十块钱买午餐。好像走了很（hén）久，很（hén）久，终于到海边了，大家坐下来便吃饭，荒凉的海边没有商店，我一（yí）个人跑到防风林外面去，级任（jírèn）老师要大家把吃剩的饭菜分给我一点儿（yìdiǎnr）。有两三个男生留下一点儿给我，还有一个女生，她的米饭拌了酱油，很香。我吃完的时候，她笑眯眯（xiàomīmī）地看着我，短头发（tóufa），脸圆圆的。

她的名字（míngzi）叫翁香玉。

每天放学的时候，她走的是经过我们家的一（yì）条小路，带着一（yí）位比她小的男孩儿（nánháir），可能是弟弟（dìdi）。小路边是一条清澈见底（qīngchè-jiàndǐ）的小溪，两旁竹阴覆盖，我总是远远（yuányuǎn）地跟在她后面。夏日的午后特别炎热，走到半路她会停下来，拿手帕（shǒupà）在溪水里浸湿，为小男孩儿擦脸。我也在后面停下来，把肮脏（āngzāng）的手帕弄湿了擦脸，再一（yí）路远远跟着她回家。

后来我们家搬到镇上去了，过几年我也上了中学。有一（yì）天放学回家，在火车上，看见斜（xié）对面一位短头发、圆圆脸的女孩儿，一身素净（sùjing）的白衣黑裙。我想她一（yí）定不认识（rènshi）我了。火车很快到站了，我随着人群挤向门口，她也走近了，叫我的名字。这是她第一（yī）次和我说话。

她笑眯眯的，和我一（yì）起走过月台。以后就没有再见过（jiànguo）//她了。

这篇文章收在我出版的《少年心事》这本书里。

书出版后半年，有一天我忽然收到出版社转来的一封信，信封上是陌生的字迹，但清楚地写着我的本名。

信里面说她看到了这篇文章心里非常激动，没想到在离开家乡，漂泊异地这么久之后，会看见自己仍然在一个人的记忆里，她自己也深深记得这其中的每一幕，只是没想到越过遥远的时空，竟然另一个人也深深记得。

（节选自苦伶《永远的记忆》）

这是一篇记叙文，通过对少年时代几件往事的回忆，抒发作者对少年情怀和同学真挚情意的深切眷恋。

节选部分语调柔和舒缓。

第 1 ~5 节写作者对往事的回忆。“小学”重读，强调第一件往事发生的时间；“很香”重读，突出米饭的好吃与翁香玉的人情美（所以印象深刻）；“笑眯眯”“短”“圆圆”重读，强调“女生”留给我的美好印象；“翁香玉”重读，强调“我”记住了女孩的名字。此处朗读应能体现作者对往事的沉迷状；“停下来”“浸湿”“擦脸”重读，回忆第二件往事中该女孩的细致和明白事理；“火车”重读，强调第三件往事中“我”和“她”一次“重逢”的地点；“短”“圆圆”重读，照应前文；“第一次”重读，突出作者对这次谈话的珍惜、留恋。此处朗读应能体现深挚情谊。

第6～8节补记第四件往事中翁香玉为同学情意所感动。此处语调较为高扬，突出作者的激动和感慨。“忽然”“陌生”“本名”重读，强调作者的惊诧；“激动”“没想到”“仍然”“竟然”重读，强调翁香玉读《少年心事》后的反应：感动、眷恋。此处“遥远”“深深”等朗读时要较为低沉，表明“我”也深受翁香玉的感染，陷入沉思。

作品53号

在繁华的巴黎（Bālí）大街的路旁，站着一（yí）个衣衫褴褛（yīshān-lánlǚ）、头发（tóufa）斑白、双目失明的老人。他不（bú）像其他乞丐那样伸手向过路行人乞讨，而是在身旁立一（yí）块木牌，上面写着：“我什么（shénme）也看不（bu）见！”街上过往的行人很多，看了木牌上的字都无动于衷（wúdòng-yúzhōng），有的还淡淡一笑，便姗姗（shānshān）而去了。

这天中午，法国著名诗人让·彼浩勒（Ràng · Bǐhàolè）也经过这里。他看看（kànkan）木牌上的字，问盲老人：“老人家（lǎorénjiā），今天上午有人给你钱吗？”

盲老人叹息着回答：“我，我什么也没有得到。”说着，脸上的神情非常悲伤。

让·彼浩勒听了，拿起笔悄悄地在那行字的前面添上了“春天到了，可是”几个字，就匆匆地离开了。

晚上（wǎnshang），让·彼浩勒又经过这里，问那个盲老人下午的情况。盲老人笑着回答说：“先生，不知为什么，下午给我钱的人多极了！”让·彼浩勒听了，摸着胡子（húzi）满意地笑了。

“春天到了，可是我什么也看不见！”这富有诗意的语言，产生这么大的作用，就在于它有非常浓厚的感情色彩。是的，春天是美好的，那蓝天白云，那绿树红花，那莺歌燕舞（yīnggē-yànwǔ），那流水人家（rénjiā），怎么（zěnme）不叫人陶醉呢？但这良辰美景，对于一个双目失明的人来说，只是一（yí）片漆黑。当人们（rénmen）想到这个盲老人，一（yì）生中竟

(jìng)连万紫千红的春天//都不曾看到，怎能不对他产生同情之心呢？

（节选自小学《语文》第六册中的《语言的魅力》）

这是一篇记叙文，通过叙述著名诗人让·彼浩勒帮助盲老人题字而使老人收益多多的故事，使读者体会富有诗意、带有浓厚感情色彩、使人受到震动的语言的魅力。

节选部分语调应有起伏。叙写盲老人凄惨处境及忧伤心情的地方读来应低沉；而叙写诗人添字以及复问盲老人收获的语句读来应轻松、俏皮；最后议论点明主旨的语句读来较为抒情。

第1节写让·彼浩勒题字前盲老人乞讨收获很小。“褴褛”“斑白”“失明”重读，突出盲老人的凄惨处境；“木牌”“字”“无动于衷”等重读，强调木牌上原有的题字没有给盲老人带来什么收获。

第2~5节写让·彼浩勒的题字让盲老人收获多多。“看看”“问”重读，突出让·彼浩勒对盲老人的关心；“叹息”“悲伤”重读，照应前文，引出下文让·彼浩勒的帮助；“悄悄”“添”“匆匆”重读，表明诗人做善事不图回报的高尚品德，同时也为下文写盲老人的惊喜埋下伏笔；“笑着”“多极了”重读，写盲老人有很多收获后的喜悦；“满意”重读，强调诗人得知自己添字见效后的喜悦。

第6节议论，点明主旨。“诗意”“感情”“同情”等重读，强调只有富有诗意、带有浓厚感情色彩的语言才能打动人心。

作品54号

有一（yí）次，苏东坡的朋友张鹗（Zhāng È）拿着一（yì）张宣纸来求他写一（yì）幅字，而且希望他写一点儿（yìdiǎnr）关于养生方面的内容。苏东坡思索了一会儿（yíhuìr），点点头说：“我得到了一个养生长寿古方，药只有四味，今天就赠给（zènggěi）你吧。”于是，东坡的狼毫在纸上挥洒起来，上面写着：“一（yī）曰无事以当（dàng）贵，二曰早寝（qǐn）以当富，三曰安步以当车，四曰晚食以当肉。”

“这哪里有药？”张鹗一（yì）脸茫然地问。苏东坡笑着解释说：“养生长寿的要诀（yàojué），全在这四句里面。”

所谓“无事以当贵”，是指人不要把功名利禄（lìlù）、荣辱过失考虑得太多，如能在情志上潇洒大度，随遇而安，无事以求，这比富贵更能使人终其天年。

“早寝以当富”，指吃好穿好、财货充足，并非就能使你长寿。对老年人来说，养成良好的起居（qǐjū）习惯，尤其是早睡早起，比获得（huòdé）任何财富更加宝贵。

“安步以当车”，指人不要过于讲求安逸（ānyì）、肢体不劳，而应多以步行来替代骑马乘（chéng）车，多运动才可以强健体魄，通畅气血（qìxuè）。

“晚食以当肉”，意思是人应该用已饥方食、未饱先止代替对美味佳肴的贪吃无厌。他进一步解释，饿了以后才进食，虽然是粗茶淡饭，但其香甜可（kě）口会胜过山珍；如果饱了还要勉强吃，即使（jíshǐ）美味佳肴（jiāyáo）摆在眼前也难以//下咽。

苏东坡的四味“长寿药”，实际上是强调了情志、睡眠、运动、饮食四个方面对养生长寿的重要性，这种养生观点即使在今天仍然值得借鉴。

（节选自蒲昭和《赠你四味长寿药》）

这是一篇记叙文，通过叙述苏东坡解读“养生长寿古方”的逸事，阐明了淡薄功名利禄等人生哲理。

节选部分语调以平缓为主。

第1~6节叙写苏东坡为朋友解读“养生长寿古方”的逸事。“养生”“古方”“四味”“赠”重读，交代了苏东坡解读“养生长寿古方”的由来——朋友索取；“一曰”“二曰”“三曰”“四曰”重读，强调“古方”的具体内容；“茫然”“笑着”重读，写朋友的迷惑和苏东坡的从容；三处“指”和“意思”重读，分别引出“四味药方”的解读内容。苏东坡的话语朗读时应透出机智。

第7节议论，点明主旨。“情志”“睡眠”“运动”“饮食”重读，强调本文作者对苏东坡解读内容的感悟；“重要性”“借鉴”重读，强调苏东坡解读内容的深远影响。朗读语气应显语重心长。

作品55号

人活着，最要紧的是寻觅（xúnmì）到那片代表着生命绿色和人类希望的丛林，然后选一（yì）高高的枝头（zhītóu）站在那里观览（guānlǎn）人生，消化痛苦，孕育歌声，愉悦世界！

这可真是一（yì）种潇洒的人生态度，这可真是一种心境爽朗的情感风貌。

站在历史的枝头微笑，可（kě）以减免许多烦恼。在那里，你可以从众生相（zhòngshēngxiàng）所包含的甜酸苦辣、百味人生中寻找你自己；你境遇中的那点儿（nàdiǎnr）苦痛，也许相比之下，再也难以占据（zhànjù）一（yì）席之地；你会较（jiào）容易地获得（huòdé）从不（bú）悦中解脱灵魂的力量，使之不（bú）致变得灰色。

人站得高些，不（bú）但能有幸早些领略到希望的曙光，还能有幸发现生命的立体的诗篇。每一（yí）个人的人生，都是这诗篇中的一个词、一个句子或者一个标点。你可能没（méi）有成为一个美丽的词，一个引人注目（yǐnrén-zhùmù）的句子，一个惊叹号，但你依然是这生命的立体诗篇中的一个音节、一个停顿、一个必不可少的组成部分（bùfen）。这足以使你放弃前嫌（qiánxián），萌生为人类孕育新的歌声的兴致，为世界带来更多的诗意。

最可怕的人生见解，是把多维（duōwéi）的生存图景看成平面。因为那平面上刻下的大多是凝固（nínggù）了的历史——过去的遗迹（yíjì）；但活着的人们（rénmen），活得却是充满着新生智慧的，由//不断逝去的“现在”组成的未来。人生不能像某些鱼类躺着游，人生也不能像某些兽类爬着走，而应该站着向前行，这才是人类应有的生存姿态。

（节选自［美］本杰明·拉什《站在历史的枝头微笑》）

这是一篇议论文，作者从独特的视角考量世界、思索人生哲理，阐明应有的人生态度、生存方式等。语调总体平缓，在阐明正确人生态度及生存方式时，朗读语气较为昂扬。

第 1 节“最要紧”“高高”重读，指出考量世界、观览人生的独特视角。

第 2～3 节，阐明正确的人生态度。“潇洒”“心境爽朗”“减免”“解脱”等重读，强调站在历史的枝头有利于形成正确的人生态度。

第 4～5 节阐明正确的生存方式。“最可怕”“平面”“凝固”“遗迹”重读，指出不恰当的生存方式；“立体”“依然”“站着”重读，强调什么是正确的生存方式。

作品 56 号

中国的第一大岛、台湾省的主岛台湾，位于中国大陆架的东南方，地处（dìchǔ）东海和南海之间，隔着（gézhe）台湾海峡和大陆相望。天气晴朗的时候，站在福建沿海较（jiào）高的地方（fang），就可以隐隐（yínyǐn）约约地望见岛上的高山和云朵。

台湾岛形状狭长（xiácháng），从东到西，最宽处只有一（yì）百四十多公里；由南至北，最长的地方约有三百九十多公里。地形像一（yí）个纺织用的梭子（suōzi）。

台湾岛上的山脉（shānmài）纵贯南北，中间的中央山脉犹如全岛的脊梁（jǐliang）。西部为海拔（hǎibá）近四千米的玉山山脉，是中国东部的最高峰。

全岛约有三分之一的地方是平地，其余为山地。岛内有缎带般的瀑布（pùbù），蓝宝石似的（shìde）湖泊（húpō），四季常青的森林和果园，自然景色十分优美。西南部的阿里山和日月潭，台北市郊的大屯山风景区，都是闻名世界的游览胜地。

台湾岛地处热带和温带之间，四面环海，雨水充足，气温受到海洋的调剂（tiáojì），冬暖夏凉，四季如春，这给水稻和果木生长提供了优越的条件。水稻、甘蔗（gānzhe）、樟脑（zhāngnǎo）是台湾的“三宝”。岛上还盛产（shèngchǎn）鲜果和鱼虾。

台湾岛还是一（yí）个闻名世界的“蝴蝶王国”。岛上的蝴蝶共有四百多个品种，其中有不少是世界稀有的珍贵品种。岛上还有不少鸟语花香（niǎo yǔ-huāxiāng）的蝴//蝶谷，岛上居民利用蝴蝶制作的标本和艺术品，远销许多国家。

（节选自《中国的宝岛——台湾》）

这是一篇说明文，介绍我国宝岛台湾的地理位置、地形、地貌、风景名胜及物产等。

语调以平缓为主，中等语速。

第 1 节“位于”“地处”“相望”重读，交代台湾岛的地理位置。

第 2 节“狭长”“最宽”“最长”“梭子”重读，交代台湾岛的地貌。

第 3 节“脊梁”“最高峰”“平地”“山地”重读，交代台湾岛的地貌；“瀑布”“湖泊”“森林”“果园”“阿里山”“日月潭”“大屯山”重读，介绍台湾岛的风景名胜。

第 4 节“三宝”“鲜果”“鱼虾”重读，介绍台湾岛的农产品。

第 5 节“四百”“稀有”“标本”“艺术品”“远销”重读，突出台湾岛是闻名世界的“蝴蝶王国”。

朗读有关台湾岛的重要地貌、丰饶物产时应带有自豪的语气。

作品 57 号

对于中国的牛，我（wǒ）有着一（yì）种特别（tèbié）尊敬的感情。

留给我印象最深的，要算在田垄（tiánlǒng）上的一次“相遇”。

一群朋友（péngyou）郊游，我领头在狭窄（xiázhǎi）的阡陌（qiānmò）上走，怎料迎面来了几头耕牛，狭道容不（bu）下人和牛，终有一（yì）方要让路。它们还没有走近，我们已经预计斗不过畜生（chùsheng），恐怕难免踩到田地泥水里，弄得鞋袜（xiéwà）又泥又湿了。正踟蹰（chíchú）的时候

（shíhou），带头的一头牛，在离我们不远的地方（dìfang）停下来，抬起头看看（kànkan），稍迟疑一（yí）下，就自动走下田去。一（yí）队耕牛，全跟着它离开阡陌，从我们身边经过。

我们都呆（dāi）了，回过头来，看着深褐色（hèsè）的牛队，在路的尽头（jìntóu）消失，忽然觉得（júede）自己受了很大的恩惠。

中国的牛，永远沉默地为（wèi）人做着沉重的工作。在大地上，在晨光或烈日下，它拖着沉重的犁，低头一（yí）步又一步，拖出了身后一（yí）列又一列松土，好让人们（rénmen）下种（xiàzhǒng）。等到满地金黄或农闲时候，它可能还得（děi）担当（dāndāng）搬运负重的工作；或终日绕（rào）着石磨（shímò），朝同一方向，走不计程的路。

在它沉默的劳动中，人便得到应（yīng）得的收成（shōucheng）。

那时候，也许，它可以松一（yì）肩重担，站在树下，吃几口嫩草。偶尔（óu'ěr）摇摇尾巴（wěiba），摆摆耳朵（ěrduo），赶走飞附身上的苍蝇（cāngying），已经算是它最闲适（xiánshì）的生活了。

中国的牛，没有成群奔跑的习//惯，永远沉沉实实的，默默地工作，平心静气。这就是中国的牛！

（节选自小思《中国的牛》）

这是一篇记叙文，通过叙写“我们”（即“人”）与“牛”一次“狭路相逢”的经历，赞扬了“中国的牛”具有勤劳朴实、忍辱负重、多予少取、大智若愚等优良品德。

节选部分的朗读语调以平缓为主，但也随故事情节的发展和作者对“中国的牛”的优良品德的认识而有起伏。

第 1 ~4 节以叙事为主，语调总体平缓。

第 1 节“尊敬”重读，因为它总写作者对“中国的牛”的感情。

第 2 节“最深”“相遇”重读，引出作者感慨的缘起——“人”与“牛”狭路相逢。

第 3 节“难免”重读，强调“人”可能的尴尬结局，反衬下文所议论的“中国的牛”的大智若愚；“自动”“全”重读，读得高扬一些，凸显“中国的牛”的朴实厚道。

第 4 节“都”“呆”“很大”“恩惠”重读，写“我们”的反应和最初感受。

第 5 ~8 节主要是议论，揭示“中国的牛”的美德。

第 5 节，“永远”“沉默”“沉重”“一步又一步”“一列又一列”“搬运负重”“终日”等重读；第 6 节“沉默”重读；第 7 节“松”“站”“吃”“摇摇”“摆摆”“算是”等重读；第 8 节“平心静气”等重读。赞扬的语气中略含同情。

作品 58 号

不管我的梦想能否成为事实，说出来总是好玩儿（hǎowánr）的：

春天，我将要住在杭州。二十年前，旧历的二月初，在西湖我看见了嫩（nèn）柳与菜花，碧浪与翠竹。由我看到的那点儿（nàdiǎnr）春光，已经可以断定，杭州的春天必定会教（jiào）人整天生活在诗与图画之中。所以，春天我的家应当是在杭州。

夏天，我想青城山应当算作最理想的地方（dìfang）。在那里，我虽然只住过十天，可是它的幽静（yōujìng）已拴住了我的心灵。在我所看见过的山水中，只有这里没有使我失望。到处都是绿，目之所及，那片淡而光润的绿色都在轻轻地颤动（chàndòng），仿佛（fǎngfú）要流入空中与心中似的（shìde）。这个绿色会像音乐，涤（dí）清了心中的万虑。

秋天一定要住北平。天堂是什么（shénme）样子，我不知道，但是从我的生活经验去判断，北平之秋便是天堂。论天气，不冷不热。论吃的，苹果、梨、柿子（shìzi）、枣儿（zǎor）、葡萄（pútao），每样都有若干种。论花草，菊花种类之多，花式之奇，可（kě）以甲天下。西山有红叶可见，北海可以划船——虽然荷花已残，荷叶可还有一（yí）片清香。衣食住行，在北平的秋天，是没有一项不使人满意的。

冬天，我还没有打好主意（zhǔyi/zhúyi），成都或者相当得（de）合适，虽然并不怎样和暖，可是为了水仙，素心腊梅，各色的茶花，仿佛就受一点儿（yìdiǎnr）寒//冷，也颇值得去了。昆明的花也多，而且天气比成都好，可是旧书铺与精美而便宜的小吃远不及成都那么多。好吧，就暂这么规定：冬天不住成都便住昆明吧。

在抗战中，我没能发国难财。我想，抗战胜利以后，我必能阔起来。那时候，假若飞机减价，一二百元就能买一架的话，我就自备一架，择黄道吉日慢慢地飞行。

（节选自老舍《住的梦》）

这是一篇议论文，通过对“住的梦”的解析，表达了作者对美好生活起居的向往以及对祖国大好河山的热爱。

语调平缓中有起伏，语速中等，结尾处语含诙谐。

第 1 节“说（出来）”重读，点题，引起下文。

第2~5节解析自己“住的梦”的内容及缘由，语气较为明快。“生活在诗与图画之中”重读，表明作者春天喜欢杭州的缘由；“幽静”“绿色”“涤清”重读，表明作者夏天喜欢住在青城山的缘由；“天堂”“天气”“吃的”“花式”“奇”“甲天下”“红叶”“清香”“没有……不……”重读，表明作者秋天喜欢住在北平的缘由；“花……多”“天气……好”重读，表明作者冬天喜欢住昆明的缘由；“旧书铺”“小吃”重读，表明作者冬天喜欢住成都的缘由；“不……便……”重读，强调作者对成都、昆明难以取舍，于是决定二选一。

第6节“自备”“择”“慢慢”重读，进一步揭示主旨。

作品59号

我不由得（bùyóude）停住了脚步。

从未见过开得这样盛（shèng）的藤萝，只见一（yí）片辉煌的淡紫色，像一（yì）条瀑布（pùbù），从空中垂下，不见其发端（fāduān），也不见其终极，只是深深浅浅的紫，仿佛在流动，在欢笑，在不停地生长。紫色的大条幅上，泛着（fànzhe）点点银光，就像迸溅（bèngjiàn）的水花。仔细看时，才知那是每一（yì）朵紫花中的最浅淡的部分（bùfen），在和阳光互相挑逗（tiǎodòu）。

这里除了光彩，还有淡淡的芳香。香气似乎（sìhū）也是浅紫色的，梦幻一（yì）般轻轻地笼罩（lǒngzhào）着我。忽然记起十多年前，家门外也曾有过一（yí）大株紫藤萝，它依傍（yībàng）一（yì）株枯槐爬得很高，但花朵从来都稀落，东一穗（yísuì）西一（yí）串伶仃（língdīng）地挂在树梢（shùshāo），好像在察言观色（cháyán-guānsè），试探什么（shénme）。后来索性连那稀零的花串也没有了。园中别的紫藤花架也都拆掉，改种了果树。那时的说法（shuōfǎ）是，花和生活腐化有必然关系。我曾遗憾地想：这里再看不见藤萝花了。

过了这么（zhème）多年，藤萝又开花了，而且开得这样盛，这样密，紫色的瀑布遮住了粗壮的盘虬（pánqiú）卧龙般的枝干（zhīgàn），不断地流着，流着，流向人的心底。

花和人都会遇到各种各样的不幸，但是生命的长河是无止境的。我抚摸（fǔmō）了一（yí）下那小小的紫色的花舱，那里满装了生命的酒酿（jiǔniàng），它张满了帆，在这//闪光的花的河流上航行。它是万花中的一朵，也正是由每一个一朵，组成了万花灿烂的流动的瀑布。

在这浅紫色的光辉和浅紫色的芳香中，我不觉加快了脚步。

（节选自宗璞《紫藤萝瀑布》）

这是一篇抒情散文。作者由偶见一树盛开的紫藤萝花而感悟出生命长河的无止境，赞扬了生命的顽强和美好。

节选部分的语调处理应有起伏。

第1~2节情绪是喜悦的，语调也较为轻快、高扬。

第1节中的“不由得”“停”重读，突出盛开的紫藤萝花对于“我”的感观的吸引力。

第2节，“深深浅浅”“紫色”“浅淡”等重读，描写盛开的藤萝花的色彩；“瀑布”“大条幅”“水花”等重读，描写盛开的藤萝花的形状；“流动”“欢笑”“挑逗”等重读，描写盛开的藤萝花的神态。还有“从未”“盛”“不停地”“迸溅”等也需重读，它们与以上重读词语共同描绘紫藤萝花的盛开场景。

第3节由回忆而使心情沉郁，语调转而为低缓。“忽然”重读，引起回忆；“稀落”“伶仃”“索性”等重读，强调当年紫藤萝花开放的惨淡景象；“那时”“花”“生活腐化”等重读，暗示紫藤萝花惨淡开放的时代背景；“再”重读，凸显作者当时的感伤情怀。

第4~6节写作者感悟到盛开的紫藤萝花中所蕴含的生命永恒的寓意，情调转为激昂，语调也因此而再度高扬。

第4节中的“又（开花了）”、第6节中的“不觉”“加快”重读，分别照应前文中的“开得这样盛”和“不由得”“停”，强调盛开的紫藤萝花对作者心灵的震撼，较文章开头意义更深一层。

其他描写紫藤萝花重又盛开的词语也应重读。如“盛”“粗壮”“盘虬卧龙般”和3个“流”字以及“但是”“生命的长河”“万花”“万花灿烂”等。

作品60号

在一（yí）次名人访问中，被问及上个世纪最重要的发明是什么（shénme）时，有人说是电脑，有人说是汽车，等（děng）等。但新加坡（Xīnjiāpō）的一（yí）位知名人士却说是冷气机。他解释，如果没有冷气，热带地区如东南亚国家，就不可能有很高的生产力，就不可能达到今天的生活水准。他的回答实事求是（shíshì-qiúshì），有理有据。

看了上述报道，我突发奇想：为什么没有记者问：“二十世纪最糟糕的发明是什么?”其实二〇〇二年十月中旬，英国的一家报纸就评出了“人类最糟糕的发明”。获此“殊荣”（shūróng）的，就是人们每天大量使用的塑料袋。

诞生于上个世纪三十年代的塑料袋，其家族包括用塑料制成的快餐饭盒、包装纸、餐用杯盘、饮料瓶、酸奶杯、雪糕杯，等等。这些废弃物形成的垃圾（lājī），数量多、体积大、重量轻、不（bú）降解（jiàngjiě），给治理工作带来很多技术难题和社会问题。

比如，散落（sànluò）在田间、路边及草丛中的塑料餐盒，一旦被牲畜（shēngchù）吞食，就会危及健康甚至导致死亡。填埋废弃塑料袋、塑料餐盒的土地，不能生长庄稼（zhuāngjia）和树木，造成土地板结（bǎnjié），而焚烧（fénshāo）处理这些塑料垃圾，则会释放出多种化学有毒气体，其中一种称为（chēngwéi）二噁英（èr'èyīng）的化合物（huàhéwù），毒性极大。

此外，在生产塑料袋、塑料餐盒的//过程中使用的氟利昂，对人体免疫系统和生态环境造成的破坏也极为严重。

（节选自林光如《最糟糕的发明》）

这是一篇说明文，通过对塑料袋家族污染环境具体情况的说明，进一步唤起人们的环保意识。

节选部分语言通俗，朗读语调以平缓为主。

第1~2节引出话题：人类最糟糕的发明就是人们每天大量使用的塑料袋。

第1节朗读语调总体平缓。

第2节“突发”重读，强调作者思考问题的联想性，引起下面的话题；“最糟糕”“殊荣”“大量”重读，强调糟糕的程度；“殊荣”更以一种冷幽默的语气强调发明塑料袋的糟糕。

第3~5节中具体说明塑料袋及其家族污染环境的词语都可以重读。它们有的指明塑料袋家族中具体污染环境的成员，如“二噁英”“氟利昂”；有的强调污染对象，如“（危及）健康”“土地（板结）”“免疫系统”“生态环境”等；有的强调污染程度，如“（数量）多”“（体积）大”“（重量）轻”“极大”“极为”等。这样的重读词语还有“不降解”“导致死亡”“多种”等。朗读这些词语，语调应较为高扬，以示警醒。

三、安排示范朗读内容

培训教师应串讲朗读短文的考点。如：

“对于中国的牛，我有着一种特别尊敬的感情。”（作品57号）

其中，“的”“着”是轻声词语；“牛”发鼻音（区别于边音）；“中”

“种”发翘舌音；“我”因变调而读“wó”；“一”因变调而读“yì”；“感”因变调而读211调值……

重读“尊敬”，诱发读者好奇心（人为什么会“尊敬”牛），也为下文作者对“中国的牛”进行赞美作情感铺垫。

“对于中国的牛”是一个介词短语，朗读时的停顿可以处理为“对于｜中国的牛”。“我有着一种特别尊敬的感情”是主谓句，朗读时的停顿可以处理为“我｜有着｜一种特别尊敬的｜感情”。

根据培训（授课）课时安排情况，每轮培训（授课）期间以串讲2~6篇朗读短文为宜。其余朗读短文由应试人按教师所讲，举一反三，自行练读。练读过程中存在疑难问题时，可寻求培训教师的帮助。

思考和练习

一、领会每篇作品的考核要点。

二、60篇朗读作品选读。

第三节　PSC“朗读短文”项评分标准

实施计算机辅助普通话水平测试的省、市、区“朗读短文”项由国家语言文字工作部门认定的计算机辅助普通话水平测试系统（见图2-3）进行评分。具体评分标准与测试员人工评分标准基本一致。

一、PSC“朗读短文”项评分的“国家标准”

《大纲》考五项，其“朗读短文”项评分标准是“国家标准”。具体如下：

朗读短文（1篇，400个音节），限时4分钟，共30分。

1. 目的

测查应试人使用普通话朗读书面作品的水平。在测查声母、韵母、声调读音标准程度的同时，重点测查连读音变、停连、语调以及流畅程度。

2. 要求

（1）短文从“普通话水平测试用朗读作品”中选取。

（2）评分以朗读作品的前400个音节（不含标点符号和括注的音节）为限。

3. 评分

（1）每错 1 个音节，扣 0.1 分；漏读或增读 1 个音节，扣 0.1 分。

（2）声母或韵母的系统性语音缺陷，视程度扣 0.5 分、1 分。

（3）语调偏误，视程度扣 0.5 分、1 分、2 分。

（4）停连不当，视程度扣 0.5 分、1 分、2 分。

（5）朗读不流畅（包括回读），视程度扣 0.5 分、1 分、2 分。

（6）超时扣 1 分。

二、PSC“朗读短文”项评分的“地方标准”

相对于“国家标准”，考四项的省、市、区的“地方标准”评分标准更加细化。如，江苏版评分标准明确指出“颠倒”及语气词“啊”未根据具体语境变读都算“语音错误”项。对“声母或韵母的系统性语音缺陷”多出了量化要求，即“有 3 个及 3 个以上音节具有相同的声母或韵母缺陷（声调的缺陷不在此列）……只出现 1 类声母或韵母的系统性语音缺陷的，扣 0.5 分；出现 2 类及 2 类以上声母或韵母的系统性语音缺陷的，扣 1 分”。对“语调偏误”有详尽说明，即“重音不当，词的轻重音格式不对，声调有系统性缺陷，句调不自然，语速不当……语调偏误有所表现，扣 0.5 分；语调偏误明显，扣 1 分；语调偏误严重，扣 2 分”。对“停连不当”有详尽说明，即“由不恰当的停顿或连读造成的对词语的肢解或对语义的误解……停连不当 1 次，扣 0.5 分；2 次，扣 1 分；3 次及 3 次以上，扣 2 分”。对“朗读不流畅”有详尽说明，即“视程度扣 0.5 分、1 分、2 分……朗读不流畅指：回读，停顿过多，按音节崩读等。评分时应综合考虑诸因素。朗读不流畅有所表现，扣 0.5 分；朗读不流畅明显，扣 1 分；朗读不流畅严重，扣 2 分”。

三、了解 PSC“朗读短文”项评分标准的意义

应试人了解 PSC“朗读短文”项评分标准尤其是应试所在省、市、区的“地方标准”，可以减少或避免不必要的失分。

从上述评分标准可以看出，PSC 不仅要求应试人尽量发好普通话音节单念时和语流中的声母、韵母、声调，还要求应试人在熟读短文的基础上，处理好短文朗读的诸多要素。有些应试人应试时语调变化过于夸张或过于平淡，都会失分。有些应试人既没有认真参加 PSC 测前培训，也没有静下心来自学培训教材，在“朗读不流畅”项中多次犯回读错误，失分较多。

思考和练习

一、熟悉评分标准对于学习“朗读短文”有何帮助？

二、抽取朗读作品，继续按要求练读。

第六章　命题说话

第一节　命题说话的基本技巧

一、什么是命题说话

普通话水平测试中的命题说话，是指应试人用 PSC《大纲》指定的话题，按要求连续说一段话。

命题说话主要测查应试人在自然状态（即无文字凭借状态）下说普通话时的语音标准程度，词汇、语法规范程度和自然流畅程度。《大纲》规定说话时间为 3 分钟。

一般而言，应试人在命题说话项失分最多。

相对于前面几个考项，命题说话更能全面地反映应试人说普通话的真实水平。

二、命题说话的基本技巧

根据 PSC 要求，说话题目从 30 个“普通话水平测试用话题”中选取。在考前 10 分钟，应试人可以从给定的 2 个话题中自行选定 1 个。应试人不应存有侥幸心理，不要将获取高分的希望寄托于抽取“好说”的题目上，而应认真准备每一个话题。

应试人的考前准备时间包括两个方面：一指考前练习阶段较长的准备时间；二指考前 5 分钟左右（另外 5 分钟通常用于熟悉“读单音节字词”“读多音节词语”“朗读短文”等考项）的准备时间。

测试过程中，应试人要努力做到保持镇定、自然流畅、用语恰当、巧讲“故事”等。

（一）保持镇定

命题说话要求应试人在较短的时间内将自己思维的内部语言转化为话语表达时的外部语言。测试过程中，应试人不仅要考虑所说话题内容的立意、结构、选材、语言等，还要考虑所说音节的发音准确情况等。如果未作充分的考前准备，应试人往往会顾此失彼。如在考前已有充分准备，应试人则应放下不必要的心理负担，全程保持镇定。

在人工测试现场，面对表情各异（有的“变化无常”，有的“面无表情”）的测试员，应试人应该明白测试员的表情往往与自己的说话表现没有直接关系，不必在意；在计算机辅助测试现场，部分应试人也不必因为感到无助而惊慌失措。测试现场有辅测老师或工作人员，遇到困难时，可以在考试规则允许的范围内寻求帮助。

（二）自然流畅

命题说话是口语表达。应试人说话时若想做到自然流畅，要注意多用口语词语，少用书面词语。如可以多用短句、散句，少用长句、整句；多用非主谓句，少用主谓句中的特殊句式；适当多用停顿，多用语气词，不能有读书腔或背书腔（更不能读稿或背稿）。

语速处理也应适当。正常语速为每分钟 200 字左右，实际表达时，语速稍快或稍慢都是正常的。但如果语速过快，容易导致音节发音不到位，容易出现方音；语速过慢，容易导致语意表达不连贯、不顺畅等。

（三）用语恰当

PSC 命题说话所指的用语恰当，一是指遣词造句要符合现代汉语语法规范，比如不生造词语、不说病句；二是指摈弃不符合现代汉语语法规范的方言词语和方言句子；三是指摈弃不符合现代汉语语法规范的外来词等。

不生造词语，指不凭空制造不存在的词语，如不要把“保护伞”说成“保卫伞”等；也指不使用还没有进入规范词汇行列的网络词语，如不要把“缺乏经验的新手（新人）”说成“菜鸟”等。不说病句，指不说不符合现代汉语语法规则的句子，如不要把“我吃饭”说成“我饭吃”。

普通话词语“哥哥”，如果上海人和梅州人说成“阿哥”，厦门人说成“阿兄”，这样就要被判为错用方言词汇；普通话用动态助词“了”表示动作完成，但在湘方言中，有用其他词语代替“了”的现象，如果母语为湘方言的应试人说出“昨天她买哒一本书（长沙话）”，就要被判为错用方言语法；山东安丘等方言地区所说“几点了这么”属错用方言，应说“现在几点了”。

PSC“命题说话”项中，话语表达有语法错误，是要被计点扣分的。

什么是方言词语，什么是方言语法，参见本书第四章“选择判断”。

应试人在完成“命题说话”项测试任务时，要避免“这道题目有 N 种解法”的说法，而代之以“这道题目有多种解法”；避免“她在南京市 CDC 工作，这阵子忙坏了”的说法，而代之以“她在南京市疾控中心工作，这阵子忙坏了”。

2014 年 11 月，国家新闻出版广电总局发出《关于规范广播电视节目用语推广普及普通话的通知》，要求各类广播电视节目和广告应严格按照规范写法和标准含义使用国家通用语言文字的字、词、短语、成语等，不得随意更换文字、变动结构或曲解内涵，不得在成语中随意插入网络语言或外国语言文字，不得使用或介绍根据网络语言、仿照成语形式生造的词语，如“十动然拒”“人艰不拆”等。PSC 应试人也应严格遵从该通知要求，完成“命题说话”项测试任务。

（四）巧讲“故事”

经常有应试人说话不满 3 分钟，这是因为应试人准备不够充分，或者应试人未能掌握“窍门”——巧讲“故事”。

《大纲》以语音面貌、词汇语法的规范程度和自然流畅程度作为评判应试人说普通话水平高低的标准，因此，有关说话内容的立意、结构、选材等要求低于书面作文。以“过关”为目的的应试人，说话时不要太在乎内容的“完美”，也不要企图“以情动人”，而应力求发音准确。那些宜作议论文或说明文处理的话题，应试人不可能也没有必要搜集过多的相关资料来生搬硬套，因为如果大量照搬了这些资料，命题说话的口语化程度就低了，容易造成背书腔。应试人只要记住说话要点，再穿插一些“故事”，就不愁说不满 3 分钟，也就可以将注意力更多地集中到准确发音上来。

命题说话的要点，详见本章第二节“30 篇命题说话考点精讲”。

思考和练习

一、什么是 PSC 命题说话？

二、PSC 命题说话有哪些基本技巧？

第二节　30 篇命题说话考点精讲

一、命题说话考点总述

普通话水平测试用话题共有以下 30 个：

1. 我的愿望（或理想）
2. 我的学习生活
3. 我尊敬的人
4. 我喜爱的动物（或植物）
5. 童年的记忆

6. 我喜爱的职业
7. 难忘的旅行
8. 我的朋友
9. 我喜爱的文学（或其他）艺术形式
10. 谈谈卫生与健康
11. 我的业余生活
12. 我喜欢的季节（或天气）
13. 学习普通话的体会
14. 谈谈服饰
15. 我的假日生活
16. 我的成长之路
17. 谈谈科技发展与社会生活
18. 我知道的风俗
19. 我和体育
20. 我的家乡（或熟悉的地方）
21. 谈谈美食
22. 我喜欢的节日
23. 我所在的集体（学校、机关、公司等）
24. 谈谈社会公德（或职业道德）
25. 谈谈个人修养
26. 我喜欢的明星（或其他知名人士）
27. 我喜爱的书刊
28. 谈谈对环境保护的认识
29. 我向往的地方
30. 购物（消费）的感受

总体而言，在努力发好每一个音节的基础上，PSC“命题说话”项还要从审题、选材、结构等方面做准备。

（一）PSC“命题说话”项的审题

口语性质的PSC“命题说话”和书面性质的“命题作文”的审题原理一样，但命题作文的审题要求较为严格，命题说话的审题要求相对宽松，说话内容只要能大体上围着题目转就可以了。但近年来，“命题说话”项也不允许出现明显的离题现象，即应试人所说内容不可以完全或基本不符合规定的话题。

应试人在命题说话中“离题”的主要原因有：

一是考前准备不足。应试人考前未能按话题要求做准备，或原先准备的语料说不满 3 分钟，只好在测试现场东拉西扯凑时间，导致离题。

二是审题不当。与完成命题作文一样，应试人在命题说话审题时也应把握好题目中的关键词。如“我喜爱的职业”，该题要求应试人说清楚“我”所从事的“职业”，说清楚“我”是“喜爱”这一职业的，说清楚“我”“为什么喜爱”这一职业等。再如“我知道的风俗”，该题要求应试人说清楚“我”知道哪些“风俗”，这些“风俗”的具体内容有哪些……如果应试人说话时东拉西扯，应说“我喜爱的职业”，却大谈一次愉快的旅行经历；应说“我知道的风俗”，却大谈上海世博会开幕式上的文艺节目多么精彩，这就算“离题”了。

（二）PSC“命题说话”项的选材

如前所述，PSC 命题说话在选材方面总体要求比命题作文低，只要大体上能围着话题转就可以了。不过，有些省、市、区 PSC“命题说话”项开始对内容雷同和无效语料现象扣分了，也就是说，命题说话中选材不再是随心所欲的了。

最严重的雷同现象是指将 PSC 60 篇朗读短文直接或变相改造为说话内容，其他雷同现象包括经网络或其他途径获取现成的说话材料进行背诵甚至照本宣科。在计算机辅助测试考点，曾经出现过同一个考点、同批次测试，有数名应试人的说话内容完全相同或极其类似的极端现象。

无效话语是指测试员无法据此作出评分的内容，包括重复相同或大体相同的内容、经常重复相同语句、口头禅频密及语段简单重复等。笔者曾有如此经历，一个应试人的说话题目是“童年的记忆”，他的开场白也还可以，说“我的童年有很多趣事，留给我很深的印象。记忆中，我童年的时候最喜欢听奶奶讲故事”，然后就不行了。他说：“奶奶给我讲了这么一个故事。奶奶说：‘从前有座山，山上有座庙。庙里有个老和尚，有个小和尚。小和尚要老和尚讲故事。老和尚说，从前有座山……’”因为当时是人工测试，测试员及时阻止了该应试人继续重复“老和尚给小和尚讲故事”的故事。

（三）PSC“命题说话”项的结构

PSC“命题说话”项的结构大体可以分为三段，即“是什么”“为什么”和“怎么样”。如说“我的愿望（或理想）”，可以先说“我的愿望（或理想）是……”，其次说“为什么……是我的愿望（或理想）”，再说“我打算如何实现我的愿望（或理想）……”

PSC 命题说话在结构方面总体要求比命题作文低。命题作文要求文章结构完整，即文章的开头、主体和结尾部分齐全，命题说话则不计较这些，3 分钟说话时间满了，即使应试人想说的话还没有说完也可以停下来，不会因为“结构不完整”而被扣分。

二、列出命题说话稿的提纲

虽然 PSC“命题说话”项不允许应试人有背稿表现，但应试人考前拟写说话提纲还是被允许的而且是可以做到的。拟写说话提纲可以使应试人说话内容充实、思路清晰。

有学者建议应试人将 30 篇命题说话话题分为“最好作记叙文处理的”“最好作议论文处理的”“最好作说明文处理的”“可以作兼类处理的”等几类来准备，这样的处理意见颇具科学性，有利于应试人组织话题语料和安排结构。当然，应试人也不必刻意区分话题的体裁类型。

笔者根据自己多年从事普通话水平测试应试指导和临场测试的体会，帮助应试人整理了 30 篇话题的提纲，在这里仅供参考。

（一）我的愿望（或理想）

不同的应试人有着不同的愿望（或理想）。这里以“我的愿望是考取硕士研究生”为例。

1. 我的愿望是

我的愿望是考取硕士研究生。

2. 为什么说考取硕士研究生是我的愿望

因为……（讲一通“大道理”）

（1）考取硕士研究生有利于提高我的学历层次和专业素养，同时也可以争取到较好的就业机会等。（可以举例子）

此外，我曾听说我的一位表哥（表姐、堂兄、堂姐……），本科毕业后直接去了一家规模较小的企业就业，有“英雄无用武之地”的感慨。后来，经过不懈努力，他（她）考取了某高校硕士研究生，毕业后，很快在一家较大的公司找到了较为理想的工作。

（2）我自己对本专业所学知识很感兴趣，但限于教学计划，本科阶段学校开设的课程课时不算太多，不能满足我的学习需要，所以我打算报考本专业硕士研究生，这样，到新的学校后，我可以更深入地探究本专业的专业知识……

3. 我打算如何实现我的愿望

要考取硕士研究生，我首先要学好英语和政治这两门公共课，考分越高越好，至少也要达到录取标准。然后要集中精力学好专业课。与考硕直接相关的专业课更要认真听，学习过程中遇到难题要及时请教老师。这里所说的老师，首先指本校教过自己专业课程的老师，其次也指网络上的能帮助我解决疑难问题的其他高校的老师。多看他们讲课的视频，多读他们讲课的讲义（或教材）。要按老师要求多读参考文献，多做考硕真题。

有一次，我找来某高校本专业考硕真题，发现自己居然可以做出好多题目，真开心……

还要多向已考取同专业方向研究生的学长请教，不只是请教学习内容，也要请教报考、应试过程中的注意事项等。

有一次，一位学长（学姐）告诉我……

4. 所以说，我的愿望是考取硕士研究生

切记：尽量往“讲故事”方面靠拢，因为这样容易凑满 3 分钟。当然，议论文、说明文式说话不能忘记适当进行议论和说明，不过只要形式上像就可以了。以下同。

（二）我的学习生活

1. 总述我的学习生活

我的学习生活内容丰富，形式多样。

2. 读小学的时候，有哪些学习内容，记忆深刻的有哪些

读小学的时候，我们学习的课程有语文、数学。因为在城里读书，所以到了小学三年级，学校还为我们开设了英语课程（因为在农村读书，所以学校没有为我们开设英语课程）。语文课程主要是学习写汉字、汉语拼音、组词造句、写作文等；数学主要学习加减法、乘除法，还学了一点儿几何知识等；英语讲得比较简单，主要学习 26 个字母、一些英语单词、简单的英语语法等（如果没有开设英语课程，这几句话就不要讲）。记得有一次，我们学习……的时候……（讲故事）我们的语文老师是女的，她年轻、漂亮，说话和声细语，笑起来特别好看；数学老师也是女的，不过年龄比较大，她自己的孩子也在读小学；英语老师课讲得很好，我们一下子就喜欢上了说英语（如果没有开设英语课程，这几句话就不要讲）……

3. 读初中的时候，有哪些学习内容，记忆深刻的有哪些

读初中的时候，我们继续学习语文、数学（和英语）课程，学习的内容比原来多了，也深了。我们还新开了（英语）、物理、化学、生物、计算机等课程。这些课程有的好学，有的不好学。我喜欢化学和生物课，很有意思，物理比较抽象。记得有一次，我们学习……的时候……（讲故事）我们的语文老师是个中年男人，中等个子，皮肤不白，读过的书不少，讲课很生动；数学老师是女的，对我们要求很严格，我们作业中出现的小错误也不放过；英语老师看上去很年轻，其实已经教了近十年的书了……

4. 读高中的时候，有哪些学习内容，记忆深刻的有哪些

可以套用以上模式继续说话。以下同。

5. 现在，我在某大学读什么专业，有哪些主修课程，老师怎样，同学如何

6. 现在，我在职学习……

多数应试人讲到初中学习生活情况时，3 分钟时间就满了。不过还是要准备一些反映高中及以后阶段的学习生活内容，以免因缺时而被扣分。

（三）我尊敬的人

1. 我尊敬的人是我的老师（爸爸、妈妈……）

如果应试人后鼻音发音状况不好，后面说话时少提“敬”字；如果翘舌音发音状况欠佳，少讲“我尊敬的人”是某某“老师”等。

以“我尊敬的人是我的爸爸”为例。

2. 我尊敬我的爸爸，因为他品德高尚、学识渊博

我的爸爸热爱本职工作。他有很好的团队合作精神。他很有学问……（讲故事）

3. 我尊敬他，还因为他特别关心我

爸爸不像妈妈那样总能细致关心我的生活，但是有时候他也能考虑得很周到。有一次，我临上学时，他一定要我带雨衣。我看天上没有乌云，就不愿意，他还是坚持要我带。后来果然下雨了，我很庆幸没有变成“落汤鸡”……有一次，我着凉了，半夜生病了。爸爸着急得很，连夜送我去医院。等我病情稳定下来，天已经快亮了。虽然很累，但是他终于放下心来……

他还很关心我的学习。每当我学习上遇到了困难，他总是想办法帮我解决。不过，他不是简单地帮我做题，而是启迪我的思维，让我学会积极主动地思考问题……

4. 结语

所以，爸爸是我尊敬的人。

注意：如果有关爸爸的情况已经介绍完了，3 分钟还没讲满，就换个内容。如我妈妈也是我尊敬的人，然后按前述思路再来一遍……

“妈妈”是轻声词语，正确发音是“māma”。少数应试人可能会误读成“māmā”，如此 3 分钟说下来，失分就太多了。

（四）我喜爱的动物（或植物）

以喜爱狗为例。

1. 我喜爱的动物是什么

我喜爱的动物是狗。

2. 它具有什么样的生理特性（强调惹人喜爱的方面）

狗是一种常见的哺乳动物。我喜爱狗，是因为它通常被称为“人类最忠实的朋友”。人们饲养狗，用它来看家护院，用它来看护牧群，用它来拉动交通工具等；狗也是人们最爱饲养的宠物，毛茸茸的小宠物狗很可爱，也很好玩。当然，养狗也有不少注意事项，例如要给狗狗打疫苗，遛狗时要牵绳，不要让狗乱咬人，不要让狗乱排泄等。

3. 我喜爱某种动物（或植物），还因为

我喜爱狗，还因为我曾经与它结下了一段不解之缘……（讲故事）

我们家养过一只小黑狗。这只狗……

后来，我们家还养过一只小黄狗。这只狗……（备用）

再后来，我们家还养过一只小花狗。这只狗……（备用）

（五）童年的记忆（可以与“难忘的旅行”一起准备）

1. 童年有很多难忘的记忆

每个人都有很多难忘的童年记忆，我也不例外。童年的记忆多数是快乐的。

2. 讲故事

故事里可以有爷爷、奶奶、外公、外婆、爸爸、妈妈、（幼儿园、小学低年级）老师、同学……

故事应发生在应试人童年时期，否则易“离题”（或成为“无效语料”）。

我是在城里长大的，小时候去农村，最喜欢做的事就是跟表兄弟们一起去河里捕鱼。那里的河水看上去很清澈，没有受过污染。我们有的用渔网捕鱼，有的用铁叉叉鱼，有的干脆钻进水里用两只手捉鱼，就是没有用鱼竿钓鱼的。捕到鱼后，我们把鱼带回家，让大人们煮了吃，那味道真是鲜美极了。

也可以说：我是在农村长大的，小时候跟大人去城里玩，是我最开心的事情。进了城，大人会带我到公园玩，到商场买衣服，到街头或小饭店买好吃的。城里真漂亮，建筑漂亮，人也漂亮。公园里有山有水，不过这些山多数是假的，水可是真的。商场里好东西真多，除了买衣服，大人偶尔也会买一些玩具给我，其他的，就不肯买了，可能是因为身上带的钱不算多吧。街头或小饭店里的饭菜很好吃，可是不知道卫生不卫生。大饭店很讲究，可是花钱多，我一般没有机会进去吃东西。

迈入21世纪后出生的（所谓“00后”）应试人如果说起小时候玩网络游戏的事，可不要“陶醉”其中哦。因为如此一来容易使“我”忘记应试的“使命”，然后大量暴露方音，二来容易让听者觉得“我”当年是个“不怎么爱学习”的孩子。

3. 如果是与第七题“难忘的旅行”一起准备，则强调某次旅行时间是在

童年就可以了

小的时候，我的爸爸妈妈曾带我去新疆（或内蒙古、山西、云南……）旅行。

（1）那里有很多景点、美食让我难忘……

（2）旅行途中，我还认识了一些人，了解到他们的一些情况……

（3）如果来得及的话，末尾还可以加一句：这次童年时期的旅行，对我后来的人生经历有很大的影响。

注意：故事应发生在应试人童年时期，否则易“离题”（或被视为“无效语料”）。

（六）我喜爱的职业

以“我喜爱的职业是教师”为例。

1. 我喜爱的职业是什么

我喜爱的职业是教师。

2. 我为什么喜爱教师这个职业

教师接受过专业知识教育，接受过专业技能训练，向学生进行思想道德教育，给学生传授科学文化知识，并且把它当作自己的职业。

（1）教师这个职业很重要，他们的工作任务主要是传承传统文化，培养社会主义事业的建设者和接班人。

（2）教师的一言一行对学生的成长往往有着很大的影响。

（3）教师的社会地位是很崇高的，教师被誉为“太阳底下最光辉的职业”。

3. 这个职业有哪些吸引你的地方

一是当教师容易有成就感，因为“桃李满天下”。二是当教师可以有不少时间供自己自由支配……当然啦，当教师往往也意味着辛劳，意味着清贫……

4. 一段经历

我喜爱教师职业，是因为在我成长的历程中，遇到过好几位非常优秀的教师。他们的言行对我的成长有着很大的正面影响……

我读小学的时候，我的某某老师……（要与我有关）

我读初中的时候，我的某某老师……（备用）

注意：不要使本话题变成讲述某某老师的事迹。

（七）难忘的旅行

1. 何时，在何地，我有过一次难忘的旅行

（1）有哪些景点让我难忘……

（2）有哪些美食让我难忘……

（3）有哪些经历让我难忘（旅行过程中与他人的交往）……

以长沙旅行为例。

长沙是湖南省的省会，著名的风景区有岳麓山、橘子洲、湘江风光带等；著名的景点有爱晚亭、开福寺、天心阁、岳麓书院、禹王碑遗址和马王堆汉墓等，还有湖南第一师范、新民学会旧址、贾谊故宅、曾国藩墓、黄兴故居、雷锋纪念馆、杨开慧故居、刘少奇故居及纪念馆等。橘子洲风景优美，毛泽东主席曾在这里“指点江山，激扬文字”，写出了著名的词作《沁园春·长沙》。

长沙特产很多，湘绣、中国红瓷器和菊花石雕等都很有名。浏阳花炮的销售遍及全国甚至全世界。长沙菜是典型的湘菜，口味偏辣，有名的菜肴有红烧肉、竹香鱼、剁椒鱼头和潭州瓦罐等。风味小吃也很多，如口味系列（口味鸡、口味虾、口味蟹等）、长沙臭豆腐、炖猪脚、长沙肉丝米粉、麻辣捆鸡等。

尤为难忘的是，那次旅行使我认识了我的她（他）……

2. 另外一次旅行也很难忘（备用）

（八）我的朋友

本话题可以和第三题“我尊敬的人”归并起来准备，但要注意适当调整说话内容。

以“我的朋友是我的爸爸”为例。

1. 我的朋友是谁

我的朋友是我的爸爸。

2. 他的外貌、性格、为人

我的爸爸个子不算太高，但走路的时候腰板很直，显得很有精神。看人的时候目光炯炯，却不咄咄逼人。我的爸爸性格很好，是很温和、亲切的那种。他跟周围的人相处得很好，不管老的、少的，都觉得他为人很不错。

3. 他在学习上帮助我

他是我的爸爸，可我更愿意把他当成我的朋友，因为他非常关心我，关心我的学习、关心我的生活。每当我学习上遇到了困难，他总是想办法帮我解决。不过，他不是简单地帮我做题，而是启迪我的思维，让我学会积极主动地思考问题。有一次……

4. 他在生活上关心我

爸爸不像妈妈那样总能细致关心我的生活，但是有时候他也能考虑得很周到。有一次，我临上学时，他一定要我带雨衣。我看天上没有乌云，就不愿意，他还是坚持要我带。后来果然下雨了，我很庆幸没有变成“落汤鸡”……有一次，我着凉了，半夜生病了。爸爸着急得很，连夜送我去医院。等我病情稳定下来，天已经快亮了。虽然很累，但是他终于放下心来……他还是一个愿意倾听我心声的人，我有什么想法都喜欢告诉他，然后听听他怎么说……

5. 我的朋友还有……（备用）

（九）我喜爱的文学（或其他）艺术形式

1. 我喜爱的文学（或其他）艺术形式是什么

我喜爱的文学（或其他）艺术形式是小说，而且是长篇小说。

2. 该文学（或其他）艺术形式有什么样的特性让我喜爱

优秀的小说通常能反映深刻的社会问题，如鲁迅的小说《祝福》通过叙述祥林嫂的悲惨命运，痛诉封建礼教对农村妇女的精神和肉体的双重摧残；优秀的小说总能塑造出鲜明的人物形象，如《红楼梦》里的贾宝玉、林黛玉，《红与黑》里的于连以及《围城》里的方鸿渐等；优秀的小说故事情节往往一波三折，如《水浒传》里林冲被逼上梁山的经历……

3. 我怎样喜爱它

我一向喜爱读小说。小时候，家里经济条件不太好，爸爸妈妈舍不得拿出很多钱来买小说给我看，认为花钱买小说不如直接买教辅做习题，所以我就千方百计地向同学借小说。有时，同学舍不得借书给我，我只好拿自己喜爱的玩具跟人家换。

读小学时是怎么做的（如何的喜爱）……

读中学时是怎么做的（如何的喜爱）……

读大学时，又做了些什么（如何的喜爱）……

现在参加工作了，又是怎么做的（如何的喜爱）……

注意：应试人可以适当地复述小说故事情节，但不可以大量、成篇（首）地背诵古今诗文（含小说）原文，因为那样是要被扣分的。

（十）谈谈卫生与健康

1. 谈谈卫生与健康的关系

卫生与健康关系紧密，只有讲卫生，才会有健康，不讲卫生就很容易生病。

2. 个人卫生与健康

（1）为什么有些人不讲卫生。

有些人不讲卫生，是因为贫穷；有些人不讲卫生，是因为懒惰；还有一些人不讲卫生是因为过于节约……

（2）不讲卫生容易得什么样的病。

不讲卫生，人体很多方面都可能得病。如眼疾、腹泻、头晕等。

有一次……

（3）为了有健康的身体，我们一定要养成良好的个人卫生习惯。要经常洗澡、洗衣服，勤剪指甲，勤洗手，经常打扫室内外卫生……

3. 公共卫生与健康

讲卫生不只是讲个人卫生，也要讲公共卫生。保护环境与保持人体健康的关系也很密切。环境污染包括水污染、空气污染、土壤污染等。

环境污染很容易导致传染病以及致命疾病如“甲流”“非典”“手足口病”的发生。

专家传授预防“甲流”的措施包括勤洗手、戴口罩、多消毒、远离患病人员等，根本一条还是讲究卫生，包括个人卫生和公共卫生。

（十一）我的业余生活

1. 我的业余生活总体情况

我的业余生活内容很丰富，主要有课外学习、旅游、下棋、和朋友聚会、走亲戚等。

2. 具体的业余生活

（1）课外学习。我业余时间的学习，主要是学习本专业以外的一些科普知识等。

例如，通过课外阅读，我了解到太空是指地球大气层以外的宇宙空间；了解到太空站又被称为“空间站”“轨道站”或“航天站”，是用来供宇航员巡航、长期工作和居住的载人航天器；了解到宇航员可以借助仪器进行太空行走；了解到苏联宇航员尤里·加加林是第一位进入太空的人；了解到1970年4月24日，我国第一颗卫星“东方红一号”上天；了解到2003年10月15日，杨利伟成为我国遨游太空第一人；了解到2021年6月17日，“神舟十二号”顺利将我国3名航天员送入太空等。

（2）娱乐。业余时间，我还喜欢旅游、下棋等。

①我到过北京、上海、浙江等地；我到过很多著名的风景区，参观了很多名胜古迹；我吃过很多不同风味的地方小吃；在很多优美的景点拍照留念。

记得有一次……

②我喜欢下棋，业余时间经常和好朋友下围棋或下中国象棋。我们下棋在乎的不是输赢，而是棋局变幻莫测所带来的那种快乐……

记得有一次……

（3）交际。我也很喜欢和朋友们聚一聚，或者走走亲戚。亲戚或朋友聚到一起，会相互关心，并且在可能的情况下，也会提供一些帮助。遇到开心事，大家分享快乐；遇到不开心的事，大家分担忧愁……

记得有一次……

（十二）我喜欢的季节（或天气）

以“我喜欢的季节是春天”为例。

1. 我喜欢的季节是什么

我喜欢的季节是春天。

2. 它有怎样的特性让我喜欢

在我国，春天一般开始于立春，结束于立夏，也就是从阳历的 2 月初到 5 月初。

（1）春天，万物复苏。我国境内的气温由南向北逐渐升高，冰雪消融，河水上涨；植物萌芽，鲜花开放；冬眠的动物苏醒，禽鸟孵卵，候鸟迁徙……经历了较长或者漫长的寒冷冬季以后，春天让人身心舒畅。

（2）春天还给历代文人墨客带来创作灵感，让他们写出了很多歌咏春天的佳作或佳句。如贺知章的《咏柳》就写道：“不知细叶谁裁出，二月春风似剪刀”。

（3）春天到了，农民开始了忙碌的播种。有了春天的耕耘，才会有秋天的收获。

3. 在这样的季节（或天气），曾经发生了一件令我（终生）难忘的事情

在春天这个如诗如画的美好季节里，我遇到了我的她（他）……

注意：在这“感人”的故事中，别忘记除了我和她（他），还有季节（或天气）的存在。

（十三）学习普通话的体会

1. 学习普通话很重要

语言是交际的工具。我国地域辽阔，方言种类很多。在中国这种特殊的情况下，社会成员说好普通话就显得尤为重要。从大的方面讲，制定普通话发音标准，学习、推广普通话，有利于建设新时代中国特色社会主义，有利于建设和谐社会；从小的方面讲，不同地区的人如果相互之间只说自己的方言，彼此的沟通就会很困难。

2. 为什么觉得学习普通话很重要

（1）人际交往：如与不同方言区的老师、同学相处。

（2）到外地旅行的经历（与讲普通话有关）。

（3）学习生活：课堂学习、课后交流等。

（4）参加 PSC 考前复习、练习的一些相关体会。

参加 PSC 培训前，觉得考 PSC 证书是一件很简单的事情。现在，随着培训内容的增多，我越来越感到要学好普通话、考到较高等级的 PSC 证书真的不那么容易……什么声母、韵母、声调发音要正确，包括音节发音动程要足；什么要注意变调、轻声、儿化和“啊”的音变；什么要注意语调、注意停连、

不能回读；什么不能有无效语料、方言词语和语法错误等，需要注意的地方很多，容易失分的地方也很多……

（十四）谈谈服饰

1. 服饰对于塑造形象的重要性

服饰会影响人的外在形象。恰到好处的服饰不仅可以让人精神面貌焕然一新，而且也可以让别人看起来很舒服；不恰当的服饰则让人觉得很别扭。

2. 服饰是否得体，与经济实力没有必然联系

服饰是否得体，与穿衣人的经济实力没有必然联系。不穿名牌服装也能吸引别人的眼球。普通消费者尤其是青年学生，往往没有购买名牌服饰的经济实力，但照样可以做到衣着得体。

3. 服饰得体与否的关键在于搭配

在正式场合，穿西装一定要打领带，穿皮鞋。要做到头发和鞋面同样光鲜；在非正式场合，穿休闲裤，最好也穿休闲鞋……

我自己平时是怎么搭配服饰的……

我有一位朋友，很善于打扮……

我还有一位朋友，很不善于打扮……

注意：“褒”的可用实名，“贬”的切记不要用实名。

（十五）我的假日生活

可以考虑与第十一题“我的业余生活”归并，注意将与业余生活相关的事件放在假日就可以了。参见第十一题“我的业余生活”，将该题说话内容稍作改动即可。

1. 我的假日生活总体情况

我的假日生活内容很丰富，主要有课外阅读、旅游、下棋、和朋友聚会、走亲戚等。

2. 具体的假日生活

（1）寒暑假时间相对较长，我会用来读一些本专业以外的书……

例如，通过课外阅读，我了解到太空是指地球大气层以外的宇宙空间；了解到太空站又被称为“空间站”“轨道站”或“航天站”，是用来供宇航员巡航、长期工作和居住的载人航天器；了解到宇航员可以借助仪器进行太空行走；了解到苏联宇航员尤里·加加林是第一位进入太空的人；了解到 1970 年 4 月 24 日，我国第一颗卫星“东方红一号”上天；了解到 2003 年 10 月 15 日，杨利伟成为我国遨游太空第一人；了解到 2021 年 6 月 17 日，“神舟十二号”顺利将我国 3 名航天员送入太空等。

寒暑假或者“十一”黄金周，我常出去旅行。

我到过北京、上海、浙江等地；我到过很多著名的风景区，参观了很多名胜古迹；我吃过很多不同风味的地方小吃；我在很多优美的景点拍照留念。

记得有一次……

（2）娱乐。有些假期如双休日比较短，我喜欢用来下下棋或者唱唱歌等。

我喜欢下棋，业余时间经常和好朋友下围棋。有时为了少花点儿时间和精力，我们也下中国象棋。我们下棋在乎的不是输赢，而是棋局变幻莫测所带来的那种快乐……

记得有一次……

有时，我也和朋友们一起去唱歌。我最喜欢唱……的歌曲了。

记得有一次……

（3）交际。我也很喜欢和朋友们聚一聚，或者走走亲戚。亲戚或朋友聚到一起，会相互关心，并且在可能的情况下，也会提供一些帮助。遇到开心事，大家分享快乐；遇到不开心的事，大家分担忧愁……

记得有一次……

（十六）我的成长之路

我今年××岁了。××年来，我从一个不懂事的娃娃成长为一名大学生（人民教师等）。其间，我走过了一段不寻常的成长之路。我的父母、老师、同学都曾给予我很多关心和帮助……

小学的时候，我是走读生。我家离学校比较远，爸爸或妈妈就每天接送我上学。他们骑的是自行车，遇到刮风、下雨，就更辛苦了。后来，到了小学高年级，我开始自己骑车去上学。但爸爸妈妈还是不放心，常常跟着我骑车去上学。我们的学习任务还是很重的，每天需要完成很多练习。每当我学习遇到困难时，我的老师和同学就会来帮助我。他们不是简单地把题目的答案告诉我，而是耐心地和我一起分析不能解题的原因。我也是一个热心帮助别人的孩子。记得有一次，班级组织春游。游玩的地方比较偏僻，有一个同学没有带饮用水，我就把自己旅行杯里的水分给他喝……

初中的时候，我们学校是一所乡镇中学，条件不是很好。不过，米饭是可以吃饱的，只是菜少一些。学校各项设施也不是很齐全，但教室里的灯光还是很明亮的。老师们讲课都很认真，都希望我们能努力学习，几年后考取一所比较好的高中。这时的我们，除了从老师那里学习知识外，也开始学会了和老师像朋友一样谈心。

高中的时候，老师对我们都很好，学校教学设施也很不错。在这里，我的学习进步很大。除了完成基本的学习任务外，我还参加了一些有益的学科竞赛，得到了较好的成绩，因此获得了参加自主招生考试的资格。这时候，我还对一位异性同学有了朦胧的好感，但是因为忙于准备高考，所以这种美好的感情没能进一步发展。

如今的我……

（十七）谈谈科技发展与社会生活

1. 科技发展使社会生活发生很大变化

科学技术是第一生产力，科技发展对改变社会生活面貌起到很大作用。①学会利用天然火，使人类的祖先由吃生食转为吃熟食，加速了他们向现代人进化的历程；②学会利用和制造新旧石器，人类成为自然界的主人；③青铜器和铁器等劳动工具的锻造，很大程度上解放了社会生产力；④瓦特发明的蒸汽机，使人类社会进入工业革命机器化大生产时代；⑤电脑的发明，将人类社会带进了信息时代，加快了科技进步的节奏，缩短了人与人之间的距离……

2. 科技发展也改变了我们的日常生活

（1）穿的方面：科技进步，使我们所穿的衣服有了很多种面料和款式……

（2）吃的方面：随着保鲜技术的发展，我们能吃到很多以前不容易吃到的食物，特别是那些新鲜水果，如荔枝、桂圆……我们生长在江淮地区，小时候，街市上没有新鲜的荔枝、桂圆卖，能吃到的只有泡在甜水里的罐头制品。如今，不只这些荔枝、桂圆，就是美洲、大洋洲的新鲜水果也能吃得到。

（3）住的方面：随着建筑水平的提高，现在人们住的房子楼层更高了，房子的构建等也更安全了。年龄稍微大一些的人都记得，我们普通人的民居都有一个变化过程，起初是平房，后来出现了两三层的小楼房，再后来是六层以内的多层楼房，然后是七层至十多层乃至更高的高层楼房；条件更好的住进了别墅……

（4）家务方面：由于科技进步，家务方面的负担减轻了。电饭锅、电炒锅、微波炉使快速烹饪成为可能，洗衣机减轻了洗涤衣物的劳累，吸尘器让地面清扫成为一件相对轻松的活儿。还出现了洗碗机、扫地机器人等新式的、用于家务活的智能家用电器。

（5）交通方面：如今，我国的高速公路不断延长，火车多次提速，地铁修建，快速公交开通，私家车增多等，这些都使人们的出行变得更加便捷……

（6）通信方面：人和人之间的通信联络也更加便捷了。社会成员拥有的手机数量在急剧增加，手机的功能也日益增多……

总之，随着科技发展，社会生活的方方面面都在发生变化。

（十八）我知道的风俗

1. 我知道的风俗很多

我知道的风俗有春节贴对联、端午节吃粽子、中秋节赏月，也有结婚、生小孩的风俗等。

春节是我国传统习俗中最隆重的节日，各地风俗习惯不尽相同。

端午节也是我国民间比较重要的传统节日。据说，端午节起初是为驱邪而设的，后来也借这个节日纪念爱国诗人屈原。端午节的习俗主要有赛龙舟、喝雄黄酒、插花和菖蒲、挂香袋、吃粽子等。现在我们过端午节，至少还会吃粽子；有条件的地方，还组织人们参加赛龙舟活动。

中秋节是中国人除春节外最重视的节日了，在中秋节……

2. 我对××节（或具体事情）的风俗更加熟悉

我对婚俗更熟悉。我出生在农村，农村婚俗保存了不少。我参加过好多婚宴，不同的地方闹洞房的方法不太一样，不过，总的来讲，现在人们闹洞房还是比较文明的，不会让新人过于难堪。城里人办喜宴基本上是在大酒店里，场面总是很热闹，主人往往聘请专业主持人，事先设计好台词，安排一些表演节目等。

3. 记得有一年的××节（某一次什么场合），我见到一些令人难忘的情景

（十九）我和体育

1. 我一直喜爱体育运动

我喜爱的体育运动有很多，如跑步、打球。

小时候，每天一大早我就出了家门，顺着家门口的一条马路向前跑 3 公里，然后再走回家。吃完早饭，就去上学。我就读的小学，有几张露天乒乓球台。要打球的人很多，所以，我们几个固定的球友就排了一个值日表，每天中午轮流提前去学校占台子，虽然球技没有见长，但其中的乐趣还是令人难忘的。

读中学的时候，虽然学习任务比较繁重，但我仍然坚持抽空去锻炼。

现在的我还喜欢上了看体育比赛，遇到重大赛事，更是尽可能挤出时间去观看直播。

2. 我特别喜爱××体育运动项目

现在的我更喜爱打羽毛球。打羽毛球对运动器材和运动场地要求不高，打球的对手容易找到，对抗性和运动强度也可以自主调节。对于平时不太好动的办公族来说，打羽毛球说得上是锻炼身体的首选运动项目。

3. 我为什么喜欢体育运动

（1）体育运动给了我强健的体魄。

（2）体育运动可以锻炼我的意志力。

注意：后鼻音发不好的应试人，就别喜爱乒乓球了。“乒”的发音“pīng”会让你失去很多分数的。打打篮球吧，比较保险。但是，如果尖团音不分的应试人，恐怕只能喜爱跑步了，因为他们可能会把“球”的音由

“qiú”误发为“ciú”。

（二十）我的家乡（或熟悉的地方）

以广州为例。

1. 我的家乡（或熟悉的地方）是哪里

我的家乡（或熟悉的地方）是广州。

广州是广东省省会，是华南地区第一大城市，也是华南地区政治、经济、科技、文化和教育中心。

（1）广州交通很发达，是京广铁路的一个起点，也是终点。广州是我国五大中心城市之一。

（2）广州人在正式场合说普通话，方言主要是粤语，也有人说客家话或者潮汕话。

（3）广州又叫花城，广州人爱花，每年春节前，都会有大规模的花市。秦牧的散文《花市》对这种盛况有生动的描写。

（4）广州的高等教育很发达，有多所高校。

（5）广州文化是典型的岭南文化，岭南画派、岭南建筑、岭南园林、岭南盆景等自成特色。

2. 广州人勤劳、善良、好客

广州能成为著名大都市，离不开广州本地人及外来人员的勤劳和智慧……

（1）广州人很善良……

（2）广州人也很好客……

（3）我有朋友在广州……

3. 广州的名胜古迹

国务院公布的全国第一批历史文化名城就有广州。广州最重要的地标是五羊石像。广州有很多文物古迹，如南越国宫署遗址、南越王墓和南越国水闸遗址等。其中，南越国宫署遗址被评为“全国十大考古新发现”。此外，还有镇海楼、三元宫等。

有一次，我和朋友一起游览……

4. 广州的美食

广州菜属于中国八大菜系之一的粤菜。粤菜注重清淡、鲜美，主要烹饪方法有蒸、煎、炸等。受湿热的气候影响，广州人喜欢煲汤喝。

除了进入粤菜菜谱的“正规”美食外，广州还有不少风味小吃。如萝卜牛腩、云吞面、及第粥等。

有一次，我和朋友一起吃……

（二十一）谈谈美食

1. 美食有狭义和广义之分

广义的美食包括一切好吃的、让人喜欢吃的食物。如各地的风味小吃，还包括家人尤其是母亲烹制的家常菜。

我国各地著名的风味小吃有很多种。

（1）西安风味小吃有卤汁凉粉、腊汁肉夹馍等。

（2）南京风味小吃有煮干丝、糖粥藕、盐水鸭等。

（3）福建沙县风味小吃有云吞、扁肉、蒸饺等。

有一次，我在××（地名）吃……

我的妈妈也烧得一手好菜，如……在我的心目中，妈妈烧的家常菜是无可替代的美食。

狭义的美食主要指列入八大菜系菜谱里的食物。

我国八大菜系包括苏菜、徽菜、浙菜、鲁菜、粤菜、闽菜、川菜、湘菜，它们各有其著名的菜肴。如鲁菜的“糖醋黄河鲤鱼”、川菜的“鱼香肉丝”、闽菜的“太极明虾”、浙菜的“西湖醋鱼”等。

有一次，我在××（地名）吃……

2. 中国的美食已经形成了文化系列

除了由于地域不同而形成的八大菜系外，还有根据文艺作品的描述而形成的专门菜谱，如小说《红楼梦》促成了“红楼菜谱”，韩国电视剧《大长今》的热播促成了“大长今菜谱”。

（二十二）我喜欢的节日

以国庆节为例。

1. 我喜欢的节日是什么

我喜欢的节日是国庆节。

2. 这个节日的设定有很多优点

（1）它是为了纪念国家建立而设立的，可以帮助人们强化国家意识，培养爱国热情。

（2）这个节日正好处于秋季，而秋季是我国一年四季中最宜人的季节之一。果实累累，到处是丰收景象；秋高气爽，令人身心愉快。

（3）由于“五一”黄金周被取消，对于没有寒暑假的工作人员而言，国庆节“黄金周”就成了最重要的旅行假期了。大家或跟团，或自助游，游览祖国大好河山，欣赏美景，陶冶性情。而不喜欢凑热闹的人，可以利用这个长假在家好好休息，参加一些有益健康的休闲娱乐活动，例如打打牌、唱唱歌什么的。

3. 在某年的这个节日，有一件事情使我难以忘怀

我××岁那年的国庆节，经历了一件至今难以忘怀的事……

4. 除了国庆节，我还喜欢……（备用）

（二十三）我所在的集体（学校、机关、公司等）

1. 我所在的集体（学校、机关、公司）是什么

我所在的集体可以是比较大的单位，如政府机关、医院、学校、工厂、公司等。一般可选说应试人所在的部门，可以是科室、班级、宿舍等。如：

我工作的单位是××公司，我在这家公司的财务科上班。

我就读于××大学××学院××系××班。

2. 这是一个很好的集体

（1）我所在的集体有严明的纪律，规章制度很多，要求所有成员努力工作（学习）。

（2）我所在的集体还像家庭一样温馨。这里人际关系很好，大家互相关心，互相帮助。

3. 集体中的领导

我所在的集体中的一位领导，他（她）……

有一次……

4. 集体中的同事（同学）

我所在的集体中的一位同事（同学），他（她）……

有一次……

注意：（1）一般而言，应试人应该从好的方面介绍自己所在的集体。

（2）具体介绍所在集体的成员时，可以按顺序进行。单位同事可以按职位高低排序，同宿舍的同学可以按年龄大小排序。如：

我所在的宿舍一共有4人。老大是××（地方）人，长得……，他（她）性情温和，待人诚恳，学习成绩好，多次获得奖学金……；老二……；老三……；老四……

（二十四）谈谈社会公德（或职业道德）

1. 良好社会秩序的形成需要社会成员有良好的社会公德（对于从事某项职业的人而言，需要有良好的职业道德）

总体而言，社会公德主要包括“文明礼貌、助人为乐、爱护公物、保护环境、遵纪守法”等。

（1）“文明礼貌”就是要求人们在日常人际交往中相互尊重、友好相待。

（2）“助人为乐”就是要求人们乐于帮助处于困境的其他人。

（3）“爱护公物”就是要求人们爱护、保护公共财物，不去浪费、破坏公共财物。

（4）“保护环境”就是要求人们增强环保意识，努力养成保护环境的生活习惯和行为方式。

（5）“遵纪守法”就是要求人们自觉维护公共场所秩序，增强纪律观念，增强法制意识。

2. 社会公德的内容很丰富，我着重讲讲有关诚信的问题

（1）讲诚信的重要性。①讲诚信是社会公德中“文明礼貌”条目的要求，体现人和人之间相互尊重、友好相待的原则；②讲诚信也是社会公德中“遵纪守法”条目的要求，不讲诚信的严重后果，往往导致违法犯罪；③人与人之间信任度的提高，来自彼此的以诚相待。诚信度高的组织和个人，比较容易顺利地与其他组织和个人进行合作。如……

（2）不讲诚信的坏处也有很多，会影响国际关系，影响经济发展，影响人际关系。如……

（3）我的一次遭遇……

（二十五）谈谈个人修养

1. 什么是个人修养

个人修养就是指一个人在思想道德、品质品格和精神境界等方面进行锻炼和培养。

（1）个人修养表现在大的道德观念方面。如……

（2）表现在生活细节方面。如……

2. 加强个人修养的好处

加强个人修养，有利于人际关系的良好发展。居民小区内的道路一般比较窄，上班高峰期，开非机动车的、开机动车的往往都急于离开小区去上班。多数小区居民还是很注重个人修养的：开机动车的往往会耐心礼让步行者及开非机动车的；步行者及开非机动车的有时也主动闪在路旁，礼让开机动车的。

有一次……

3. 不注重个人修养的坏处

不注重个人修养，会导致人际关系紧张，使工作难以顺利开展。城市里有不少建成时间较久的居民小区，小车停车位较少或干脆没有。小区居民购进私家车的人越来越多，停车成了难题。有些车主因为缺乏必要的个人修养，常常为了停车位而与他人发生争执。

有一次……

（二十六）我喜欢的明星（或其他知名人士）

1. 我喜欢的明星（或其他知名人士）是谁

我喜欢的明星有很多，但我最喜欢×××。

2. 我为什么喜欢这位明星

我喜欢×××，是因为他品德高尚、技艺精湛。×××是我国华语流行歌手、著名音乐人。他是2000年后亚洲流行乐坛最具革命性与指标性的创作歌手。他融合了东西方歌曲风格，开创了华语流行音乐“中国风”的先声。×××不但歌唱得好，而且也很有善心。例如，2008年5月24日，他出席某慈善演唱会时，请好友读了一封信，鼓励因地震受伤而将要截肢的女歌迷，感动了很多人……

如果时间未满3分钟，应试人还可以说喜欢的其他明星。

除了×××，我也喜欢姚明。

我喜欢姚明，是因为他……

注意：（1）说话时可以转述（但不要背诵）一些从媒体看来的有关明星的善行、逸事等。

（2）说话时最好不要涉及该明星的绯闻。

（二十七）我喜爱的书刊

可以联系第九题“我喜爱的文学（或其他）艺术形式”一起准备。

1. 我喜爱的书刊是什么

我喜爱的书刊可以有很多种，但不要喜爱其中很容易背诵出来的短小诗文。

2. 这些书刊为什么让我喜爱

（1）这些书刊很有价值，开卷有益。

（2）这些书刊可以陶冶性情（文艺类）。

（3）这些书刊可以增长知识（科普类）。

3. 我特别喜爱的是其中的

可以参见第九题“我喜爱的文学（或其他）艺术形式”。

（二十八）谈谈对环境保护的认识

可以联系第十题“谈谈卫生与健康”一起准备。

（1）环境保护主要包括保护自然环境以防止自然环境的恶化，保护人居环境以满足人类生活的需要，保护地球生物以保全物种、养护植物植被等。

（2）环境保护很重要。从大的方面讲，关系到经济社会能否持续发展，关系到人类的生死存亡；从小的方面讲，关系到个人的身体健康。

（3）当前环境保护中主要存在污水乱排放等问题。近年来，比较为人所知的重大环境污染事件有……

（4）环境保护要讲究科学性，不能先污染后治理。

（5）有一次，我见到……

（二十九）我向往的地方

可以联系第二十题“我的家乡（或熟悉的地方）”一起准备。

1. 我向往的地方是哪里

如果我在外地读书或工作，那么最向往的地方可以是家乡；也可以向往某个曾经生活、学习或工作过的地方；也可以向往未曾生活、学习或工作过的地方……

2. 那里的人勤劳、善良、好客。有一次……

3. 那里有不少的名胜古迹……（穿插一些神话、传说、先烈事迹等）

4. 那里有不少的美食：名称、特色……（有一次，我和朋友们吃……）

（三十）购物（消费）的感受

1. 购物（消费）的感受是什么

人们购物的感受多种多样。一般而言，是乐和累。

2. 为什么会有这样的感受

这里主要谈谈为什么说购物让人觉得累。

（1）当今社会，人们的生活水平提高了，消费品品种繁多。面对琳琅满目的商品，购物者常常拿不定主意。

（2）很多商品的科技含量高，一般消费者很难在短时间内完全弄明白它们的性能等。

（3）当今商业销售行为中存在一些诚信缺失现象，使购物者在商品质量和价格的把握上大费周折。

（4）还有就是，超市多了，人们不知道去哪家购买为好……

3. 有一次，我到……买……

注意：如果不影响应试人的发音效果的话，可以换些新鲜的话题，如谈谈逛网店购物与逛实体店购物的不同感受。

三、如何规避语音、词汇和语法失误

“台上三分钟，台下十年功。”应试人要在“命题说话”项较好地规避语音、词汇和语法方面的失误，主要靠平时自觉掌握和应用规范的普通话语音、词汇和语法。考前参加有质量保证的培训学习，也能取得一定的成效。

（一）掌握规范的普通话语音

通过平时学习及参加考前培训，应试人要努力掌握正确的普通话语音发音部位和发音方法，对照纠正应试人所在方言区的地域方言语音的发音部位和发音方法，在此基础上加强发音练习。平时要养成说普通话的习惯，即使是在地域方言人群集中的地方，也应尽量说普通话。这样，在考场上，应试人才会习惯成自然，展现较好的普通话语音面貌。

（二）掌握规范的普通话词汇和语法

通过平时学习及参加考前培训，应试人还要努力掌握规范的普通话词汇和语法。如不要说出“……有很多大量的不讲卫生的坏习惯”这样的病句来。应试人平时还应在充分对照的基础上，避免使用应试人所在方言区的地域方言词汇及语法，这样在考场上才不会犯用地域方言词汇和语法的错误。

（三）规避社会方言失误

特定历史时期的特定社会人群中，会出现使用范围较广、使用频率较高的社会方言。如“尖团不分”现象；网民常使用“吃瓜群众”等尚未规范的词语；内地娱乐性综艺节目的主持人往往模仿港台地区人士说出“你有问过他吗”这样的句子。这些社会方言的语音、词汇和语法等，往往不符合规范的现代汉语语音、词汇和语法，应试人在命题说话时不可以使用。应试人平时应避免为了凸显“时尚”而刻意模仿，否则应试时可能会习惯性地加以使用，从而被扣分。

无论是地域方言还是社会方言，它们的语音、词汇和语法在 PSC 中都是扣分对象。在“命题说话”项中，应试人因此被扣的分数往往较多。测试时，如果反应足够快捷，遇到可能发出的方言语音、可能使用的方言词汇和语法时，应试人可以考虑“换词”或“换句”。

思考和练习

一、“命题说话”与“命题作文”在“审题”方面有哪些相同点和不同点？

二、说说拟写命题说话提纲的好处。

三、逐题练说命题说话。

第三节 PSC“命题说话”项评分标准

一、PSC“命题说话”项评分的“国家标准”

《大纲》考五项，其“命题说话”项评分标准是“国家标准”。具体如下：

命题说话，限时 3 分钟，共 30 分。

1. 目的

测查应试人在无文字凭借的情况下说普通话的水平，重点测查语音标准程度、词汇语法规范程度和自然流畅程度。

2. 要求

（1）说话题目从“普通话水平测试用话题”中选取，由应试人从给定的2个话题中选定1个话题，连续说一段话。

（2）应试人单向说话。如发现应试人有明显背稿、离题、说话难以继续等表现时，主试人应及时提示或引导。

3. 评分

（1）语音标准程度，共20分。分六档：

一档：语音标准，或极少有失误。扣0分、0.5分、1分。

二档：语音错误在10次以下，有方音但不明显。扣1.5分、2分。

三档：语音错误在10次以下，但方音比较明显；或语音错误在10~15次，有方音但不明显。扣3分、4分。

四档：语音错误在10~15次，方音比较明显。扣5分、6分。

五档：语音错误超过15次，方音明显。扣7分、8分、9分。

六档：语音错误多，方音重。扣10分、11分、12分。

（2）词汇语法规范程度，共5分。分三档：

一档：词汇、语法规范。扣0分。

二档：词汇、语法偶有不规范的情况。扣0.5分、1分。

三档：词汇、语法屡有不规范的情况。扣2分、3分。

（3）自然流畅程度，共5分。分三档：

一档：语言自然流畅。扣0分。

二档：语言基本流畅，口语化比较差，有背稿子的表现。扣0.5分，1分。

三档：语言不连贯，语调生硬。扣2分、3分。

说话不足3分钟，酌情扣分：缺时1分钟以内（含1分钟），扣1分、2分、3分；缺时1分钟以上，扣4分、5分、6分；说话不满30秒（含30秒），本测试项成绩计为0分。

二、PSC“命题说话”项目评分的“地方标准”

相对于“国家标准”，考四项即“读单音节字词”“读多音节词语”“朗读短文”与“命题说话”的省、市、区“地方标准”评分标准更加细化。不同省、市、区“地方标准”之间同中有异。

相对于“国家标准”，江苏、山东、广东、湖南等考四项的省、市、区的“地方标准”中的“命题说话”分值通常提高10分，即由《大纲》的30分提高到40分。这“多”出来的10分来自《大纲》测查第三项“选择判断”，分别在“语音标准程度”和“词汇语法规范程度”评分项增加了5分。

相对于“国家标准”，考四项的省、市、区“地方标准”对各个项目的扣分更具体。如江苏版评分标准对“词汇语法不规范”作了具体解释，即“使用了典型的方言词汇、典型的方言语法格式以及明显的病句”；对“自然流畅”项的评分说明也更细致；“三档”多了“结结巴巴，明显背诵，经常离题”说明内容。

实行计算机辅助普通话水平测试后，考四项的省、市、区《计算机辅助普通话水平测试评分细则》（以下简称《评分细则》）往往同中有异。最大的相同点就是该项仍由省级以上普通话测试员人工打分，相异点在于，各版《评分细则》在“缺时”（即“说话不足3分钟”）、“离题、内容雷同”“无效语料”等小项上的评分标准多见差异。

以部分省、市、区《评分细则》“缺时”扣分标准为例（见表6-1）：

表6-1　部分省、市、区《评分细则》“缺时”扣分标准比较表

	江苏	广东	山东	湖北
缺时扣分标准	缺时15秒（含）以下，不扣分；16秒~30秒，扣1分；31秒~45秒，扣2分；46秒~1分钟，扣3分；1分01秒~1分30秒，扣4分；1分31秒~2分钟，扣5分；2分01秒~2分29秒，扣6分 说话时间不足30秒（含），本测试项成绩计为0分	大致为缺时20秒扣1分；40秒扣2分；60秒扣3分；80秒扣4分；100秒扣5分；120秒扣6分等 说话不满30秒（含）本测试项成绩计为0分 缺时可累计	缺时1~4秒不扣分；5~20秒，扣1分；21~40秒，扣2分；41~60秒，扣3分；61~80秒，扣4分；81~100秒，扣5分；101~120秒，扣6分；121~140秒，扣8分；141~149秒，扣15分 说话时间不足30秒（含）计为0分	缺时10秒（含）以下不扣分 说话不到3分钟，从应试人说话完全终止时计算缺时时间

注：根据相关省、市、区《计算机辅助普通话水平测试评分细则》整理。

由表6-1可知，江苏省、山东省、湖北省的《评分细则》都允许应试人有一定时限的不扣分“缺时”量，广东省则不允许应试人有相应的“失误”；江苏省、广东省、山东省的《评分细则》都规定应试人“说话时间不满30秒（含），本项测试成绩为0分”，湖北省则“语焉不详”。

再以部分省、市、区《评分细则》“雷同”扣分标准为例（见表6-2）：

表6－2　部分省、市、区《评分细则》“雷同”扣分标准比较表

	江苏	广东	山东	湖北
雷同	直接或变相使用60篇朗读短文，扣6分；其他内容雷同情况，视程度扣4分、5分	雷同1～2分钟，扣3～4分；雷同1分钟以内（含），扣1～2分 内容雷同20秒以上，扣2分 前后雷同（重复）扣4分 全篇雷同、全篇改编、“雷同＋离题”三种情况扣6分	视程度扣1～6分	背诵媒体刊载的文章（含《大纲》60篇朗读作品），扣5分

注：根据相关省、市、区《计算机辅助普通话水平测试评分细则》整理。

由表6－2可知，江苏省、广东省、湖北省《评分细则》对“雷同”扣分的标准都较细致，而山东省则较为笼统。江苏省、广东省、山东省该项最高扣分分值相同，都是6分，而湖北省则扣5分，低于前三者。

培训教师务必指导应试人明辨参加测试所在省市区《评分细则》相关扣分标准，使应试人的测前准备工作更加有的放矢，提高应试学习效率。

三、了解PSC“命题说话”项评分标准的意义

应试人了解PSC“命题说话”项评分标准，可以减少或避免不必要的失分。

从上述评分标准可以看出，PSC要求应试人尽量发好普通话音节单念时和语流中的声母、韵母和声调，即努力改善语音面貌。应试人要减少或避免使用不规范语句，还要认真拟写说话提纲，认真从审题、立意、选材、结构等方面做好各项准备，以有利于说话时做到自然流畅。此外，说话人还应努力做到“不缺时”或“少缺时”。应试人不可照搬60篇朗读作品原文或其他现成文稿；说话内容不可大量与话题无关等。本书或网络资源所提供的30篇命题说话提纲（或范文）仅供参考，切勿带进测试现场“照本宣科”。如果因为没有认真分析应试所在省、市、区语委的“地方标准”而致失分较多，实在可惜。

思考和练习

一、熟悉评分标准对于学好“命题说话”有何帮助？

二、抽取说话题目，练习命题说话。

第七章　PSC 模拟测试

第一节　PSC 模拟测试概述

一、PSC 模拟测试及其重要性

（一）什么是 PSC 模拟测试

所谓 PSC 模拟测试，是指应试人按照 PSC 过程要求预先进行的仿真测试。它可由应试人自行模拟，也可由培训教师指导进行。本书所说的模拟测试主要指后者。

（二）PSC 模拟测试的重要性

尽管各级各类 PSC 培训班的教学实践都有“模拟测试”环节，但绝大多数 PSC 培训用书对模拟测试环节的理论探究仍不够重视。

模拟测试有利于教者对历次模拟测试相关信息进行分析、研究，总结 PSC 培训的经验教训，对后期培训教学具有重要的借鉴作用。

模拟测试可以使应试人预先熟悉 PSC 正式测试全过程，避免因测试环节失误而影响测试成绩；还可以使应试人发现自己语音面貌尤其是发音方法中存在的问题，更有针对性地进行正式测试前的学习；还可以部分甚至完全消除应试人的紧张情绪。

PSC 考场上，过于紧张的应试人，有的表现为很不适应初始阶段的测试流程，需要在现场老师的帮助下才能进入正常测试状态；有的表现为声音甚至躯体颤动，于是出现了一些原本可以避免的发音错误。症状轻微者，一般在读了两三行单音节字词后会有所缓解，严重者在整个测试过程中都会高度紧张。例如，在“命题说话”项测试过程中，因为紧张，应试者会犯“抽酒”“喝烟”“刮雨”“下风”这样的“低级”语法错误。极端现象是，极个别应试人因紧张而错误操作计算机，导致最终测试成绩“不入等级”。

二、模拟测试的具体注意事项

（一）态度要端正

模拟测试的组织者和应试人切不可因为是模拟测试就打马虎眼、走过场。

当然，应试人也不必过于紧张，以免影响观摩、体验的实际效果。

限于课时，每期 PSC 培训班中能直接成为模拟测试应试人的一般不超过 20 位，其他应试人都是间接参与者。直接或间接参与模拟测试的应试人都应该认真进行模拟测试，认真听取教师的讲评。

（二）过程要全真

1. 模拟测试过程中硬件、软件的准备要全真，即符合正式测试的要求

模拟测试现场要安排辅测人员。模拟测试过程要包括主试人验看身份证（学生证）、准考证，提前 10 分钟告知模拟测试应试人试题并给予准备时间，应试人正式测试前要自报姓名、工作单位（所在学校班级等）和准考证号等。

如果受客观条件所限，不能直接使用计算机进行模拟测试，培训教师可在大屏幕上播放正确演示计算机辅助测试全过程的影像（PPT 或 flash），然后再用传统方式对应试人进行人工模拟测试。

2. 模拟测试应试人的选择要有代表性

要选择母语为不同方言区的、测试成绩可能分别在三甲及以上不同等级的学生。模拟测试的组织者平时就应对模拟测试应试人的代表性有所了解。

3. 教师要讲评，由点及面

教师首先要对模拟测试应试人的“个案”进行解析，然后要由点及面，将类似的错误或缺陷联系培训实际再作指点。

此外，应试人也可借由畅言普通话（https：//www. isay365. com）等线上网站（页）相关程序进行模拟测试，以弥补因故未能参加线下模拟测试之缺憾。线上模拟测试成绩仅供参考。如需详细了解本人普通话发音部位及发音方法等方面存在的问题，还应多请教线下指导教师。

思考和练习

一、什么是 PSC 模拟测试？

二、PSC 模拟测试有何重要性？

第二节　实战模拟

一、PSC 模拟测试的准备

（一）模拟测试场所的准备

模拟测试场所宜固定。如果条件许可，模拟测试场所应与正式测试场所为

同一地点。

模拟测试场所宜安静。楼层较高、环境较幽的普通多媒体教室或有足够计算机的机房皆可。

模拟测试场所还要求大小适宜，一般以可容纳 30 ~ 50 人为好（防疫期间可下调为 30 人以内。除指导教师与正在模拟测试发音者，其他人一律佩戴口罩）。观摩人数太少，模拟测试的效率低；观摩人数太多，模拟测试的效果差。

总而言之，模拟测试场所越接近实际测试场所越好。

防疫期间，有条件的测试点可试行开设模拟测试视频直播间。除不超过 30 名的模拟测试现场参与者，其他应试人可通过观看直播的方式参与到模拟测试中来。

（二）模拟测试材料的准备

1. 录音工具要同真

所谓录音工具“真”即录音效果“不失真”。录音效果要能满足教师点评应试人发音状况和应试人自纠发音错误用。

有条件的测试点在进行模拟测试时，可考虑在获得授权的前提下将计算机接入“国家普通话水平智能测试系统”，或利用其他指导教师认可的可靠的模拟测试软件。

仅利用线下手段进行模拟测试者，测试录音（语音输入）工具，现多用录音效果较好的智能手机等。按每个考生分别需要 15 分钟（测 4 项）、20 分钟（测 5 项）计算（两者均含辅测人员工作时间），如果担心一台智能手机不能容纳 20 – 50 人的模拟测试音频材料，那么可多准备几台。

仍可以酌情使用录音笔。

2. 模拟试卷要逼真

根据国家语委要求，为 PSC 前两项测查而准备的百份试卷是不允许在测前培训时使用的，而如果 PSC 模拟试卷（含培训过程中的练习用卷）完全由培训教师自行编写，一则工作量很大，二则模拟试卷或练习用卷的科学性难以得到保证。

为妥善解决这个难题，笔者建议，可从有较高权威性的 PSC 网站（页）上下载模拟试卷，如中国语言文字网（http：//www. china-language. edu. cn）、北京市语言文字测试中心（https：//yuce. cnu. edu. cn）及其他比较可靠的语言文字网站（页）等。还可以考虑按照新《大纲》的要求对旧《大纲》前两项曾用卷进行“改造”，建立考核要点符合规定的模拟测试题库。

3. 其他材料要仿真

其他如“考生考试序号”“模拟打分表”“抽签用各项试题（‘读单音节字词’‘读多音节词语’‘朗读短文’‘命题说话’）的题号”等，都要求尽量仿真。

（三）模拟测试测试员的选择

原则上选择承担本次测前培训任务的省级及以上级别普通话测试员老师组织模拟测试。人手不够时，可邀请其他拟参加本次测试的普通话测试员老师参加。

参加 PSC 模拟测试，对于培训教师而言，可以检查培训成效；对于参加本次测试的其他测试员而言，可借此对本次应试人的普通话语音面貌有个粗略了解，提早进入工作状态。

模拟测试的工作人员最好也由已经指定的本次测试的工作人员担任。

（四）模拟测试应试人的选择

在自愿报名的基础上，最好能让参加培训的应试人中的有代表性者都有机会模拟测试一次。有关应试人方言区的信息可从报名资料中找出；挑选不同 PSC 等级的应试人，培训教师在培训过程中略加留心就可以做到。

二、模拟测试的进行

每个工作时段（如半天或晚间）模拟测试的应试人数以 6 ~ 8 名为宜。

（一）培训教师应先讲清 PSC 的一般流程

教师应告知应试人正式测试时要按准考证通知的时间提前 20 至 30 分钟前来候考，不要太早或太晚。

应试人在工作人员安排下进入“备考室”，由工作人员采集应试人的准考证和照片信息。然后由测试系统（线下模拟则由人工）随机给出该应试人具体测试用计算机的“机器号”。然后进入备测室，进行测前 10 分钟纸质试卷准备阶段；接着在工作人员引导下，进入正式考试状态。

1. 人工测试点

当前 PSC 实践中已很少使用人工测试方式了，但以往人工测试点的做法，仍会在偶然性测试及模拟测试过程中发挥一定的作用。这里仍略介绍人工测试点的工作流程。

应试人正式读测试试卷内容前，应报姓名、工作单位（或所在班级）及准考证号等。如：

我叫××，××市××公司工作人员（××学校××班学生、××街道××居委会居民等），准考证号是××××××××××××××××。

然后进入具体测查项。主要过渡语句是:

“一、读单音节字词”“二、读多音节词语”“三、朗读短文。作品××号”“四、命题说话。我说话的题目是……”

模拟测试结束，如可能，说声“谢谢老师”，然后离开测试场所。

2. 计算机辅助测试点

找到相应的计算机机位，按要求完成个人身份验证，然后核对测试系统提供的个人信息（见图 7－1）。信息无误按确认键。

图 7－1 考生核对信息示意图

如果发现姓名等信息有误，要报告给现场工作人员。

信息核对环节通过后，应试人按要求戴好耳机，等待指令准备试音。试音全程中智能测试系统均有提示语。

如果试音不成功，智能测试系统有提示语：“请点击确认按钮重新试音。”

一般第二次试音都会成功。试音成功系统也有提示语：“试音成功，请等待考试指令。”

首先进入“读单音节字词”项。在系统提示音结束并听到“嘟”声响后，应试人开始以适当音量朗读单音节字词（见图 7－2）。

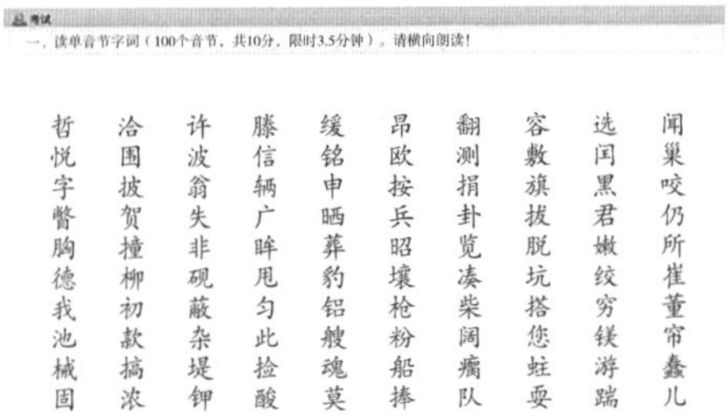

图 7-2　“读单音节字词”示意图

计算机屏幕下方有显示条，提醒应试人测试该项的已用时间（见图 7-3）。

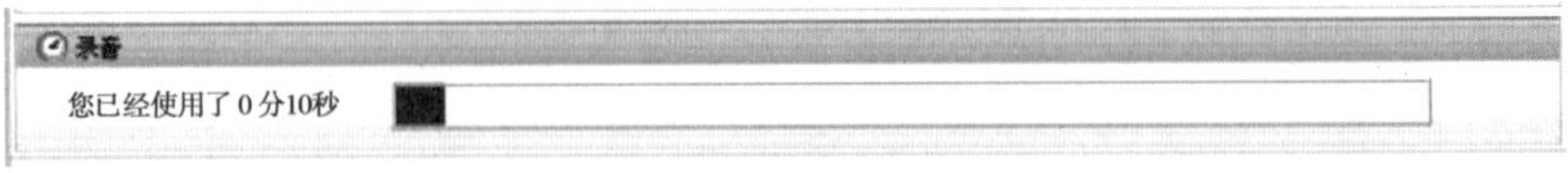

图 7-3　电脑用时提示示意图

深色光条从左跑到右就表明应试人已用完本项考试时间。

如果应试人实际用时不到 3.5 分钟，不用等待，直接点击“下一题”，进入“读多音节词语”测试项。系统提示音结束后，应试人开始以适当音量朗读多音节词语（见图 7-4）。

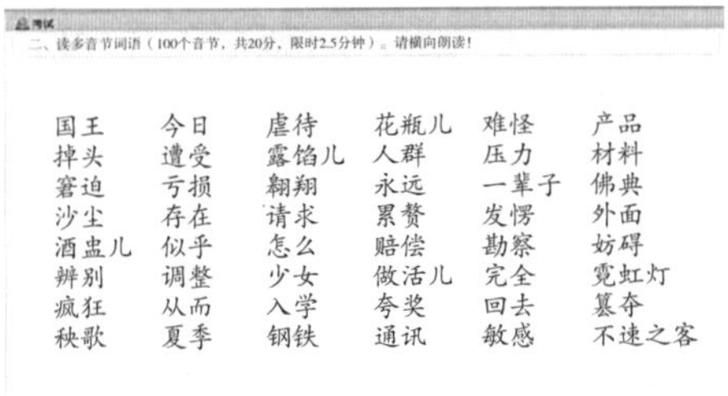

图 7-4　“读多音节词语”示意图

计算机屏幕下方有显示条，提醒应试人测试该项的已用时间（见图 7-3）。

深色光条从左跑到右就表明应试人已用完本项考试时间。

如果应试人实际用时不到 2.5 分钟，不用等待，直接点击“下一题”，进入“朗读短文”测试项。系统提示音结束后，应试人开始以适当音量朗读指定短文的前 400 个音节（见图 7-5）。

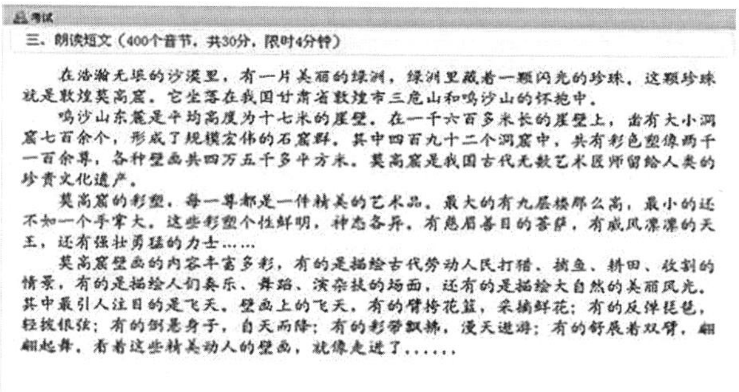

图 7－5　“朗读短文”示意图

计算机屏幕下方有显示条，提醒应试人测试该项的已用时间（见图 7－3）。深色光条从左跑到右就表明应试人已用完本项考试时间。

如果应试人实际用时不到 4 分钟，不用等待，直接点击“下一题”，进入“命题说话”测试项。系统提示音结束后，应试人开始以适当音量说话。系统自动提供两个题目（见图 7－6），应试人需在 10 秒内自主选题并报出（如“我说话的题目是……”），否则系统默认应试人选择了第一题，然后进入具体说话内容。

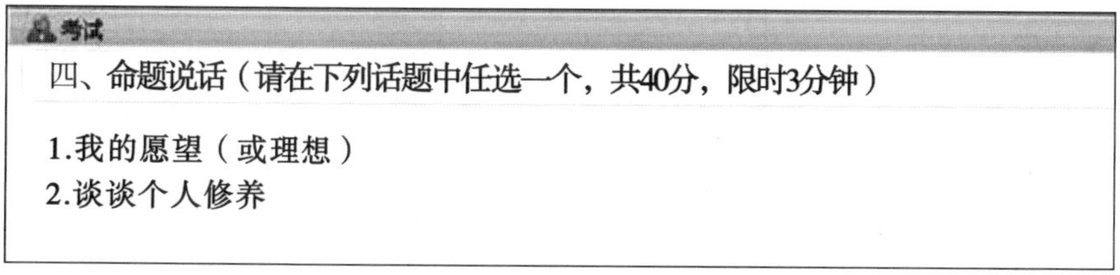

图 7－6　“命题说话”示意图

计算机屏幕下方有显示条，提醒应试人测试该项的已用时间（见图 7－3）。深色光条从左跑到右就表明应试人已用完本项考试时间。

注意：和前几项不同，应试人必须说满测试规定的 3 分钟时间。如果说不满 3 分钟，将视缺时情况按规定扣分。

“命题说话”项测试完毕后，系统自动为应试人“提交试卷”，结束测试。应试人迅速摘下耳机，离开考场。

注：图 7－1 至图 7－6 来自杭州英领科技“国家普通话智能测试系统网络版考生培训”PPT 的截图。

（二）模拟测试流程

（1）辅测人员按正式测试要求提前10分钟依次让模拟测试应试人抽取人工制作的考试题号（或发放由PSC软件随机抽取的考试题号）。

（2）已确定参加模拟测试的应试人要看清自己的模拟考试题号并依次参加模拟测试。

（3）每模拟测试完一名应试人，由培训教师或测试员老师在公布其模拟测试成绩的基础上对该应试人的普通话发音等情况进行点评。

（4）由培训教师对全体模拟测试应试人普通话发音情况进行点评，提出正式测试前应试人的补救练习要求。

三、模拟测试录音资料的整理与研究

（一）初步整理

人工模拟测试现场，辅测人员负责将模拟测试录音资料作初步整理；计算机辅助模拟测试现场，辅测人员可对模拟测试应试人用录音笔作同步录音并作初步整理。

（二）深入研究

培训教师等应对模拟测试录音资料作深入的科学研究。模拟测试的语音资料应单独整理、归档，以利于单独立项研究。

思考和练习

一、PSC模拟测试应做好哪些方面的准备工作？

二、模拟测试实践过程中应注意哪些事项？

附录一　中华人民共和国国家通用语言文字法

中华人民共和国国家通用语言文字法

（2000 年 10 月 31 日第九届全国人民代表大会常务委员会第十八次会议通过）

第一章　总　则

第一条　为推动国家通用语言文字的规范化、标准化及其健康发展，使国家通用语言文字在社会生活中更好地发挥作用，促进各民族、各地区经济文化交流，根据宪法，制定本法。

第二条　本法所称的国家通用语言文字是普通话和规范汉字。

第三条　国家推广普通话，推行规范汉字。

第四条　公民有学习和使用国家通用语言文字的权利。

国家为公民学习和使用国家通用语言文字提供条件。

地方各级人民政府及其有关部门应当采取措施，推广普通话和推行规范汉字。

第五条　国家通用语言文字的使用应当有利于维护国家主权和民族尊严，有利于国家统一和民族团结，有利于社会主义物质文明建设和精神文明建设。

第六条　国家颁布国家通用语言文字的规范和标准，管理国家通用语言文字的社会应用，支持国家通用语言文字的教学和科学研究，促进国家通用语言文字的规范、丰富和发展。

第七条　国家奖励为国家通用语言文字事业做出突出贡献的组织和个人。

第八条　各民族都有使用和发展自己的语言文字的自由。

少数民族语言文字的使用依据宪法、民族区域自治法及其他法律的有关规定。

第二章　国家通用语言文字的使用

第九条　国家机关以普通话和规范汉字为公务用语用字。法律另有规定的除外。

第十条　学校及其他教育机构以普通话和规范汉字为基本的教育教学用语用字。法律另有规定的除外。

学校及其他教育机构通过汉语文课程教授普通话和规范汉字。使用的汉语文教材，应当符合国家通用语言文字的规范和标准。

第十一条　汉语文出版物应当符合国家通用语言文字的规范和标准。

汉语文出版物中需要使用外国语言文字的，应当用国家通用语言文字作必要的注释。

第十二条　广播电台、电视台以普通话为基本的播音用语。

需要使用外国语言为播音用语的，须经国务院广播电视部门批准。

第十三条　公共服务行业以规范汉字为基本的服务用字。因公共服务需要，招牌、广告、告示、标志牌等使用外国文字并同时使用中文的，应当使用规范汉字。

提倡公共服务行业以普通话为服务用语。

第十四条　下列情形，应当以国家通用语言文字为基本的用语用字：

（一）广播、电影、电视用语用字；

（二）公共场所的设施用字；

（三）招牌、广告用字；

（四）企业事业组织名称；

（五）在境内销售的商品的包装、说明。

第十五条　信息处理和信息技术产品中使用的国家通用语言文字应当符合国家的规范和标准。

第十六条　本章有关规定中，有下列情形的，可以使用方言：

（一）国家机关的工作人员执行公务时确需使用的；

（二）经国务院广播电视部门或省级广播电视部门批准的播音用语；

（三）戏曲、影视等艺术形式中需要使用的；

（四）出版、教学、研究中确需使用的。

第十七条　本章有关规定中，有下列情形的，可以保留或使用繁体字、异体字：

（一）文物古迹；

（二）姓氏中的异体字；

（三）书法、篆刻等艺术作品；

（四）题词和招牌的手书字；

（五）出版、教学、研究中需要使用的；

（六）经国务院有关部门批准的特殊情况。

第十八条　国家通用语言文字以《汉语拼音方案》作为拼写和注音工具。

《汉语拼音方案》是中国人名、地名和中文文献罗马字母拼写法的统一规范，并用于汉字不便或不能使用的领域。

初等教育应当进行汉语拼音教学。

第十九条　凡以普通话作为工作语言的岗位，其工作人员应当具备说普通话的能力。

以普通话作为工作语言的播音员、节目主持人和影视话剧演员、教师、国家机关工作人员的普通话水平，应当分别达到国家规定的等级标准；对尚未达到国家规定的普通话等级标准的，分别情况进行培训。

第二十条　对外汉语教学应当教授普通话和规范汉字。

第三章　管理和监督

第二十一条　国家通用语言文字工作由国务院语言文字工作部门负责规划指导、管理监督。

国务院有关部门管理本系统的国家通用语言文字的使用。

第二十二条　地方语言文字工作部门和其他有关部门，管理和监督本行政区域内的国家通用语言文字的使用。

第二十三条　县级以上各级人民政府工商行政管理部门依法对企业名称、商品名称以及广告的用语用字进行管理和监督。

第二十四条　国务院语言文字工作部门颁布普通话水平测试等级标准。

第二十五条　外国人名、地名等专有名词和科学技术术语译成国家通用语言文字，由国务院语言文字工作部门或者其他有关部门组织审定。

第二十六条　违反本法第二章有关规定，不按照国家通用语言文字的规范和标准使用语言文字的，公民可以提出批评和建议。

本法第十九条第二款规定的人员用语违反本法第二章有关规定的，有关单位应当对直接责任人员进行批评教育；拒不改正的，由有关单位作出处理。

城市公共场所的设施和招牌、广告用字违反本法第二章有关规定的，由有关行政管理部门责令改正；拒不改正的，予以警告，并督促其限期改正。

第二十七条　违反本法规定，干涉他人学习和使用国家通用语言文字的，由有关行政管理部门责令限期改正，并予以警告。

第四章　附　则

第二十八条　本法自 2001 年 1 月 1 日起施行。

附录二 《国家中长期语言文字事业改革和发展规划纲要（2012—2020）》摘要

《国家中长期语言文字事业改革和发展规划纲要（2012—2020）》摘要

序 言

语言文字是人类最重要的交际工具和信息载体，是文化的基础要素和鲜明标志，是促进历史发展和社会进步的重要力量。必须树立和增强高度的文化自觉和文化自信，努力推进语言文字事业全面发展，为全面建成小康社会、实现中华民族伟大复兴贡献力量。

第一章 指导思想

高举中国特色社会主义伟大旗帜，以邓小平理论、“三个代表”重要思想、科学发展观为指导，全面贯彻《国家通用语言文字法》，尊重语言文字发展规律，主动适应国家经济社会发展新要求，围绕中心、服务大局，拓宽视野、改革创新，大力推广和规范使用国家通用语言文字，科学保护各民族语言文字，加强语言文字基础建设和管理服务，增强国家语言实力，提高国民语言能力，构建和谐语言生活，服务教育现代化，服务社会主义文化强国建设，推进语言文字事业全面发展。

第二章 目标和任务

一、总体目标

到2020年，普通话在全国范围内基本普及，汉字社会应用的规范化程度进一步提高，汉语拼音更好地发挥作用。语言文字规范标准基本满足社会需求，信息化水平进一步提高。语言文字社会管理服务能力全面提升，社会管理服务体系基本建成。各民族语言文字的科学保护得到加强。语言文字传承和弘扬中华优秀文化的作用进一步发挥。国家语言实力显著增强，国民语言能力明显提高，社会语言生活和谐发展。

二、主要任务

（一）大力推广和普及国家通用语言文字。

（二）推进语言文字规范化标准化信息化建设。

（三）加强语言文字社会应用监督检查和服务。

（四）提高国民语言文字应用能力。

（五）科学保护各民族语言文字。

（六）弘扬传播中华优秀文化。

（七）加强语言文字法制建设。

第三章　重点工作

一、推广普及

（一）语言文字规范化建设。

推动军队系统语言文字规范化建设和普通话培训测试工作。

（二）国家通用语言文字培训。

教师、校长（园长）普通话培训。新进教师普通话水平应符合教师资格所规定的普通话等级要求。全体教师都要参加普通话水平测试。对普通话水平未达标的中小学、幼儿园教师和校长（园长）进行普通话培训，使其达到规定标准。

相关行业从业人员培训。

进城务工人员普通话培训。推动用人单位、劳动就业服务部门和进城务工人员输出、输入地相关部门对务工人员进行普通话培训，提高其就业能力。

二、基础建设

（三）语言文字规范标准建设。

（四）语言数据库和语料库建设。

（五）语言国情调查。

三、督查服务

（六）语言文字社会应用监督检查和服务。

（七）国家语言应急服务和语言援助服务。

（八）手语盲文规范和推广。

四、能力提升

（九）构建语言文字应用能力测评体系。

推进和完善普通话水平测试、汉字应用水平测试和汉语能力测试。加快推进普通话培训测试的信息化建设和资源建设，推进计算机辅助普通话水平测试。适时修订《普通话水平测试大纲》。编写系列普通话学习教材，研制和推行中小学生普通话水平测试标准。

（十）提升学生语言文字应用能力。

提升幼儿普通话水平。幼儿园要创设自由、宽松的普通话交流环境，引导幼儿学会倾听并能清楚地用普通话表达，培养阅读兴趣，养成良好阅读习惯。

（十一）提升国民语言文字应用能力。

提高教师的语言文字应用能力。健全学校、机关、新闻出版、广播影视和公共服务行业等相关行业从业人员的语言文字应用能力职业标准。

五、科学保护

（十二）各民族语言文字科学记录和保存。

（十三）少数民族语言文字信息化建设。

（十四）少数民族濒危语言抢救和保护。

六、文化传承

（十五）中华经典诵写讲行动。

（十六）港澳台地区及海外合作交流。

举办海外华人华侨子弟“母语寻根”夏令营活动，实施海外华文教师普通话培训工程。

加大普通话培训测试的海外推广力度。深化与境外相关机构在普通话培训测试、汉语口语水平测试等方面的合作，进一步拓展在境外的培训测试范围。

第四章　创新与保障

一、创新理念思路

二、创新工作机制

三、创新管理服务

四、扩大对外开放

五、强化人才保障

六、提高科研水平

七、加大宣传力度

八、保障经费投入

附录三　普通话水平测试大纲

普通话水平测试大纲

（2004 年 10 月 1 日起施行）

根据教育部、国家语言文字工作委员会发布的《普通话水平测试管理规定》《普通话水平测试等级标准》，制定本大纲。

一、测试的名称、性质、方式

本测试定名为“普通话水平测试”（PUTONGHUA SHUIPING CESHI，缩写为 PSC）。

普通话水平测试测查应试人的普通话规范程度、熟练程度，认定其普通话水平等级，属于标准参照性考试。本大纲规定测试的内容、范围、题型及评分系统。

普通话水平测试以口试方式进行。

二、测试内容和范围

普通话水平测试的内容包括普通话语音、词汇和语法。

普通话水平测试的范围是国家测试机构编制的《普通话水平测试用普通话词语表》《普通话水平测试用普通话与方言词语对照表》《普通话水平测试用普通话与方言常见语法差异对照表》《普通话水平测试用朗读作品》《普通话水平测试用话题》。

三、试卷构成和评分

试卷包括 5 个组成部分，满分为 100 分。

（一）读单音节字词（100 个音节，不含轻声、儿化音节），限时 3.5 分钟，共 10 分

1. 目的

测查应试人声母、韵母、声调读音的标准程度。

2. 要求

（1）100 个音节中，70% 选自《普通话水平测试用普通话词语表》“表一”，30% 选自“表二”。

（2）100 个音节中，每个声母出现次数一般不少于 3 次，每个韵母出现次数一般不少于 2 次，4 个声调出现次数大致均衡。

（3）音节的排列要避免同一测试要素连续出现。

3. 评分

（1）语音错误，每个音节扣 0.1 分。

（2）语音缺陷，每个音节扣 0.05 分。

（3）超时 1 分钟以内，扣 0.5 分；超时 1 分钟以上（含 1 分钟），扣 1 分。

（二）读多音节词语（100 个音节），限时 2.5 分钟，共 20 分

1. 目的

测查应试人声母、韵母、声调和变调、轻声、儿化读音的标准程度。

2. 要求

（1）词语的 70% 选自《普通话水平测试用普通话词语表》“表一”，30% 选自“表二”。

（2）声母、韵母、声调出现的次数与读单音节字词的要求相同。

（3）上声与上声相连的词语不少于 3 个，上声与非上声相连的词语不少于 4 个，轻声不少于 3 个，儿化不少于 4 个（应为不同的儿化韵母）。

（4）词语的排列要避免同一测试要素连续出现。

3. 评分

（1）语音错误，每个音节扣 0.2 分。

（2）语音缺陷，每个音节扣 0.1 分。

（3）超时 1 分钟以内，扣 0.5 分；超时 1 分钟以上（含 1 分钟），扣 1 分。

（三）选择判断［**注**］，限时 3 分钟，共 10 分

1. 词语判断（10 组）

（1）目的：测查应试人掌握普通话词语的规范程度。

（2）要求：根据《普通话水平测试用普通话与方言词语对照表》，列举 10 组普通话与方言意义相对应但说法不同的词语，由应试人判断并读出普通话的词语。

（3）评分：判断错误，每组扣 0.25 分。

2. 量词、名词搭配（10 组）

（1）目的：测查应试人掌握普通话量词和名词搭配的规范程度。

（2）要求：根据《普通话水平测试用普通话与方言常见语法差异对照表》，列举 10 个名词和若干量词，由应试人搭配并读出符合普通话规范的 10 组名量短语。

（3）评分：搭配错误，每组扣 0.5 分。

3. 语序或表达形式判断（5 组）

（1）目的：测查应试人掌握普通话语法的规范程度。

（2）要求：根据《普通话水平测试用普通话与方言常见语法差异对照表》，列举 5 组普通话和方言意义相对应但语序或表达习惯不同的短语或短句，由应试人判断并读出符合普通话语法规范的表达形式。

（3）评分：判断错误，每组扣 0.5 分。

选择判断合计超时 1 分钟以内，扣 0.5 分；超时 1 分钟以上（含 1 分钟），扣 1 分。答题时语音错误，每个音节扣 0.1 分；如判断错误已经扣分，不重复扣分。

（四）朗读短文（1 篇，400 个音节），限时 4 分钟，共 30 分

1. 目的

测查应试人使用普通话朗读书面作品的水平。在测查声母、韵母、声调读音标准程度的同时，重点测查连读音变、停连、语调以及流畅程度。

2. 要求

（1）短文从《普通话水平测试用朗读作品》中选取。

（2）评分以朗读作品的前 400 个音节（不含标点符号和括注的音节）为限。

3. 评分

（1）每错 1 个音节，扣 0.1 分；漏读或增读 1 个音节，扣 0.1 分。

（2）声母或韵母的系统性语音缺陷，视程度扣 0.5 分、1 分。

（3）语调偏误，视程度扣 0.5 分、1 分、2 分。

（4）停连不当，视程度扣 0.5 分、1 分、2 分。

（5）朗读不流畅（包括回读），视程度扣 0.5 分、1 分、2 分。

（6）超时扣 1 分。

（五）命题说话，限时 3 分钟，共 30 分

1. 目的

测查应试人在无文字凭借的情况下说普通话的水平，重点测查语音标准程度、词汇语法规范程度和自然流畅程度。

2. 要求

（1）说话话题从《普通话水平测试用话题》中选取，由应试人从给定的2个话题中选定1个话题，连续说一段话。

（2）应试人单向说话。如发现应试人有明显背稿、离题、说话难以继续等表现时，主试人应及时提示或引导。

3. 评分

（1）语音标准程度，共20分。分六档：

一档：语音标准，或极少有失误。扣0分、0.5分、1分。

二档：语音错误在10次以下，有方音但不明显。扣1.5分、2分。

三档：语音错误在10次以下，但方音比较明显；或语音错误在10～15次之间，有方音但不明显。扣3分、4分。

四档：语音错误在10～15次之间，方音比较明显。扣5分、6分。

五档：语音错误超过15次，方音明显。扣7分、8分、9分。

六档：语音错误多，方音重。扣10分、11分、12分。

（2）词汇语法规范程度，共5分。分三档：

一档：词汇、语法规范。扣0分。

二档：词汇、语法偶有不规范的情况。扣0.5分、1分。

三档：词汇、语法屡有不规范的情况。扣2分、3分。

（3）自然流畅程度，共5分。分三档：

一档：语言自然流畅。扣0分。

二档：语言基本流畅，口语化较差，有背稿子的表现。扣0.5分、1分。

三档：语言不连贯，语调生硬。扣2分、3分。

说话不足3分钟，酌情扣分：缺时1分钟以内（含1分钟），扣1分、2分、3分；缺时1分钟以上，扣4分、5分、6分；说话不满30秒（含30秒），本测试项成绩计为0分。

四、应试人普通话水平等级的确定

国家语言文字工作部门发布的《普通话水平测试等级标准》是确定应试人普通话水平等级的依据。测试机构根据应试人的测试成绩确定其普通话水平等级，由省、自治区、直辖市以上语言文字工作部门颁发相应的普通话水平测试等级证书。

普通话水平划分为三个级别，每个级别内划分两个等次。其中：

97分及其以上，为一级甲等；

92分及其以上但不足97分，为一级乙等；

87 分及其以上但不足 92 分，为二级甲等；

80 分及其以上但不足 87 分，为二级乙等；

70 分及其以上但不足 80 分，为三级甲等；

60 分及其以上但不足 70 分，为三级乙等。

［**注**］各省、自治区、直辖市语言文字工作部门可以根据测试对象或本地区的实际情况，决定是否免测“选择判断”测试项。如免测此项，“命题说话”测试项的分值由 30 分调整为 40 分。评分档次不变，具体分值调整如下：

（1）语音标准程度的分值，由 20 分调整为 25 分。

一档：扣 0 分、1 分、2 分。

二档：扣 3 分、4 分。

三档：扣 5 分、6 分。

四档：扣 7 分、8 分。

五档：扣 9 分、10 分、11 分。

六档：扣 12 分、13 分、14 分。

（2）词汇语法规范程度的分值，由 5 分调整为 10 分。

一档：扣 0 分。

二档：扣 1 分、2 分。

三档：扣 3 分、4 分。

（3）自然流畅程度，仍为 5 分，各档分值不变。

附录四　现代汉语 3 500 个常用字

常用字（2 500 个）

一画

一（yī）	乙（yǐ）			

二画

二（èr）	七（qī）	入（rù）	几[2]（jǐ）	力（lì）
十（shí）	卜[1]（bo）	八（bā）	儿（ér）	乃（nǎi）
丁[1]（dīng）	卜[2]（bǔ）	九（jiǔ）	了[1]（le）	刀（dāo）
丁[2]（zhēng）	人（rén）	几[1]（jī）	了[2]（liǎo）	又（yòu）
厂（chǎng）				

三画

三（sān）	丈（zhàng）	乞（qǐ）	么[3]（yāo）	卫（wèi）
于（yú）	与[1]（yǔ）	川（chuān）	广（guǎng）	也（yě）
干[1]（gān）	与[2]（yù）	亿（yì）	亡（wáng）	女（nǚ）
干[2]（gàn）	万[1]（mò）	个（gè）	门（mén）	飞（fēi）
亏（kuī）	万[2]（wàn）	勺（sháo）	义（yì）	刃（rèn）
士（shì）	上[1]（shǎng）	久（jiǔ）	之（zhī）	习（xí）
工（gōng）	上[2]（shàng）	凡（fán）	尸（shī）	叉[1]（chā）
土（tǔ）	小（xiǎo）	及（jí）	弓（gōng）	叉[2]（chá）
才（cái）	口（kǒu）	夕（xī）	己（jǐ）	叉[3]（chǎ）
寸（cùn）	巾（jīn）	丸（wán）	已（yǐ）	叉[4]（chà）
下（xià）	山（shān）	么[1]（ma）	子[1]（zǐ）	马（mǎ）
大[1]（dà）	千（qiān）	么[2]（me）	子[2]（zi）	乡（xiāng）
大[2]（dài）				

四画

丰（fēng）	尤（yóu）	午（wǔ）	父（fù）	火（huǒ）
王[1]（wáng）	友（yǒu）	牛（niú）	从（cóng）	为[1]（wéi）
王[2]（wàng）	匹（pǐ）	手（shǒu）	今（jīn）	为[2]（wèi）
井（jǐng）	车[1]（chē）	毛（máo）	凶（xiōng）	斗[1]（dǒu）
开（kāi）	车[2]（jū）	气（qì）	分[1]（fēn）	斗[2]（dòu）
夫[1]（fū）	巨（jù）	升（shēng）	分[2]（fèn）	忆（yì）
夫[2]（fú）	牙（yá）	长[1]（cháng）	乏（fá）	订（dìng）
天（tiān）	屯（tún）	长[2]（zhǎng）	公（gōng）	计（jì）
无[1]（mó）	比（bǐ）	仁（rén）	仓（cāng）	户（hù）
无[2]（wú）	互（hù）	什[1]（shén）	月（yuè）	认（rèn）
元（yuán）	切[1]（qiē）	什[2]（shí）	氏[1]（shì）	心（xīn）
专（zhuān）	切[2]（qiè）	片[1]（piān）	氏[2]（zhī）	尺（chǐ）
云（yún）	瓦[1]（wǎ）	片[2]（piàn）	勿（wù）	引（yǐn）
扎[1]（zā）	瓦[2]（wà）	仆[1]（pū）	欠（qiàn）	丑（chǒu）
扎[2]（zhā）	止（zhǐ）	仆[2]（pú）	风（fēng）	巴（bā）
扎[3]（zhá）	少[1]（shǎo）	化（huà）	丹（dān）	孔（kǒng）
艺（yì）	少[2]（shào）	仇[1]（chóu）	匀（yún）	队（duì）
木（mù）	日（rì）	仇[2]（qiú）	乌[1]（wū）	办（bàn）
五（wǔ）	中[1]（zhōng）	币（bì）	乌[2]（wù）	以（yǐ）
支（zhī）	中[2]（zhòng）	仍（réng）	凤（fèng）	允（yǔn）
厅（tīng）	冈（gāng）	仅（jǐn）	勾[1]（gōu）	予[1]（yú）
不（bù）	贝（bèi）	斤（jīn）	勾[2]（gòu）	予[2]（yǔ）
太（tài）	内（nèi）	爪[1]（zhǎo）	文（wén）	劝（quàn）
犬（quǎn）	水（shuǐ）	爪[2]（zhuǎ）	六[1]（liù）	双（shuāng）
区[1]（ōu）	见[1]（jiàn）	反（fǎn）	六[2]（lù）	书（shū）
区[2]（qū）	见[2]（xiàn）	介（jiè）	方（fāng）	幻（huàn）
历（lì）				

五画

玉（yù）	未（wèi）	巧（qiǎo）	扒[1]（bā）	去（qù）
刊（kān）	击（jī）	正[1]（zhēng）	扒[2]（pá）	甘（gān）
示（shì）	打[1]（dá）	正[2]（zhèng）	功（gōng）	世（shì）
末（mò）	打[2]（dǎ）	扑（pū）	扔（rēng）	古（gǔ）

节[1]（jiē）	归（guī）	禾（hé）	外（wài）	必（bì）
节[2]（jié）	且（qiě）	丘（qiū）	处[1]（chǔ）	议（yì）
本（běn）	旦（dàn）	付（fù）	处[2]（chù）	讯（xùn）
术[1]（shù）	目（mù）	仗（zhàng）	冬（dōng）	记（jì）
术[2]（zhú）	叶[1]（xié）	代（dài）	鸟（niǎo）	永（yǒng）
可[1]（kě）	叶[2]（yè）	仙（xiān）	务（wù）	司（sī）
可[2]（kè）	甲（jiǎ）	们（men）	包（bāo）	尼（ní）
丙（bǐng）	申（shēn）	仪（yí）	饥（jī）	民（mín）
左（zuǒ）	叮（dīng）	白（bái）	主（zhǔ）	出（chū）
厉（lì）	电（diàn）	仔[1]（zǎi）	市（shì）	辽（liáo）
右（yòu）	号[1]（háo）	仔[2]（zǐ）	立（lì）	奶（nǎi）
石[1]（dàn）	号[2]（hào）	他（tā）	闪（shǎn）	奴（nú）
石[2]（shí）	田（tián）	斥（chì）	兰（lán）	加（jiā）
布（bù）	由（yóu）	瓜（guā）	半（bàn）	召（zhào）
龙（lóng）	史（shǐ）	乎（hū）	汁（zhī）	皮（pí）
平（píng）	只[1]（zhī）	丛（cóng）	汇（huì）	边（biān）
灭（miè）	只[2]（zhǐ）	令[1]（líng）	头[1]（tóu）	发[1]（fā）
轧[1]（gá）	央（yāng）	令[2]（lǐng）	头[2]（tou）	发[2]（fà）
轧[2]（yà）	兄（xiōng）	令[3]（lìng）	汉（hàn）	孕（yùn）
轧[3]（zhá）	叼（diāo）	用（yòng）	宁[1]（níng）	圣（shèng）
东（dōng）	叫（jiào）	甩（shuǎi）	宁[2]（nìng）	对（duì）
卡[1]（kǎ）	另（lìng）	印（yìn）	穴（xué）	台[1]（tāi）
卡[2]（qiǎ）	叨[1]（dāo）	乐[1]（lè）	它（tā）	台[2]（tái）
北（běi）	叨[2]（tāo）	乐[2]（yuè）	讨（tǎo）	矛（máo）
占[1]（zhān）	叹（tàn）	句（jù）	写（xiě）	纠（jiū）
占[2]（zhàn）	四（sì）	匆（cōng）	让（ràng）	母（mǔ）
业（yè）	生（shēng）	册（cè）	礼（lǐ）	幼（yòu）
旧（jiù）	失（shī）	犯（fàn）	训（xùn）	丝（sī）
帅（shuài）				

六画

式（shì）	扛[1]（gāng）	吉（jí）	托（tuō）	巩（gǒng）
刑（xíng）	扛[2]（káng）	扣（kòu）	老（lǎo）	圾（jī）
动（dòng）	寺（sì）	考（kǎo）	执（zhí）	扩（kuò）

扫^1（sǎo）
扫^2（sào）
地^1（dì）
地^2（de）
扬（yáng）
场^1（cháng）
场^2（chǎng）
耳（ěr）
共（gòng）
芒（máng）
亚（yà）
芝（zhī）
朽（xiǔ）
朴^1（piáo）
朴^2（pō）
朴^3（pò）
朴^4（pǔ）
机（jī）
权（quán）
过^1（guō）
过^2（guò）
臣（chén）
再（zài）
协（xié）
西（xī）
压^1（yā）
压^2（yà）
厌（yàn）
在（zài）
有（yǒu）
百（bǎi）
存（cún）
而（ér）
页（yè）
匠（jiàng）
夸（kuā）
夺（duó）
灰（huī）
达（dá）
列（liè）
死（sǐ）
成（chéng）
夹^1（gā）
夹^2（jiā）
夹^3（jiá）
轨（guǐ）
邪（xié）
划^1（huá）
划^2（huà）
迈（mài）
毕（bì）
至（zhì）
此（cǐ）
贞（zhēn）
师（shī）
尘（chén）
尖（jiān）
劣（liè）
光（guāng）
当^1（dāng）
当^2（dàng）
早（zǎo）
吐^1（tǔ）
吐^2（tù）
吓^1（hè）
吓^2（xià）
虫（chóng）
曲^1（qū）
曲^2（qǔ）
团（tuán）
同^1（tóng）
同^2（tòng）
吊（diào）
吃（chī）
因（yīn）
吸（xī）
吗^1（má）
吗^2（mǎ）
吗^3（ma）
屿（yǔ）
帆（fān）
岁（suì）
回（huí）
岂（qǐ）
刚（gāng）
则（zé）
肉（ròu）
网（wǎng）
年（nián）
朱（zhū）
先（xiān）
丢（diū）
舌（shé）
竹（zhú）
迁（qiān）
乔（qiáo）
伟（wěi）
传^1（chuán）
传^2（zhuàn）
乒（pīng）
乓（pāng）
休（xiū）
伍（wǔ）
伏（fú）
优（yōu）
伐（fá）
延（yán）
件（jiàn）
任^1（rén）
任^2（rèn）
伤（shāng）
价（jià）
份（fèn）
华^1（huá）
华^2（huà）
仰（yǎng）
仿（fǎng）
伙（huǒ）
伪（wěi）
自（zì）
血^1（xiě）
血^2（xuè）
向（xiàng）
似^1（shì）
似^2（sì）
后（hòu）
行^1（háng）
行^2（hàng）
行^3（héng）
行^4（xíng）
舟（zhōu）
全（quán）
会^1（huì）
会^2（kuài）
杀（shā）
合（hé）
兆（zhào）
企（qǐ）
众（zhòng）
爷（yé）
伞（sǎn）
创^1（chuāng）
创^2（chuàng）
肌（jī）
朵（duǒ）
杂（zá）
危（wēi）
旬（xún）
旨（zhǐ）
负（fù）
各（gè）
名（míng）
多（duō）
争（zhēng）
色^1（sè）
色^2（shǎi）
壮（zhuàng）
冲^1（chōng）
冲^2（chòng）
冰（bīng）
庄（zhuāng）
庆（qìng）
亦（yì）
刘（liú）
齐（qí）
交（jiāo）
次（cì）
衣^1（yī）
衣^2（yì）
产（chǎn）

决（jué）	江（jiāng）	论[1]（lún）	阵（zhèn）	观[1]（guān）
充（chōng）	池（chí）	论[2]（lùn）	阳（yáng）	观[2]（guàn）
妄（wàng）	汤[1]（shāng）	农（nóng）	收（shōu）	欢（huān）
闭（bì）	汤[2]（tāng）	讽（fěng）	阶（jiē）	买（mǎi）
问（wèn）	忙（máng）	设（shè）	阴（yīn）	红[1]（gōng）
闯（chuǎng）	兴[1]（xīng）	访（fǎng）	防（fáng）	红[2]（hóng）
羊（yáng）	兴[2]（xìng）	寻（xún）	奸（jiān）	纤[1]（qiàn）
并（bìng）	宇（yǔ）	那[1]（nā）	如（rú）	纤[2]（xiān）
关（guān）	守（shǒu）	那[2]（nà）	妇（fù）	级（jí）
米（mǐ）	宅（zhái）	迅（xùn）	好[1]（hǎo）	约[1]（yāo）
灯（dēng）	字（zì）	尽[1]（jǐn）	好[2]（hào）	约[2]（yuē）
州（zhōu）	安（ān）	尽[2]（jìn）	她（tā）	纪[1]（jǐ）
汗[1]（hán）	讲（jiǎng）	导（dǎo）	妈（mā）	纪[2]（jì）
汗[2]（hàn）	军（jūn）	异（yì）	戏（xì）	驰（chí）
污（wū）	许（xǔ）	孙（sūn）	羽（yǔ）	巡（xún）

七画

寿（shòu）	拒（jù）	抢[2]（qiǎng）	声（shēng）	苏（sū）
弄[1]（lòng）	找（zhǎo）	孝（xiào）	把[1]（bǎ）	杆[1]（gān）
弄[2]（nòng）	批（pī）	均（jūn）	把[2]（bà）	杆[2]（gǎn）
麦（mài）	扯（chě）	抛（pāo）	报（bào）	杠（gàng）
形（xíng）	址（zhǐ）	投（tóu）	却（què）	杜（dù）
进（jìn）	走（zǒu）	坟（fén）	劫（jié）	材（cái）
戒（jiè）	抄（chāo）	抗（kàng）	芽（yá）	村（cūn）
吞（tūn）	坝（bà）	坑（kēng）	花（huā）	杏（xìng）
远（yuǎn）	贡（gòng）	坊[1]（fāng）	芹（qín）	极（jí）
违（wéi）	攻（gōng）	坊[2]（fáng）	芬（fēn）	李（lǐ）
运（yùn）	赤（chì）	抖（dǒu）	苍（cāng）	杨（yáng）
扶（fú）	折[1]（shé）	护（hù）	芳（fāng）	求（qiú）
抚（fǔ）	折[2]（zhē）	壳[1]（ké）	严（yán）	更[1]（gēng）
坛（tán）	折[3]（zhé）	壳[2]（qiào）	芦[1]（lú）	更[2]（gèng）
技（jì）	抓（zhuā）	志（zhì）	芦[2]（lǔ）	束（shù）
坏（huài）	扮（bàn）	扭（niǔ）	劳（láo）	豆（dòu）
扰（rǎo）	抢[1]（qiāng）	块（kuài）	克（kè）	两（liǎng）

丽[1]（lí）
丽[2]（lì）
医（yī）
辰（chén）
励（lì）
否[1]（fǒu）
否[2]（pǐ）
还[1]（hái）
还[2]（huán）
歼（jiān）
来（lái）
连（lián）
步（bù）
坚（jiān）
旱（hàn）
盯（dīng）
呈（chéng）
时（shí）
吴（wú）
助（zhù）
县（xiàn）
里（lǐ）
呆（dāi）
园（yuán）
旷（kuàng）
围（wéi）
呀[1]（yā）
呀[2]（ya）
吨（dūn）
足（zú）
邮（yóu）
男（nán）
困（kùn）
吵（chǎo）
串（chuàn）
员[1]（yuán）
员[2]（yún）
员[3]（yùn）
听（tīng）
吩（fēn）
吹（chuī）
呜（wū）
吧[1]（bā）
吧[2]（ba）
吼（hǒu）
别[1]（bié）
别[2]（biè）
岗[1]（gāng）
岗[2]（gǎng）
帐（zhàng）
财（cái）
针（zhēn）
钉[1]（dīng）
钉[2]（dìng）
告（gào）
我（wǒ）
乱（luàn）
利（lì）
秃（tū）
秀（xiù）
私（sī）
每（měi）
兵（bīng）
估[1]（gū）
估[2]（gù）
体（tǐ）
何（hé）
但（dàn）
伸（shēn）
作[1]（zuō）
作[2]（zuò）
伯[1]（bǎi）
伯[2]（bó）
伶（líng）
佣[1]（yōng）
佣[2]（yòng）
低（dī）
你（nǐ）
住（zhù）
位（wèi）
伴（bàn）
身（shēn）
皂（zào）
佛[1]（fó）
佛[2]（fú）
近（jìn）
彻（chè）
役（yì）
返（fǎn）
余（yú）
希（xī）
坐（zuò）
谷（gǔ）
妥（tuǒ）
含（hán）
邻（lín）
岔（chà）
肝（gān）
肚[1]（dǔ）
肚[2]（dù）
肠（cháng）
龟[1]（guī）
龟[2]（jūn）
龟[3]（qiū）
免（miǎn）
狂（kuáng）
犹（yóu）
角[1]（jiǎo）
角[2]（jué）
删（shān）
条（tiáo）
卵（luǎn）
岛（dǎo）
迎（yíng）
饭（fàn）
饮[1]（yǐn）
饮[2]（yìn）
系[1]（jì）
系[2]（xì）
言（yán）
冻（dòng）
状（zhuàng）
亩（mǔ）
况（kuàng）
床（chuáng）
库（kù）
疗（liáo）
应[1]（yīng）
应[2]（yìng）
冷（lěng）
这（zhè）
序（xù）
辛（xīn）
弃（qì）
冶（yě）
忘（wàng）
闲（xián）
间[1]（jiān）
间[2]（jiàn）
闷[1]（mēn）
闷[2]（mèn）
判（pàn）
灶（zào）
灿（càn）
弟（dì）
汪（wāng）
沙（shā）
汽（qì）
沃（wò）
泛（fàn）
沟（gōu）
没[1]（méi）
没[2]（mò）
沈（shěn）
沉（chén）
怀（huái）
忧（yōu）
快（kuài）
完（wán）
宋（sòng）
宏（hóng）
牢（láo）
究（jiū）
穷（qióng）
灾（zāi）
良（liáng）
证（zhèng）
启（qǐ）
评（píng）
补（bǔ）

初（chū）	即（jí）	忌（jì）	妖（yāo）	纳（nà）
社（shè）	层（céng）	际（jì）	妨（fáng）	纲（gāng）
识[1]（shí）	尿[1]（niào）	陆[1]（liù）	努（nǔ）	驳（bó）
识[2]（zhì）	尿[2]（suī）	陆[2]（lù）	忍（rěn）	纵（zòng）
诉（sù）	尾[1]（wěi）	阿[1]（ā）	劲[1]（jìn）	纷（fēn）
诊（zhěn）	尾[2]（yǐ）	阿[2]（ē）	劲[2]（jìng）	纸（zhǐ）
词（cí）	迟（chí）	陈（chén）	鸡（jī）	纹（wén）
译（yì）	局（jú）	阻（zǔ）	驱（qū）	纺（fǎng）
君（jūn）	改（gǎi）	附（fù）	纯（chún）	驴（lǘ）
灵（líng）	张（zhāng）	妙（miào）	纱（shā）	纽（niǔ）

八画

奉（fèng）	拍（pāi）	其[1]（jī）	松（sōng）	奔[2]（bèn）
玩（wán）	者（zhě）	其[2]（qí）	枪（qiāng）	奇[1]（jī）
环（huán）	顶（dǐng）	取（qǔ）	构（gòu）	奇[2]（qí）
武（wǔ）	拆（chāi）	苦（kǔ）	杰（jié）	奋（fèn）
青（qīng）	拥（yōng）	若[1]（rě）	述（shù）	态（tài）
责（zé）	抵（dǐ）	若[2]（ruò）	枕（zhěn）	欧（ōu）
现（xiàn）	拘（jū）	茂（mào）	丧[1]（sāng）	垄（lǒng）
表（biǎo）	势（shì）	苹（píng）	丧[2]（sàng）	妻[1]（qī）
规（guī）	抱（bào）	苗（miáo）	或（huò）	妻[2]（qì）
抹[1]（mā）	垃（lā）	英（yīng）	画（huà）	轰（hōng）
抹[2]（mǒ）	拉[1]（lā）	范（fàn）	卧（wò）	顷（qǐng）
抹[3]（mò）	拉[2]（lá）	直（zhí）	事（shì）	转[1]（zhuǎi）
拢（lǒng）	拦（lán）	茄[1]（jiā）	刺[1]（cī）	转[2]（zhuǎn）
拔（bá）	拌（bàn）	茄[2]（qié）	刺[2]（cì）	转[3]（zhuàn）
拣（jiǎn）	幸（xìng）	茎（jīng）	枣（zǎo）	斩（zhǎn）
担[1]（dān）	招（zhāo）	茅（máo）	雨[1]（yǔ）	轮（lún）
担[2]（dàn）	坡（pō）	林（lín）	雨[2]（yù）	软（ruǎn）
坦（tǎn）	披（pī）	枝（zhī）	卖（mài）	到（dào）
押（yā）	拨（bō）	杯（bēi）	矿（kuàng）	非（fēi）
抽（chōu）	择[1]（zé）	柜（guì）	码（mǎ）	叔（shū）
拐（guǎi）	择[2]（zhái）	析（xī）	厕（cè）	肯（kěn）
拖（tuō）	抬（tái）	板（bǎn）	奔[1]（bēn）	齿（chǐ）

些（xiē）
虎（hǔ）
虏（lǔ）
肾（shèn）
贤（xián）
尚（shàng）
旺（wàng）
具（jù）
果（guǒ）
味（wèi）
昆（kūn）
国（guó）
昌（chāng）
畅（chàng）
明（míng）
易（yì）
昂（áng）
典（diǎn）
固（gù）
忠（zhōng）
咐（fù）
呼（hū）
鸣（míng）
咏（yǒng）
呢[1]（ne）
呢[2]（ní）
岸（àn）
岩（yán）
帖[1]（tiē）
帖[2]（tiě）
帖[3]（tiè）
罗（luó）
帜（zhì）
岭（lǐng）
凯（kǎi）
败（bài）
贩（fàn）
购（gòu）
图（tú）
钓（diào）
制（zhì）
知（zhī）
垂（chuí）
牧（mù）
物（wù）
乖（guāi）
刮（guā）
秆（gǎn）
和[1]（hé）
和[2]（hè）
和[3]（hú）
和[4]（huó）
和[5]（huò）
季（jì）
委[1]（wēi）
委[2]（wěi）
佳（jiā）
侍（shì）
供[1]（gōng）
供[2]（gòng）
使（shǐ）
例（lì）
版（bǎn）
侄（zhí）
侦（zhēn）
侧（cè）
凭（píng）
侨（qiáo）
佩（pèi）
货（huò）
依（yī）
的[1]（de）
的[2]（dí）
的[3]（dì）
迫[1]（pǎi）
迫[2]（pò）
质（zhì）
欣（xīn）
征（zhēng）
往（wǎng）
爬（pá）
彼（bǐ）
径（jìng）
所（suǒ）
舍[1]（shě）
舍[2]（shè）
金（jīn）
命（mìng）
斧（fǔ）
爸（bà）
采（cǎi）
受（shòu）
乳（rǔ）
贪（tān）
念（niàn）
贫（pín）
肤（fū）
肺（fèi）
肢（zhī）
肿（zhǒng）
胀（zhàng）
朋（péng）
股（gǔ）
肥（féi）
服[1]（fú）
服[2]（fù）
胁（xié）
周（zhōu）
昏（hūn）
鱼（yú）
兔（tù）
狐（hú）
忽（hū）
狗（gǒu）
备（bèi）
饰（shì）
饱（bǎo）
饲（sì）
变（biàn）
京（jīng）
享（xiǎng）
店（diàn）
夜（yè）
庙（miào）
府（fǔ）
底（dǐ）
剂（jì）
郊（jiāo）
废（fèi）
净（jìng）
盲（máng）
放（fàng）
刻（kè）
育[1]（yō）
育[2]（yù）
闸（zhá）
闹（nào）
郑（zhèng）
券[1]（quàn）
券[2]（xuàn）
卷[1]（juǎn）
卷[2]（juàn）
单[1]（chán）
单[2]（dān）
单[3]（shàn）
炒（chǎo）
炊（chuī）
炕（kàng）
炎（yán）
炉（lú）
沫（mò）
浅（qiǎn）
法（fǎ）
泄（xiè）
河（hé）
沾（zhān）
泪（lèi）
油（yóu）
泊[1]（bó）
泊[2]（pō）
沿（yán）
泡[1]（pāo）
泡[2]（pào）
注（zhù）
泻（xiè）
泳（yǒng）
泥[1]（ní）
泥[2]（nì）
沸（fèi）
波（bō）

泼（pō）	官（guān）	诞（dàn）	孟（mèng）	参[3]（shēn）
泽（zé）	空[1]（kōng）	询（xún）	孤（gū）	艰（jiān）
治（zhì）	空[2]（kòng）	该（gāi）	陕（shǎn）	线（xiàn）
怖（bù）	帘（lián）	详（xiáng）	降[1]（jiàng）	练（liàn）
性（xìng）	实（shí）	建（jiàn）	降[2]（xiáng）	组（zǔ）
怕（pà）	试（shì）	肃（sù）	限（xiàn）	细（xì）
怜（lián）	郎（láng）	录（lù）	妹（mèi）	驶（shǐ）
怪（guài）	诗（shī）	隶（lì）	姑（gū）	织（zhī）
学（xué）	肩（jiān）	居（jū）	姐（jiě）	终（zhōng）
宝（bǎo）	房（fáng）	届（jiè）	姓（xìng）	驻（zhù）
宗（zōng）	诚（chéng）	刷（shuā）	始（shǐ）	驼（tuó）
定（dìng）	衬（chèn）	屈（qū）	驾（jià）	绍（shào）
宜（yí）	衫（shān）	弦（xián）	参[1]（cān）	经（jīng）
审（shěn）	视（shì）	承（chéng）	参[2]（cēn）	贯（guàn）
宙（zhòu）	话（huà）			

九画

奏（zòu）	赵（zhào）	按（àn）	故（gù）	柿（shì）
春（chūn）	挡[1]（dǎng）	挥（huī）	胡（hú）	栏（lán）
帮（bāng）	挡[2]（dàng）	挪（nuó）	南[1]（nā）	树（shù）
珍（zhēn）	挺（tǐng）	某（mǒu）	南[2]（nán）	要[1]（yāo）
玻（bō）	括（kuò）	甚（shèn）	药（yào）	要[2]（yào）
毒（dú）	拴（shuān）	革（gé）	标（biāo）	咸（xián）
型（xíng）	拾[1]（shè）	荐（jiàn）	枯（kū）	威（wēi）
挂（guà）	拾[2]（shí）	巷[1]（hàng）	柄（bǐng）	歪（wāi）
封（fēng）	挑[1]（tiāo）	巷[2]（xiàng）	栋（dòng）	研（yán）
持（chí）	挑[2]（tiǎo）	带（dài）	相[1]（xiāng）	砖（zhuān）
项（xiàng）	指（zhǐ）	草（cǎo）	相[2]（xiàng）	厘（lí）
垮（kuǎ）	垫（diàn）	茧（jiǎn）	查[1]（chá）	厚（hòu）
挎（kuà）	挣[1]（zhēng）	茶（chá）	查[2]（zhā）	砌（qì）
城（chéng）	挣[2]（zhèng）	荒（huāng）	柏[1]（bǎi）	砍（kǎn）
挠（náo）	挤（jǐ）	茫（máng）	柏[2]（bó）	面（miàn）
政（zhèng）	拼（pīn）	荡（dàng）	柳（liǔ）	耐（nài）
赴（fù）	挖（wā）	荣（róng）	柱（zhù）	耍（shuǎ）

牵（qiān）
残（cán）
殃（yāng）
轻（qīng）
鸦（yā）
皆（jiē）
背^{1}（bēi）
背^{2}（bèi）
战（zhàn）
点（diǎn）
临（lín）
览（lǎn）
竖（shù）
省^{1}（shěng）
省^{2}（xǐng）
削^{1}（xiāo）
削^{2}（xuē）
尝（cháng）
是（shì）
盼（pàn）
眨（zhǎ）
哄^{1}（hōng）
哄^{2}（hǒng）
哄^{3}（hòng）
显（xiǎn）
哑^{1}（yā）
哑^{2}（yǎ）
冒（mào）
映（yìng）
星（xīng）
昨（zuó）
畏（wèi）
趴（pā）
胃（wèi）
贵（guì）
界（jiè）
虹（hóng）
虾（xiā）
蚁（yǐ）
思（sī）
蚂（mǎ）
虽（suī）
品（pǐn）
咽^{1}（yān）
咽^{2}（yàn）
咽^{3}（yè）
骂（mà）
哗^{1}（huā）
哗^{2}（huá）
咱（zán）
响（xiǎng）
哈^{1}（hā）
哈^{2}（hǎ）
哈^{3}（hà）
咬（yǎo）
咳^{1}（hāi）
咳^{2}（ké）
哪^{1}（nǎ）
哪^{2}（na）
炭（tàn）
峡（xiá）
罚（fá）
贱（jiàn）
贴（tiē）
骨^{1}（gū）
骨^{2}（gǔ）
钞（chāo）
钟（zhōng）
钢^{1}（gāng）
钢^{2}（gàng）
钥^{1}（yào）
钥^{2}（yuè）
钩（gōu）
卸（xiè）
缸（gāng）
拜（bài）
看^{1}（kān）
看^{2}（kàn）
矩（jǔ）
怎（zěn）
牲（shēng）
选（xuǎn）
适（shì）
秒（miǎo）
香（xiāng）
种^{1}（chóng）
种^{2}（zhǒng）
种^{3}（zhòng）
秋（qiū）
科（kē）
重^{1}（zhòng）
重^{2}（chóng）
复（fù）
竿（gān）
段（duàn）
便^{1}（biàn）
便^{2}（pián）
俩^{1}（liǎ）
俩^{2}（liǎng）
贷（dài）
顺（shùn）
修（xiū）
保（bǎo）
促（cù）
侮（wǔ）
俭（jiǎn）
俗（sú）
俘（fú）
信（xìn）
皇（huáng）
泉（quán）
鬼（guǐ）
侵（qīn）
追（zhuī）
俊（jùn）
盾（dùn）
待^{1}（dāi）
待^{2}（dài）
律（lǜ）
很（hěn）
须（xū）
叙（xù）
剑（jiàn）
逃（táo）
食^{1}（shí）
食^{2}（sì）
食^{3}（yì）
盆（pén）
胆（dǎn）
胜（shèng）
胞（bāo）
胖^{1}（pán）
胖^{2}（pàng）
脉^{1}（mài）
脉^{2}（mò）
勉（miǎn）
狭（xiá）
狮（shī）
独（dú）
狡（jiǎo）
狱（yù）
狠（hěn）
贸（mào）
怨（yuàn）
急（jí）
饶（ráo）
蚀（shí）
饺（jiǎo）
饼（bǐng）
弯（wān）
将^{1}（jiāng）
将^{2}（jiàng）
将^{3}（qiāng）
奖（jiǎng）
哀（āi）
亭（tíng）
亮（liàng）
度^{1}（dù）
度^{2}（duó）
迹（jì）
庭（tíng）
疮（chuāng）
疯（fēng）
疫（yì）
疤（bā）
姿（zī）
亲^{1}（qīn）
亲^{2}（qìng）
音（yīn）
帝（dì）

施（shī）
闻（wén）
阀（fá）
阁（gé）
差[1]（chā）
差[2]（chà）
差[3]（chāi）
差[4]（cī）
养（yǎng）
美（měi）
姜（jiāng）
叛（pàn）
送（sòng）
类（lèi）
迷（mí）
前（qián）
首（shǒu）
逆（nì）
总（zǒng）
炼（liàn）
炸[1]（zhá）
炸[2]（zhà）
炮[1]（bāo）
炮[2]（páo）
炮[3]（pào）
烂（làn）
剃（tì）
洁（jié）
洪（hóng）
洒（sǎ）
浇（jiāo）
浊（zhuó）
洞（dòng）
测（cè）
洗[1]（xǐ）
洗[2]（xiǎn）
活（huó）
派（pài）
洽（qià）
染（rǎn）
济[1]（jǐ）
济[2]（jì）
洋（yáng）
洲（zhōu）
浑（hún）
浓（nóng）
津（jīn）
恒（héng）
恢（huī）
恰（qià）
恼（nǎo）
恨（hèn）
举（jǔ）
觉[1]（jué）
觉[2]（jiào）
宣（xuān）
室（shì）
宫（gōng）
宪（xiàn）
突（tū）
穿（chuān）
窃（qiè）
客（kè）
冠[1]（guān）
冠[2]（guàn）
语（yǔ）
扁[1]（biǎn）
扁[2]（piān）
袄（ǎo）
祖（zǔ）
神（shén）
祝（zhù）
误（wù）
诱（yòu）
说[1]（shuì）
说[2]（shuō）
诵（sòng）
垦（kěn）
退（tuì）
既（jì）
屋（wū）
昼（zhòu）
费（fèi）
陡（dǒu）
眉（méi）
孩（hái）
除（chú）
险（xiǎn）
院（yuàn）
娃（wá）
姥（lǎo）
姨（yí）
姻（yīn）
娇（jiāo）
怒（nù）
架（jià）
贺（hè）
盈（yíng）
勇（yǒng）
怠（dài）
柔（róu）
垒（lěi）
绑（bǎng）
绒（róng）
结[1]（jiē）
结[2]（jié）
绕（rào）
骄（jiāo）
绘（huì）
给[1]（gěi）
给[2]（jǐ）
络（luò）
骆（luò）
绝（jué）
绞（jiǎo）
统（tǒng）

十画

耕（gēng）
耗（hào）
艳（yàn）
泰（tài）
珠（zhū）
班（bān）
素（sù）
蚕（cán）
顽（wán）
盏（zhǎn）
匪（fěi）
捞（lāo）
栽（zāi）
捕（bǔ）
振（zhèn）
载[1]（zǎi）
载[2]（zài）
赶（gǎn）
起（qǐ）
盐（yán）
捎[1]（shāo）
捎[2]（shào）
捏（niē）
埋[1]（mái）
埋[2]（mán）
捉（zhuō）
捆（kǔn）
捐（juān）
损（sǔn）
都[1]（dōu）
都[2]（dū）
哲（zhé）
逝（shì）
捡（jiǎn）
换（huàn）
挽（wǎn）
热（rè）
恐（kǒng）
壶（hú）
挨[1]（āi）

挨[2]（ái）
耻（chǐ）
耽（dān）
恭（gōng）
莲（lián）
莫（mò）
荷[1]（hé）
荷[2]（hè）
获（huò）
晋（jìn）
恶[1]（ě）
恶[2]（è）
恶[3]（wù）
真（zhēn）
框（kuàng）
桂（guì）
档（dàng）
桐（tóng）
株（zhū）
桥（qiáo）
桃（táo）
格[1]（gē）
格[2]（gé）
校[1]（jiào）
校[2]（xiào）
核[1]（hé）
核[2]（hú）
样（yàng）
根（gēn）
索（suǒ）
哥（gē）
速（sù）
逗（dòu）
栗（lì）
配（pèi）
翅（chì）
辱（rǔ）
唇（chún）
夏（xià）
础（chǔ）
破（pò）
原（yuán）
套（tào）
逐（zhú）
烈（liè）
殊（shū）
顾（gù）
轿（jiào）
较（jiào）
顿（dùn）
毙（bì）
致（zhì）
柴（chái）
桌（zhuō）
虑（lǜ）
监[1]（jiān）
监[2]（jiàn）
紧（jǐn）
党（dǎng）
晒（shài）
眠（mián）
晓（xiǎo）
鸭（yā）
晃[1]（huǎng）
晃[2]（huàng）
晌（shǎng）
晕[1]（yūn）
晕[2]（yùn）
蚊（wén）
哨（shào）
哭（kū）
恩（ēn）
唤（huàn）
啊[1]（ā）
啊[2]（á）
啊[3]（ǎ）
啊[4]（à）
啊[5]（a）
唉[1]（āi）
唉[2]（ài）
罢[1]（bà）
罢[2]（ba）
峰（fēng）
圆（yuán）
贼（zéi）
贿（huì）
钱（qián）
钳（qián）
钻[1]（zuān）
钻[2]（zuàn）
铁（tiě）
铃（líng）
铅[1]（qiān）
铅[2]（yán）
缺（quē）
氧（yǎng）
特（tè）
牺（xī）
造（zào）
乘[1]（chéng）
乘[2]（shèng）
敌（dí）
秤（chèng）
租（zū）
积（jī）
秧（yāng）
秩（zhì）
称[1]（chèn）
称[2]（chēng）
秘[1]（bì）
秘[2]（mì）
透（tòu）
笔（bǐ）
笑（xiào）
笋（sǔn）
债（zhài）
借（jiè）
值（zhí）
倚（yǐ）
倾（qīng）
倒[1]（dǎo）
倒[2]（dào）
倘（tǎng）
俱[1]（jū）
俱[2]（jù）
倡（chàng）
候（hòu）
俯（fǔ）
倍（bèi）
倦（juàn）
健（jiàn）
臭[1]（chòu）
臭[2]（xiù）
射（shè）
躬（gōng）
息（xī）
徒（tú）
徐（xú）
舰（jiàn）
舱（cāng）
般[1]（bān）
般[2]（bō）
航（háng）
途（tú）
拿（ná）
爹（diē）
爱（ài）
颂（sòng）
翁（wēng）
脆（cuì）
脂（zhī）
胸（xiōng）
胳（gē）
脏[1]（zāng）
脏[2]（zàng）
胶（jiāo）
脑（nǎo）
狸（lí）
狼（láng）
逢（féng）
留（liú）
皱（zhòu）
饿（è）
恋（liàn）
桨（jiǎng）
浆（jiāng）
衰（shuāi）
高（gāo）
席（xí）
准（zhǔn）

座（zuò）
脊（jǐ）
症[1]（zhēng）
症[2]（zhèng）
病（bìng）
疾（jí）
疼（téng）
疲（pí）
效（xiào）
离（lí）
唐（táng）
资（zī）
凉[1]（liáng）
凉[2]（liàng）
站（zhàn）
剖（pōu）
竞（jìng）
部（bù）
旁（páng）
旅（lǚ）
畜[1]（chù）
畜[2]（xù）
阅（yuè）
羞（xiū）
瓶（píng）
拳（quán）
粉（fěn）
料（liào）
益（yì）
兼（jiān）
烤（kǎo）
烘（hōng）
烦（fán）
烧（shāo）
烛（zhú）
烟（yān）
递（dì）
涛（tāo）
浙（zhè）
涝（lào）
酒（jiǔ）
涉（shè）
消（xiāo）
浩（hào）
海（hǎi）
涂（tú）
浴（yù）
浮（fú）
流（liú）
润（rùn）
浪（làng）
浸（jìn）
涨[1]（zhǎng）
涨[2]（zhàng）
烫（tàng）
涌（yǒng）
悟（wù）
悄[1]（qiāo）
悄[2]（qiǎo）
悔（huǐ）
悦（yuè）
害（hài）
宽（kuān）
家（jiā）
宵（xiāo）
宴（yàn）
宾（bīn）
窄（zhǎi）
容（róng）
宰（zǎi）
案（àn）
请（qǐng）
朗（lǎng）
诸（zhū）
读[1]（dòu）
读[2]（dú）
扇[1]（shān）
扇[2]（shàn）
袜（wà）
袖（xiù）
袍（páo）
被（bèi）
祥（xiáng）
课（kè）
谁[1]（shéi）
谁[2]（shuí）
调[1]（diào）
调[2]（tiáo）
冤（yuān）
谅（liàng）
谈（tán）
谊（yì）
剥[1]（bāo）
剥[2]（bō）
恳（kěn）
展（zhǎn）
剧（jù）
屑（xiè）
弱（ruò）
陵（líng）
陶（táo）
陷（xiàn）
陪（péi）
娱（yú）
娘（niáng）
通[1]（tōng）
通[2]（tòng）
能（néng）
难[1]（nán）
难[2]（nàn）
预（yù）
桑（sāng）
绢（juān）
绣（xiù）
验（yàn）
继（jì）

十一画

球（qiú）
理（lǐ）
捧（pěng）
堵（dǔ）
描（miáo）
域（yù）
掩（yǎn）
捷（jié）
排（pái）
掉（diào）
堆（duī）
推（tuī）
掀（xiān）
授（shòu）
教[1]（jiāo）
教[2]（jiào）
掏（tāo）
掠（lüè）
培（péi）
接（jiē）
控（kòng）
探（tàn）
据[1]（jū）
据[2]（jù）
掘（jué）
职（zhí）
基（jī）
著（zhù）
勒[1]（lè）
勒[2]（lēi）
黄（huáng）
萌（méng）
萝（luó）
菌[1]（jūn）
菌[2]（jùn）
菜（cài）
萄（táo）
菊（jú）
萍（píng）
菠（bō）

营（yíng）
械（xiè）
梦（mèng）
梢（shāo）
梅（méi）
检（jiǎn）
梳（shū）
梯（tī）
桶（tǒng）
救（jiù）
副（fù）
票（piào）
戚（qī）
爽（shuǎng）
聋（lóng）
袭（xí）
盛[1]（chéng）
盛[2]（shèng）
雪（xuě）
辅（fǔ）
辆（liàng）
虚（xū）
雀[1]（qiāo）
雀[2]（qiǎo）
雀[3]（què）
堂（táng）
常（cháng）
匙[1]（chí）
匙[2]（shi）
晨（chén）
睁（zhēng）
眯[1]（mī）
眯[2]（mí）
眼（yǎn）
悬（xuán）
野（yě）
啦[1]（lā）
啦[2]（la）
晚（wǎn）
啄（zhuó）
距（jù）
跃（yuè）
略（lüè）
蛇[1]（shé）
蛇[2]（yí）
累[1]（léi）
累[2]（lěi）
累[3]（lèi）
唱（chàng）
患（huàn）
唯（wéi）
崖（yá）
崭（zhǎn）
崇（chóng）
圈[1]（juān）
圈[2]（juàn）
圈[3]（quān）
铜（tóng）
铲（chǎn）
银（yín）
甜（tián）
梨（lí）
犁（lí）
移（yí）
笨（bèn）
笼[1]（lóng）
笼[2]（lǒng）
笛（dí）
符（fú）
第（dì）
敏（mǐn）
做（zuò）
袋（dài）
悠（yōu）
偿（cháng）
偶（ǒu）
偷（tōu）
您（nín）
售（shòu）
停（tíng）
偏（piān）
假[1]（jiǎ）
假[2]（jià）
得[1]（dé）
得[2]（de）
得[3]（děi）
衔（xián）
盘（pán）
船（chuán）
斜（xié）
盒（hé）
鸽（gē）
悉（xī）
欲（yù）
彩（cǎi）
领（lǐng）
脚（jiǎo）
脖（bó）
脸（liǎn）
脱（tuō）
象（xiàng）
够（gòu）
猜（cāi）
猪（zhū）
猎（liè）
猫（māo）
猛（měng）
馅（xiàn）
馆（guǎn）
凑（còu）
减（jiǎn）
毫（háo）
麻（má）
痒（yǎng）
痕（hén）
廊（láng）
康（kāng）
庸（yōng）
鹿（lù）
盗（dào）
章（zhāng）
竟（jìng）
商（shāng）
族（zú）
旋[1]（xuán）
旋[2]（xuàn）
望（wàng）
率[1]（lǜ）
率[2]（shuài）
着[1]（zhāo）
着[2]（zháo）
着[3]（zhe）
着[4]（zhuó）
盖[1]（gài）
盖[2]（gě）
粘（zhān）
粗（cū）
粒（lì）
断（duàn）
剪（jiǎn）
兽（shòu）
清（qīng）
添（tiān）
淋[1]（lín）
淋[2]（lìn）
淹（yān）
渠（qú）
渐[1]（jiān）
渐[2]（jiàn）
混[1]（hún）
混[2]（hùn）
渔（yú）
淘（táo）
液（yè）
淡（dàn）
深（shēn）
婆（pó）
梁（liáng）
渗（shèn）
情（qíng）
惜（xī）
惭（cán）
悼（dào）
惧（jù）
惕（tì）
惊（jīng）
惨（cǎn）
惯（guàn）
寇（kòu）
寄（jì）

宿[1]（sù）
宿[2]（xiǔ）
宿[3]（xiù）
窑（yáo）
密（mì）
谋（móu）
谎（huǎng）
祸（huò）
谜（mí）
逮[1]（dǎi）
逮[2]（dài）
敢（gǎn）
屠（tú）
弹[1]（dàn）
弹[2]（tán）
随（suí）
蛋（dàn）
隆[1]（lōng）
隆[2]（lóng）
隐（yǐn）
婚（hūn）
婶（shěn）
颈[1]（gěng）
颈[2]（jǐng）
绩（jì）
绪（xù）
续（xù）
骑（qí）
绳（shéng）
维（wéi）
绵（mián）
绸（chóu）
绿[1]（lǜ）
绿[2]（lù）

十二画

琴（qín）
斑（bān）
替（tì）
款（kuǎn）
堪（kān）
搭（dā）
塔（tǎ）
越（yuè）
趁（chèn）
趋（qū）
超（chāo）
提[1]（dī）
提[2]（tí）
堤（dī）
博（bó）
揭（jiē）
喜（xǐ）
插（chā）
揪（jiū）
搜（sōu）
煮（zhǔ）
援（yuán）
裁（cái）
搁[1]（gē）
搁[2]（gé）
搂[1]（lōu）
搂[2]（lǒu）
搅（jiǎo）
握（wò）
揉（róu）
斯（sī）
期（qī）
欺（qī）
联（lián）
散[1]（sǎn）
散[2]（sàn）
惹（rě）
葬（zàng）
葛[1]（gé）
葛[2]（gě）
董（dǒng）
葡（pú）
敬（jìng）
葱（cōng）
落[1]（là）
落[2]（lào）
落[3]（luò）
朝[1]（cháo）
朝[2]（zhāo）
辜（gū）
葵（kuí）
棒（bàng）
棋（qí）
植（zhí）
森（sēn）
椅（yǐ）
椒（jiāo）
棵（kē）
棍（gùn）
棉（mián）
棚（péng）
棕（zōng）
惠（huì）
惑（huò）
逼（bī）
厨（chú）
厦[1]（shà）
厦[2]（xià）
硬（yìng）
确（què）
雁（yàn）
殖[1]（shi）
殖[2]（zhí）
裂（liè）
雄（xióng）
暂（zàn）
雅（yǎ）
辈（bèi）
悲（bēi）
紫（zǐ）
辉（huī）
敞（chǎng）
赏（shǎng）
掌（zhǎng）
晴（qíng）
暑（shǔ）
最（zuì）
量[1]（liáng）
量[2]（liàng）
喷[1]（pēn）
喷[2]（pèn）
晶（jīng）
喇（lǎ）
遇（yù）
喊（hǎn）
景（jǐng）
践（jiàn）
跌（diē）
跑[1]（páo）
跑[2]（pǎo）
遗[1]（wèi）
遗[2]（yí）
蛙（wā）
蛛（zhū）
蜓（tíng）
喝[1]（hē）
喝[2]（hè）
喂（wèi）
喘（chuǎn）
喉（hóu）
幅（fú）
帽（mào）
赌（dǔ）
赔（péi）
黑（hēi）
铸（zhù）
铺[1]（pū）
铺[2]（pù）
链（liàn）
销（xiāo）
锁（suǒ）
锄（chú）
锅（guō）
锈（xiù）
锋（fēng）

锐（ruì）
短（duǎn）
智（zhì）
毯（tǎn）
鹅（é）
剩（shèng）
稍[1]（shāo）
稍[2]（shào）
程（chéng）
稀（xī）
税（shuì）
筐（kuāng）
等（děng）
筑（zhù）
策（cè）
筛（shāi）
筒（tǒng）
答[1]（dā）
答[2]（dá）
筋（jīn）
筝（zhēng）
傲（ào）
傅（fù）
牌（pái）
堡[1]（bǎo）
堡[2]（bǔ）
堡[3]（pù）
集（jí）
焦（jiāo）
傍（bàng）
储（chǔ）
奥（ào）
街（jiē）
惩（chéng）
御（yù）
循（xún）
艇（tǐng）
舒（shū）
番[1]（fān）
番[2]（pān）
释（shì）
禽（qín）
腊（là）
脾（pí）
腔（qiāng）
鲁（lǔ）
猾（huá）
猴（hóu）
然（rán）
馋（chán）
装（zhuāng）
蛮（mán）
就（jiù）
痛（tòng）
童（tóng）
阔（kuò）
善（shàn）
羡（xiàn）
普（pǔ）
粪（fèn）
尊（zūn）
道（dào）
曾[1]（céng）
曾[2]（zēng）
焰（yàn）
港（gǎng）
湖（hú）
渣（zhā）
湿（shī）
温（wēn）
渴（kě）
滑（huá）
湾（wān）
渡（dù）
游（yóu）
滋（zī）
溉（gài）
愤（fèn）
慌（huāng）
惰（duò）
愧（kuì）
愉（yú）
慨（kǎi）
割（gē）
寒（hán）
富（fù）
窜（cuàn）
窝（wō）
窗（chuāng）
遍（biàn）
裕（yù）
裤（kù）
裙（qún）
谢（xiè）
谣（yáo）
谦（qiān）
属[1]（shǔ）
属[2]（zhǔ）
屡（lǚ）
强[1]（jiàng）
强[2]（qiáng）
强[3]（qiǎng）
粥（zhōu）
疏（shū）
隔（gé）
隙（xì）
絮（xù）
嫂（sǎo）
登（dēng）
缎（duàn）
缓（huǎn）
编（biān）
骗（piàn）
缘（yuán）

十三画

瑞（ruì）
魂（hún）
肆（sì）
摄（shè）
摸（mō）
填（tián）
搏（bó）
塌（tā）
鼓（gǔ）
摆（bǎi）
携（xié）
搬（bān）
摇（yáo）
搞（gǎo）
塘（táng）
摊（tān）
蒜（suàn）
勤（qín）
鹊（què）
蓝（lán）
墓（mù）
幕（mù）
蓬（péng）
蓄（xù）
蒙[1]（mēng）
蒙[2]（méng）
蒙[3]（měng）
蒸（zhēng）
献（xiàn）
禁[1]（jīn）
禁[2]（jìn）
楚（chǔ）
想（xiǎng）
槐（huái）
榆（yú）
楼（lóu）
概（gài）
赖（lài）
酬（chóu）
感（gǎn）
碍（ài）
碑（bēi）
碎（suì）
碰（pèng）
碗（wǎn）

碌[1]（liù）
碌[2]（lù）
雷（léi）
零（líng）
雾（wù）
雹（báo）
输（shū）
督（dū）
龄（líng）
鉴（jiàn）
睛（jīng）
睡（shuì）
睬（cǎi）
鄙（bǐ）
愚（yú）
暖（nuǎn）
盟（méng）
歇（xiē）
暗（àn）
照（zhào）
跨（kuà）
跳（tiào）
跪（guì）
路（lù）
跟（gēn）
遣（qiǎn）
蛾（é）
蜂（fēng）
嗓（sǎng）
置（zhì）
罪（zuì）
罩（zhào）
错（cuò）
锡（xī）
锣（luó）
锤（chuí）
锦（jǐn）
键（jiàn）
锯（jù）
矮（ǎi）
辞（cí）
稠（chóu）
愁（chóu）
筹（chóu）
签（qiān）
简（jiǎn）
毁（huǐ）
舅（jiù）
鼠（shǔ）
催（cuī）
傻（shǎ）
像（xiàng）
躲（duǒ）
微（wēi）
愈（yù）
遥（yáo）
腰（yāo）
腥（xīng）
腹（fù）
腾（téng）
腿（tuǐ）
触（chù）
解[1]（jiě）
解[2]（jiè）
解[3]（xiè）
酱（jiàng）
痰（tán）
廉（lián）
新（xīn）
韵（yùn）
意（yì）
粮（liáng）
数[1]（shǔ）
数[2]（shù）
数[3]（shuò）
煎（jiān）
塑（sù）
慈（cí）
煤（méi）
煌（huáng）
满（mǎn）
漠（mò）
源（yuán）
滤（lǜ）
滥（làn）
滔（tāo）
溪（xī）
溜[1]（liū）
溜[2]（liù）
滚（gǔn）
滨（bīn）
梁（liáng）
滩（tān）
慎（shèn）
誉（yù）
塞[1]（sāi）
塞[2]（sài）
塞[3]（sè）
谨（jǐn）
福（fú）
群（qún）
殿（diàn）
辟[1]（bì）
辟[2]（pì）
障（zhàng）
嫌（xián）
嫁（jià）
叠（dié）
缝[1]（féng）
缝[2]（fèng）
缠（chán）

十四画

静（jìng）
碧（bì）
璃（lí）
墙（qiáng）
撇[1]（piē）
撇[2]（piě）
嘉（jiā）
摧（cuī）
截（jié）
誓（shì）
境（jìng）
摘（zhāi）
摔（shuāi）
聚（jù）
蔽（bì）
慕（mù）
暮（mù）
蔑（miè）
模[1]（mó）
模[2]（mú）
榴（liú）
榜（bǎng）
榨（zhà）
歌（gē）
遭（zāo）
酷（kù）
酿（niàng）
酸（suān）
磁（cí）
愿（yuàn）
需（xū）
弊（bì）
裳[1]（cháng）
裳[2]（shang）
颗（kē）
嗽（sòu）
蜻（qīng）
蜡（là）
蝇（yíng）
蜘（zhī）
赚[1]（zhuàn）
赚[2]（zuàn）
锹（qiāo）
锻（duàn）
舞（wǔ）

稳（wěn）
算（suàn）
箩（luó）
管（guǎn）
僚（liáo）
鼻（bí）
魄（pò）
貌（mào）
膜（mó）
膊（bó）
膀[1]（bǎng）
膀[2]（pāng）
膀[3]（páng）
鲜[1]（xiān）
鲜[2]（xiǎn）
疑（yí）
馒（mán）
裹（guǒ）
敲（qiāo）
豪（háo）
膏[1]（gāo）
膏[2]（gào）
遮（zhē）
腐（fǔ）
瘦（shòu）
辣（là）
竭（jié）
端（duān）
旗（qí）
精（jīng）
歉（qiàn）
熄（xī）
熔（róng）
漆（qī）
漂[1]（piāo）
漂[2]（piǎo）
漂[3]（piào）
漫（màn）
滴（dī）
演（yǎn）
漏（lòu）
慢（màn）
寨（zhài）
赛（sài）
察（chá）
蜜（mì）
谱（pǔ）
嫩（nèn）
翠（cuì）
熊（xióng）
凳（dèng）
骡（luó）
缩（suō）

十五画

慧（huì）
撕（sī）
撒[1]（sā）
撒[2]（sǎ）
趣（qù）
趟[1]（tāng）
趟[2]（tàng）
撑（chēng）
播（bō）
撞（zhuàng）
撤（chè）
增（zēng）
聪（cōng）
鞋（xié）
蕉（jiāo）
蔬（shū）
横[1]（héng）
横[2]（hèng）
槽（cáo）
樱（yīng）
橡（xiàng）
飘（piāo）
醋（cù）
醉（zuì）
震（zhèn）
霉（méi）
瞒（mán）
题（tí）
暴（bào）
瞎（xiā）
影（yǐng）
踢（tī）
踏[1]（tā）
踏[2]（tà）
踩（cǎi）
踪（zōng）
蝶（dié）
蝴（hú）
嘱（zhǔ）
墨（mò）
镇（zhèn）
靠（kào）
稻（dào）
黎（lí）
稿（gǎo）
稼（jià）
箱（xiāng）
箭（jiàn）
篇（piān）
僵（jiāng）
躺（tǎng）
僻（pì）
德（dé）
艘（sōu）
膝（xī）
膛（táng）
熟[1]（shóu）
熟[2]（shú）
摩[1]（mā）
摩[2]（mó）
颜（yán）
毅（yì）
糊[1]（hū）
糊[2]（hú）
糊[3]（hù）
遵（zūn）
潜（qián）
潮（cháo）
懂（dǒng）
额（é）
慰（wèi）
劈[1]（pī）
劈[2]（pǐ）

十六画

操（cāo）
燕[1]（yān）
燕[2]（yàn）
薯（shǔ）
薪（xīn）
薄[1]（báo）
薄[2]（bó）
薄[3]（bò）
颠（diān）
橘（jú）
整（zhěng）
融（róng）
醒（xǐng）
餐（cān）
嘴（zuǐ）
蹄（tí）
器（qì）
赠（zèng）
默（mò）
镜（jìng）

赞（zàn） 膨（péng） 凝（níng） 糕（gāo） 懒（lǎn）
篮（lán） 雕（diāo） 辨（biàn） 燃（rán） 壁（bì）
邀（yāo） 磨[1]（mó） 辩（biàn） 澡（zǎo） 避（bì）
衡（héng） 磨[2]（mò） 糖（táng） 激（jī） 缴（jiǎo）

十七画

戴（dài） 霜（shuāng） 螺（luó） 赢（yíng） 臂[1]（bei）
擦（cā） 霞（xiá） 穗（suì） 糟（zāo） 臂[2]（bì）
鞠（jū） 瞧（qiáo） 繁（fán） 糠（kāng） 翼（yì）
藏[1]（cáng） 蹈（dǎo） 辫（biàn） 燥（zào） 骤（zhòu）
藏[2]（zàng）

十八画

鞭（biān） 蹦（bèng） 镰（lián） 翻（fān） 鹰（yīng）
覆（fù）

十九画

警（jǐng） 蹲（dūn） 瓣（bàn） 爆（bào） 疆（jiāng）
攀（pān） 颤（chàn）

二十画

壤（rǎng） 嚼[1]（jiáo） 嚼[3]（jué） 嚷[2]（rǎng） 魔（mó）
耀（yào） 嚼[2]（jiào） 嚷[1]（rāng） 籍（jí） 灌（guàn）
躁（zào）

二十一画

蠢（chǔn） 霸（bà） 露[1]（lòu） 露[2]（lù）

二十二画

囊[1]（nāng） 囊[2]（náng）

二十三画

罐（guàn）

次常用字（1 000 个）

二画

匕（bǐ）	刁（diāo）			

四画

丐（gài）	戈（gē）	仑（lún）	冗（rǒng）	邓（dèng）
歹（dǎi）	夭（yāo）	讥（jī）		

五画

艾[1]（ài）	卢（lú）	皿（mǐn）	矢（shǐ）	冯[1]（féng）
艾[2]（yì）	叭（bā）	凹（āo）	乍（zhà）	冯[2]（píng）
夯（hāng）	叽（jī）	囚（qiú）	尔（ěr）	玄（xuán）
凸（tū）				

六画

邦（bāng）	吁[2]（yū）	仲（zhòng）	妆（zhuāng）	诀（jué）
迂（yū）	吁[3]（yù）	伦（lún）	亥（hài）	弛（chí）
邢（xíng）	吕（lǚ）	伊（yī）	汛（xùn）	阱（jǐng）
芋（yù）	吆（yāo）	肋（lèi）	讳（huì）	驮[1]（duò）
芍（sháo）	屹（yì）	旭（xù）	讶（yà）	驮[2]（tuó）
吏（lì）	廷（tíng）	匈（xiōng）	讹（é）	驯（xùn）
夷（yí）	迄（qì）	凫（fú）	讼（sòng）	纫（rèn）
吁[1]（xū）	臼（jiù）			

七画

玖（jiǔ）	坎（kǎn）	芥[1]（gài）	巫（wū）	肖[2]（xiào）
玛（mǎ）	坞（wù）	芥[2]（jiè）	杈[1]（chā）	吱[1]（zhī）
韧（rèn）	抑（yì）	芯[1]（xīn）	杈[2]（chà）	吱[2]（zī）
抠（kōu）	拟（nǐ）	芯[2]（xìn）	甫（fǔ）	吠（fèi）
扼（è）	抒（shū）	芭（bā）	匣（xiá）	呕（ǒu）
汞（gǒng）	芙（fú）	杖（zhàng）	轩（xuān）	呐（nà）
扳（bān）	芜（wú）	杉[1]（shā）	卤（lǔ）	吟（yín）
抡（lūn）	苇（wěi）	杉[2]（shān）	肖[1]（xiāo）	呛[1]（qiāng）

呛[2]（qiàng）
吻（wěn）
吭[1]（háng）
吭[2]（kēng）
邑（yì）
囤[1]（dùn）
囤[2]（tún）
吮（shǔn）
岖（qū）
牡（mǔ）
佑（yòu）
佃（diàn）
伺[1]（cì）
伺[2]（sì）
卤（lǔ）
肛（gāng）
肘（zhǒu）
甸（diàn）
狈（bèi）
鸠（jiū）
彤（tóng）
灸（jiǔ）
刨[1]（bào）
刨[2]（páo）
庇（bì）
吝（lìn）
庐（lú）
闰（rùn）
兑（duì）
灼（zhuó）
沐（mù）
沛（pèi）
汰（tài）
沥（lì）
沦（lún）
汹（xiōng）
沧（cāng）
沪（hù）
忱（chén）
诅（zǔ）
诈（zhà）
罕（hǎn）
屁（pì）
坠（zhuì）
妓（jì）
姊（zǐ）
妒（dù）
纬（wěi）

八画

玫（méi）
卦（guà）
坷[1]（kē）
坷[2]（kě）
坯（pī）
拓[1]（tà）
拓[2]（tuò）
坪（píng）
坤（kūn）
拄（zhǔ）
拧[1]（níng）
拧[2]（nǐng）
拂（fú）
拙（zhuō）
拇（mǔ）
拗[1]（ào）
拗[2]（niù）
茉（mò）
昔（xī）
苛（kē）
苫[1]（shān）
苫[2]（shàn）
苟（gǒu）
苞（bāo）
茁（zhuó）
苔[1]（tāi）
苔[2]（tái）
枉（wǎng）
枢（shū）
枚（méi）
枫（fēng）
杭（háng）
郁（yù）
矾（fán）
奈（nài）
奄（yǎn）
殴（ōu）
歧（qí）
卓（zhuó）
昙（tán）
哎（āi）
咕（gū）
呵（hē）
咙（lóng）
呻（shēn）
咒（zhòu）
咆（páo）
咖[1]（gā）
咖[2]（kā）
帕（pà）
账（zhàng）
贬（biǎn）
贮（zhù）
氛（fēn）
秉（bǐng）
岳（yuè）
侠（xiá）
侥（jiǎo）
侣（lǚ）
侈（chǐ）
卑（bēi）
刽（kuài）
刹[1]（chà）
刹[2]（shā）
肴（yáo）
觅（mì）
忿（fèn）
瓮（wèng）
肮（āng）
肪（fáng）
狞（níng）
庞（páng）
疟[1]（nüè）
疟[2]（yào）
疙（gē）
疚（jiù）
卒[1]（cù）
卒[2]（zú）
氓[1]（máng）
氓[2]（méng）
炬（jù）
沽（gū）
沮（jǔ）
泣（qì）
泞（nìng）
泌[1]（bì）
泌[2]（mì）
沼（zhǎo）
怔（zhèng）
怯（qiè）
宠（chǒng）
宛（wǎn）
衩[1]（chǎ）
衩[2]（chà）
祈（qí）
诡（guǐ）
帚（zhǒu）
屉（tì）
弧（hú）
弥（mí）
陋（lòu）
陌（mò）
函（hán）
姆（mǔ）
虱（shī）
叁（sān）
绅（shēn）
驹（jū）
绊（bàn）
绎（yì）

九画

契[1]（qì）
契[2]（xiè）
贰（èr）
玷（diàn）
玲（líng）
珊（shān）
拭（shì）
拷（kǎo）
拱（gǒng）
挟（xié）
垢（gòu）
垛[1]（duǒ）
垛[2]（duò）
拯（zhěng）
荆（jīng）
茸（róng）
茬（chá）
荚（jiá）
茵（yīn）
茴（huí）
荞（qiáo）
荠[1]（jì）
荠[2]（qí）
荤（hūn）
荧（yíng）
荔（lì）
栈（zhàn）
柑（gān）
栅[1]（shān）
栅[2]（zhà）
柠（níng）
枷（jiā）
勃（bó）
柬（jiǎn）
砂（shā）
泵（bèng）
砚（yàn）
鸥（ōu）
轴[1]（zhóu）
轴[2]（zhòu）
韭（jiǔ）
虐（nüè）
昧（mèi）
盹（dǔn）
咧[1]（liē）
咧[2]（liě）
咧[3]（lie）
昵（nì）
昭（zhāo）
盅（zhōng）
勋（xūn）
哆（duō）
咪（mī）
哟[1]（yō）
哟[2]（yo）
幽（yōu）
钙（gài）
钝（dùn）
钠（nà）
钦（qīn）
钧（jūn）
钮（niǔ）
毡（zhān）
氢（qīng）
秕（bǐ）
俏（qiào）
俄（é）
俐（lì）
侯[1]（hóu）
侯[2]（hòu）
徊（huái）
衍（yǎn）
胚（pēi）
胧（lóng）
胎（tāi）
狰（zhēng）
饵（ěr）
峦（luán）
奕（yì）
咨（zī）
飒（sà）
闺（guī）
闽（mǐn）
籽（zǐ）
娄（lóu）
烁（shuò）
炫（xuàn）
洼（wā）
柒（qī）
涎（xián）
洛（luò）
恃（shì）
恍（huǎng）
恬（tián）
恤（xù）
宦（huàn）
诫（jiè）
诬（wū）
祠（cí）
诲（huì）
屏[1]（bǐng）
屏[2]（píng）
屎（shǐ）
逊（xùn）
陨（yǔn）
姚（yáo）
娜[1]（nà）
娜[2]（nuó）
蚤（zǎo）
骇（hài）

十画

耘（yún）
耙[1]（bà）
耙[2]（pá）
秦（qín）
匿（nì）
埂（gěng）
捂（wǔ）
捍（hàn）
袁（yuán）
捌（bā）
挫（cuò）
挚（zhì）
捣（dǎo）
捅（tǒng）
埃（āi）
耿（gěng）
聂（niè）
荸（bí）
莽（mǎng）
莱（lái）
莉（lì）
莹（yíng）
莺（yīng）
梆（bāng）
栖[1]（qī）
栖[2]（xī）
桦（huà）
栓（shuān）
桅（wéi）
桩（zhuāng）
贾[1]（gǔ）
贾[2]（jiǎ）
酌（zhuó）
砸（zá）
砰（pēng）
砾（lì）
殉（xùn）
逞（chěng）
哮（xiào）
唠（lāo）
哺（bǔ）
剔（tī）
蚌[1]（bàng）
蚌[2]（bèng）
蚜（yá）

畔（pàn）	赃（zāng）	豺（chái）	衷（zhōng）	涧（jiàn）
蚣（gōng）	钾（jiǎ）	豹（bào）	郭（guō）	涕（tì）
蚪（dǒu）	铆（mǎo）	颁（bān）	斋（zhāi）	涩（sè）
蚓（yǐn）	氨（ān）	胯（kuà）	疹（zhěn）	悍（hàn）
哩（lī）	秫（shú）	胰（yí）	紊（wěn）	悯（mǐn）
圃（pǔ）	笆（bā）	脐（qí）	瓷（cí）	窍（qiào）
鸯（yāng）	俺（ǎn）	脓（nóng）	羔（gāo）	诺（nuò）
唁（yàn）	赁（lìn）	逛（guàng）	烙[1]（lào）	诽（fěi）
哼[1]（hēng）	倔[1]（jué）	卿（qīng）	烙[2]（luò）	袒（tǎn）
哼[2]（hng）	倔[2]（juè）	鸵（tuó）	浦（pǔ）	谆（zhūn）
唆（suō）	殷[1]（yān）	鸳（yuān）	涡[1]（wō）	祟（suì）
峭（qiào）	殷[2]（yīn）	馁（něi）	涡[2]（guō）	恕（shù）
唧（jī）	殷[3]（yǐn）	凌（líng）	涣（huàn）	娩（miǎn）
峻（jùn）	耸（sǒng）	凄（qī）	涤（dí）	骏（jùn）
赂（lù）	舀（yǎo）			

十一画

琐（suǒ）	勘（kān）	曹（cáo）	畦（qí）	婴（yīng）
麸（fū）	聊（liáo）	酝（yùn）	趾（zhǐ）	赊（shē）
琉（liú）	娶（qǔ）	酗（xù）	啃（kěn）	铐（kào）
琅（láng）	菱（líng）	厢（xiāng）	蛆（qū）	铛[1]（chēng）
措（cuò）	菲[1]（fēi）	硅（guī）	蚯（qiū）	铛[2]（dāng）
捺（nà）	菲[2]（fěi）	硕（shuò）	蛉（líng）	铝（lǚ）
捶（chuí）	萎（wěi）	奢（shē）	蛀（zhù）	铡（zhá）
赦（shè）	菩（pú）	盔（kuī）	唬（hǔ）	铣[1]（xǐ）
埠（bù）	萤（yíng）	匾（biǎn）	啰（luō）	铣[2]（xiǎn）
捻（niǎn）	乾（qián）	颅（lú）	唾（tuò）	铭（míng）
掐（qiā）	萧（xiāo）	彪（biāo）	啤（pí）	矫（jiǎo）
掂（diān）	萨（sà）	眶（kuàng）	啥（shá）	秸（jiē）
掖[1]（yē）	菇（gū）	晤（wù）	啸（xiào）	秽（huì）
掖[2]（yè）	彬（bīn）	曼（màn）	崎（qí）	笙（shēng）
掷（zhì）	梗（gěng）	晦（huì）	逻（luó）	笤（tiáo）
掸（dǎn）	梧（wú）	冕（miǎn）	崔（cuī）	偎（wēi）
掺（chān）	梭（suō）	啡（fēi）	崩（bēng）	傀（kuǐ）

躯（qū）
兜（dōu）
衅（xìn）
徘（pái）
徙（xǐ）
舶（bó）
舷（xián）
舵（duò）
敛（liǎn）
翎（líng）
脯[1]（fǔ）
脯[2]（pú）
逸（yì）
凰（huáng）
猖（chāng）
祭（jì）
烹（pēng）
庶（shù）
庵（ān）
痊（quán）
阎（yán）
阐（chǎn）
眷（juàn）
焊（hàn）
焕（huàn）
鸿（hóng）
涯（yá）
淑（shū）
淌（tǎng）
淮（huái）
淆（xiáo）
渊（yuān）
淫（yín）
淳（chún）
淤（yū）
淀（diàn）
涮（shuàn）
涵（hán）
惦（diàn）
悴（cuì）
惋（wǎn）
寂（jì）
窒（zhì）
谍（dié）
谐（xié）
裆（dāng）
袱（fú）
祷（dǎo）
谒（yè）
谓（wèi）
谚（yàn）
尉[1]（wèi）
尉[2]（yù）
堕（duò）
隅（yú）
婉（wǎn）
颇（pō）
绰[1]（chāo）
绰[2]（chuò）
绷[1]（bēng）
绷[2]（běng）
绷[3]（bèng）
综（zōng）
绽（zhàn）
缀（zhuì）
巢（cháo）

十二画

琳（lín）
琢[1]（zhuó）
琢[2]（zuó）
琼（qióng）
揍（zòu）
堰（yàn）
揩（kāi）
揽（lǎn）
揖（yī）
彭（péng）
揣[1]（chuāi）
揣[2]（chuǎi）
揣[3]（chuài）
搀（chān）
搓（cuō）
壹（yī）
搔（sāo）
葫（hú）
募（mù）
蒋（jiǎng）
蒂（dì）
韩（hán）
棱[1]（lēng）
棱[2]（léng）
棱[3]（líng）
椰（yē）
焚（fén）
椎[1]（chuí）
椎[2]（zhuī）
棺（guān）
榔（láng）
椭（tuǒ）
粟（sù）
棘（jí）
酣（hān）
酥（sū）
硝（xiāo）
硫（liú）
颊（jiá）
雳（lì）
翘[1]（qiáo）
翘[2]（qiào）
凿（záo）
棠（táng）
晰（xī）
鼎（dǐng）
喳[1]（chā）
喳[2]（zhā）
遏（è）
晾（liàng）
畴（chóu）
跋（bá）
跛（bǒ）
蛔（huí）
蜒（yán）
蛤[1]（gé）
蛤[2]（há）
鹃（juān）
喻（yù）
啼（tí）
喧（xuān）
嵌（qiàn）
赋（fù）
赎（shú）
赐（cì）
锉（cuò）
锌（xīn）
甥（shēng）
掰（bāi）
氮（dàn）
氯（lǜ）
黍（shǔ）
筏（fá）
牍（dú）
粤（yuè）
逾（yú）
腌（yān）
腋（yè）
腕（wàn）
猩（xīng）
猬（wèi）
惫（bèi）
敦（dūn）
痘（dòu）
痢（lì）
痪（huàn）
竣（jùn）
翔（xiáng）
奠（diàn）
遂[1]（suí）

遂[2]（suì）	溃（kuì）	寓（yù）	犀（xī）	缅（miǎn）
焙（bèi）	溅（jiàn）	窖（jiào）	隘（ài）	缆（lǎn）
滞（zhì）	湃（pài）	窘（jiǒng）	媒（méi）	缔（dì）
湘（xiāng）	愕（è）	雇（gù）	媚（mèi）	缕（lǚ）
渤（bó）	惶（huáng）	谤（bàng）	婿（xù）	骚（sāo）
渺（miǎo）				

十三画

瑟（sè）	碘（diǎn）	蛹（yǒng）	腮（sāi）	漓（lí）
鹉（wǔ）	硼（péng）	嗅（xiù）	腺（xiàn）	溢（yì）
瑰（guī）	碉（diāo）	嗡（wēng）	鹏（péng）	溯（sù）
搪（táng）	辐（fú）	嗤（chī）	肄（yì）	溶（róng）
聘（pìn）	辑（jí）	署（shǔ）	猿（yuán）	滓（zǐ）
斟（zhēn）	频（pín）	蜀（shǔ）	颖（yǐng）	溺（nì）
靴（xuē）	睹（dǔ）	幌（huǎng）	煞[1]（shā）	寞（mò）
靶（bǎ）	睦（mù）	锚（máo）	煞[2]（shà）	窥（kuī）
蓖（bì）	瞄（miáo）	锥（zhuī）	雏（chú）	窟（kū）
蒿（hāo）	嗜（shì）	锨（xiān）	馍（mó）	寝（qǐn）
蒲（pú）	嗦（suō）	锭（dìng）	馏[1]（liú）	褂（guà）
蓉（róng）	暇（xiá）	锰（měng）	馏[2]（liù）	裸（luǒ）
楔（xiē）	畸（jī）	稚（zhì）	禀（bǐng）	谬（miù）
椿（chūn）	跷（qiāo）	颓（tuí）	痹（bì）	媳（xí）
楷（kǎi）	跺（duò）	筷（kuài）	廓（kuò）	嫉（jí）
榄（lǎn）	蜈（wú）	魁（kuí）	痴（chī）	缚（fù）
楞（léng）	蜗（wō）	衙（yá）	靖（jìng）	缤（bīn）
楣（méi）	蜕（tuì）	腻（nì）	誊（téng）	剿（jiǎo）
酪（lào）				

十四画

赘（zhuì）	蔓[1]（mán）	蔚[1]（wèi）	碟（dié）	辖（xiá）
熬[1]（āo）	蔓[2]（màn）	蔚[2]（yù）	碴[1]（chā）	雌（cí）
熬[2]（áo）	蔓[3]（wàn）	兢（jīng）	碴[2]（chá）	墅（shù）
赫（hè）	蔗（zhè）	榛（zhēn）	碱（jiǎn）	嘁（qī）
蔫（niān）	蔼（ǎi）	榕（róng）	碳（tàn）	踊（yǒng）
摹（mó）	熙（xī）	酵（jiào）	辕（yuán）	蝉（chán）

嘀[1]（dī）	箍（gū）	瘩[1]（dá）	漩（xuán）	褐（hè）
嘀[2]（dí）	箕（jī）	瘩[2]（da）	漾（yàng）	褪[1]（tuì）
幔（màn）	箫（xiāo）	瘟（wēn）	慷（kāng）	褪[2]（tùn）
镀（dù）	舆（yú）	彰（zhāng）	寡（guǎ）	隧（suì）
舔（tiǎn）	僧（sēng）	粹（cuì）	寥（liáo）	嫡（dí）
熏（xūn）	孵（fū）	漱（shù）	谭（tán）	缨（yīng）

十五画

撵（niǎn）	橄（gǎn）	蝌（kē）	鲫（jì）	澄[1]（chéng）
撩[1]（liāo）	敷（fū）	蝗（huáng）	褒（bāo）	澄[2]（dèng）
撩[2]（liáo）	豌（wān）	蝙（biān）	瘪[1]（biē）	憔（qiáo）
撮[1]（cuō）	醇（chún）	嘿（hēi）	瘪[2]（biě）	懊（ào）
撮[2]（zuǒ）	磕（kē）	幢[1]（chuáng）	瘤（liú）	憎（zēng）
撬（qiào）	磅[1]（bàng）	幢[2]（zhuàng）	瘫（tān）	翩（piān）
擒（qín）	磅[2]（páng）	镊（niè）	凛（lǐn）	褥（rù）
墩（dūn）	碾（niǎn）	镐[1]（gǎo）	澎（péng）	谴（qiǎn）
撰（zhuàn）	憋（biē）	镐[2]（hào）	潭（tán）	鹤（hè）
鞍（ān）	嘶（sī）	稽[1]（jī）	潦（liáo）	憨（hān）
蕊（ruǐ）	嘲（cháo）	稽[2]（qǐ）	澳（ào）	履（lǚ）
蕴（yùn）	嘹（liáo）	篓（lǒu）	潘（pān）	嬉（xī）
樊（fán）	蝠（fú）	膘（biāo）	澈（chè）	豫（yù）
樟（zhāng）	蝎（xiē）	鲤（lǐ）	澜（lán）	缭（liáo）

十六画

撼（hàn）	噩（è）	踱（duó）	篡（cuàn）	糙（cāo）
擂[1]（léi）	橱（chú）	蹂（róu）	篷（péng）	燎[1]（liáo）
擂[2]（lèi）	橙（chéng）	蟆（má）	篙（gāo）	燎[2]（liǎo）
擅（shàn）	瓢（piáo）	螃（páng）	篱（lí）	濒（bīn）
蕾（lěi）	蟥（huáng）	螟（míng）	儒（rú）	憾（hàn）
薛（xuē）	霍（huò）	噪（zào）	膳（shàn）	懈（xiè）
薇（wēi）	霎（shà）	鹦（yīng）	鲸（jīng）	窿（lóng）
擎（qíng）	辙（zhé）	黔（qián）	瘾（yǐn）	缰（jiāng）
翰（hàn）	冀（jì）	穆（mù）	瘸（qué）	

十七画

壕（háo）	磷（lín）	蟋（xī）	儡（lěi）	縻[1]（mí）
藐（miǎo）	瞭（liào）	蟀（shuài）	徽（huī）	縻[2]（méi）
檬（méng）	瞬（shùn）	嚎（háo）	爵（jué）	癌（ái）
檐（yán）	瞳（tóng）	赡（shàn）	朦（méng）	懦（nuò）
檩（lǐn）	瞪（dèng）	镣（liào）	臊[1]（sāo）	豁[1]（huō）
檀（tán）	曙（shǔ）	魏（wèi）	臊[2]（sào）	豁[2]（huò）
礁（jiāo）	蹋（tà）	簇（cù）	鳄（è）	臀（tún）

十八画

藕（ǒu）	瞻（zhān）	鳍（qí）	瀑（pù）	璧（bì）
藤（téng）	嚣（xiāo）	癞（lài）	襟（jīn）	戳（chuō）

十九画

攒[1]（cuán）	藻（zǎo）	蹬[2]（dèng）	簿（bù）	靡[2]（mǐ）
攒[2]（zǎn）	鳖（biē）	簸[1]（bǒ）	蟹（xiè）	癣（xuǎn）
孽（niè）	蹭（cèng）	簸[2]（bò）	靡[1]（mí）	羹（gēng）
蘑（mó）	蹬[1]（dēng）			

二十画

鬓（bìn）	蠕（rú）	鳞（lín）	糯（nuò）	譬（pì）
攘（rǎng）	巍（wēi）			

二十一画

霹（pī）	躏（lìn）	髓（suǐ）

二十二画

蘸（zhàn）	镶（xiāng）	瓤（ráng）

二十四画

矗（chù）

附录五　10 份模拟试卷
（加注音变后的汉语拼音）

因无特定上下文语境，模拟试卷中“读单音节字词”部分如果出现了多音字（词），应试人可读其中任意一种正确发音。如“正”可读为“zhēng”（组词为“正月”），也可读为“zhèng”（组词为“立正”）。

《PSC 培训教程》模拟试卷（1）

一、读单音节字词

jìng	chén	jùn	liáo	ér	chōng	fá	kē	guài	zá
净	辰	郡	聊	而	充	筏	科	怪	砸
dàn	kuāng	rào	níng	liǎn	huái	zhí	bǎo	sài	tiě
淡	筐	绕	凝	脸	怀	直	宝	赛	铁
kǔn	zǒu	tíng	cuān	hé	jiàng	là	chuí	biān	dēng
捆	走	廷	蹿	何	匠	蜡	垂	边	灯
yǔn	zhē	mù	cǎi	huī	kāi	fēng	lú	xiū	hán
允	遮	穆	睬	辉	揩	丰	驴	修	寒
zhuī	rì	juān	lěi	miù	guǎ	liú	zuì	gǎn	què
椎	日	捐	垒	谬	寡	流	最	秆	却
piàn	xuě	sǐ	zhuàng	qīng	jiǒng	yě	rēng	jiǎ	qián
骗	雪	死	撞	氢	窘	野	扔	钾	钱
nèi	fěn	shè	bì	shòu	qī	gǒng	tuó	ǒu	nóng
内	粉	涉	弊	兽	欺	汞	驼	偶	浓
dǎng	hū	pàn	bīn	áng	niǎo	chāng	cì	pén	táo
党	乎	盼	宾	昂	鸟	昌	次	盆	桃

（续上表）

yǒng	pò	suān	péng	wěn	qiāng	mò	róu	shǔ	máng
蛹	破	酸	彭	稳	枪	莫	柔	署	忙
yuān	xiá	yín	wēng	fǔ	wā	mì	xū	shuò	tǒng
渊	狭	银	翁	府	洼	密	须	烁	捅

二、读多音节词语

miùlùn	pèi'ǒu	běnlǐng	értóng	wánquán	bàozhà	shuāijié
谬论	配偶	本领	儿童	完全	爆炸	衰竭
háoshuǎng	fósì	kuāzhāng	fēikuài	xiǎowèngr	àomàn	zuòhuór
豪爽	佛寺	夸张	飞快	小瓮儿	傲慢	做活儿
zhōngxué	wúqióng	diàojiàr	qīliáng	chuánbō	dédào	jìnǚ
中学	无穷	掉价儿	凄凉	传播	得到	妓女
rìyì	míngē	nóngchǎnpǐn	zhuàngtài	qīngchu	xiōngkǒu	gǎibiān
日益	民歌	农产品	状态	清楚	胸口	改编
shēncéng	wēnróu	fāngxiàngpán	dǐngniúr	zàihu	guànjūn	hēirén
深层	温柔	方向盘	顶牛儿	在乎	冠军	黑人
suīrán	yuèqǔ	píjuàn	xiàděng	cáizhèng	yǔfǎ	wéichí
虽然	乐曲	疲倦	下等	财政	语法	维持
huíwèi	guìzi	kuīsǔn	yùndòng	tiěsuǒ	yīnxún-shǒujiù	
回味	柜子	亏损	运动	铁索	因循守旧	

三、朗读短文：作品 × 号（抽取）

四、命题说话：话题 × 号（抽取）

《PSC 培训教程》模拟试卷（2）

一、读单音节字词

sī	mí	fēn	zú	shuǎi	dòng	náng	jìn	gāng	chě
丝	迷	纷	卒	甩	动	囊	浸	刚	扯
chǒng	jūn	kǔ	huái	cáo	zuò	wěn	shēng	yòng	zhū
宠	君	苦	怀	槽	座	吻	升	用	诸
bà	lǐng	bō	èr	kǎn	bìn	yáo	tān	liáng	cuī
罢	岭	播	二	砍	鬓	姚	滩	梁	崔
xiǔ	jú	suō	róu	mò	tǒng	zhuō	nèn	qí	guà
朽	菊	缩	柔	莫	桶	拙	嫩	齐	挂
wēng	zhǐ	bào	mǎ	fèi	shuā	zěn	tà	xié	dēng
翁	纸	报	马	吠	刷	怎	榻	斜	登
jiǒng	sāo	pí	sān	tuán	niē	zéi	guǎng	quǎn	shè
炯	缫	疲	三	团	捏	贼	广	犬	射
qǔ	zhōu	shuǐ	hé	páo	qiàn	zhēng	róng	xuǎn	lèng
取	洲	水	盒	袍	欠	蒸	荣	癣	愣
rùn	jué	pāi	mián	biǎo	méi	liè	ēn	xún	dīng
闰	绝	拍	眠	表	煤	劣	恩	巡	叮
nǎi	diū	àn	yuē	huán	fǎng	rì	wāng	yí	pà
乃	丢	按	曰	环	仿	日	汪	仪	怕
tàng	zhě	wā	huǎng	luǎn	kùn	jiǎ	gù	qiáng	cì
烫	褶	挖	谎	卵	困	钾	顾	墙	次

二、读多音节词语

shǎzi	sàichǎng	gēràng	miùlùn	xiěfǎ	dàniáng	fùnǚ
傻子	赛场	割让	谬论	写法	大娘	妇女
zhìliàng	zēngchǎn	rénqún	kuànggōng	qióngjìn	cānyìyuàn	xiōngpú
质量	增产	人群	旷工	穷尽	参议院	胸脯
yǔwén	jiēqià	gǎntàngr	měihǎo	táocuàn	hépíng	fēikuài
语文	接洽	赶趟儿	美好	逃窜	和平	飞快
jiàoxùn	róuruǎn	sīwéi	zhuājiūr	zhé · mó	bìléizhēn	duìwu
教训	柔软	思维	抓阄儿	折磨	避雷针	队伍
móulüè	yīn'ér	biǎoyǎn	shuāiluò	huáiniàn	xiàtiān	diǎnyǎ
谋略	因而	表演	衰落	怀念	夏天	典雅
duōguǎ	piànmiàn	fóxué	bùfen	cáizhèng	àomì	huǒguōr
多寡	片面	佛学	部分	财政	奥秘	火锅儿
chuàngzào	jìshìr	hóngsè	tóngqíng	shàngshēng	zhǐgāo-qìyáng	
创造	记事儿	红色	同情	上升	趾高气扬	

三、朗读短文：作品×号（抽取）

四、命题说话：话题×号（抽取）

《PSC培训教程》模拟试卷（3）

一、读单音节字词

zhǒu	wèi	níng	yǔn	sū	qiān	yù	shuā	èr	pén
肘	位	凝	允	苏	千	誉	刷	二	盆
mò	cǐ	bèi	tán	kǔn	cāng	guǎi	huáng	wǎ	shāo
末	此	钡	痰	捆	苍	拐	黄	瓦	梢
suǒ	chéng	kōu	jiān	miào	yǎ	diū	shèng	tǐ	gēng
所	成	抠	肩	妙	哑	丢	圣	体	羹
zhū	chǔn	miàn	rè	tā	xǐ	chuāng	jiào	dā	fǎng
诸	蠢	面	热	他	喜	窗	窖	搭	访
zhái	liè	dīng	qué	sòng	xuǎn	zōng	bái	liào	tuī
宅	猎	叮	瘸	送	癣	棕	白	廖	推
diǎn	sī	qià	wō	shǔ	niáng	piāo	wán	rì	lěi
碘	丝	恰	窝	鼠	娘	飘	丸	日	垒
mài	fén	còu	qiāng	cái	féng	guǎng	xú	yōng	jì
麦	焚	凑	腔	财	逢	广	徐	拥	季
ná	hòu	jié	róng	kǎn	chuán	bǐ	hán	jiǒng	xún
拿	后	劫	溶	坎	船	笔	含	窘	循
jǐn	quán	rǎo	ēn	zuǒ	yuè	pō	shì	zhá	è
紧	泉	扰	恩	左	月	泼	示	铡	扼
liǔ	gè	páo	zhàng	lín	mù	shuǎi	nào	píng	shàn
柳	个	袍	仗	邻	木	甩	闹	评	善

二、读多音节词语

fójiào	jiātíng	xiǎowèngr	niúdùn	chìbǎng	sāshǒu	duìxiàng
佛教	家庭	小瓮儿	牛顿	翅膀	撒手	对象
jiànquán	yōudài	huàféi	tǔrǎng	zuìzhōng	pèihé	chángbìyuán
健全	优待	化肥	土壤	最终	配合	长臂猿
juézhāor	cōng · míng	fāyù	zhāngtiē	chuǎnxī	rúcǐ	lìyòng
绝着儿	聪明	发育	张贴	喘息	如此	利用
ěrmór	wánshuǎ	qióngrén	fēngkuáng	yǔnxǔ	shuāilǎo	néngnai
耳膜儿	玩耍	穷人	疯狂	允许	衰老	能耐
zhuājǐn	sōuluó	hóngniáng	zūnxún	dìnglǜ	qínkuai	piànkè
抓紧	搜罗	红娘	遵循	定律	勤快	片刻
cūnzhuāng	kuòzhǎn	ānwèi	měnggǔbāo	lüèduó	bànsuí	guówáng
村庄	扩展	安慰	蒙古包	掠夺	伴随	国王
gōngshì	nǐmen	piēkai	ōugē	qiàqiǎo	rěnqì-tūnshēng	
公式	你们	撇开	讴歌	恰巧	忍气吞声	

三、朗读短文：作品×号（抽取）

四、命题说话：话题×号（抽取）

《PSC培训教程》模拟试卷（4）

一、读单音节字词

gǎi	pō	méi	tǎo	miào	qún	píng	xuě	jiē	chéng
改	颇	酶	讨	庙	群	平	雪	秸	诚
nóng	liǔ	qiāng	ǒu	pēi	jìng	fèi	xiá	quǎn	lèng
脓	柳	腔	呕	胚	径	废	辖	犬	愣
xiāo	còu	shé	zhuō	jiǒng	zuàn	fǔ	diàn	piǎo	líng
销	凑	舌	捉	窘	攥	甫	店	瞟	凌
ruǎn	cí	juān	nǚ	ér	chě	xún	kuān	wàng	lüè
软	词	捐	女	而	扯	巡	宽	妄	掠
huā	tóu	zǒng	sān	gù	qín	dào	chén	hún	guà
花	头	总	三	故	擒	稻	晨	浑	卦
yú	chuī	yǎo	cāng	bào	lèi	guǎng	bèn	shāi	yīng
虞	吹	咬	舱	抱	肋	广	笨	筛	鹰
guǎi	bó	zhǎng	áng	pí	fān	shù	ruò	fǎ	wān
拐	搏	掌	昂	疲	翻	树	弱	法	弯
bǎi	máng	suì	móu	yín	jiū	tiǎn	bǐ	cū	kuáng
摆	忙	岁	谋	吟	揪	舔	彼	粗	狂
yǎ	kuò	huái	wèng	xiōng	zì	jiān	rēng	nǐ	hàn
雅	阔	怀	瓮	胸	字	歼	扔	拟	汉
zhēng	rì	tī	zhí	wō	niàng	zhǎo	ná	sǔn	diē
征	日	踢	值	涡	酿	找	拿	损	爹

二、读多音节词语

bōcháng	zhànlüè	zhāopai	zuòguài	fójīng	qióngrén	díquè
波长	战略	招牌	作怪	佛经	穷人	的确
yóuchuōr	kāikǒu	lǜhuà	shàngxià	tiěsuǒ	ōudǎ	diǎnxin
邮戳儿	开口	绿化	上下	铁索	殴打	点心
fāng'àn	jūnyún	guówáng	qiàhǎo	qiángdào	biǎoyǎn	fùwēng
方案	均匀	国王	恰好	强盗	表演	富翁
nóngchǎnpǐn	chúncuì	nánnǚ	xiétiáo	liúdòng	néngliàng	chěpí
农产品	纯粹	男女	协调	流动	能量	扯皮
tàipíng	zhuǎnjiāo	jiànquán	méipǔr	suíhòu	nàme	chéngkěn
太平	转交	健全	没谱儿	随后	那么	诚恳
xíjuǎn	shànmiànr	róuruǎn	cèzhòng	yīngxióng	shēngcún	hékuàng
席卷	扇面儿	柔软	侧重	英雄	生存	何况
bùzàihu	yǐzhì	guāzǐr	wàimào	tuīguǎng	sìshì-érfēi	
不在乎	以致	瓜子儿	外贸	推广	似是而非	

三、朗读短文：作品 × 号（抽取）

四、命题说话：话题 × 号（抽取）

《PSC培训教程》模拟试卷（5）

一、读单音节字词

shòu	xióng	yōu	rēng	ér	liàn	míng	chuí	wàn	sháo
受	雄	忧	扔	儿	炼	明	锤	万	勺
lǚ	zhuī	zhì	niǔ	róng	tāo	áng	liè	kǎo	cuō
铝	锥	至	扭	荣	掏	昂	烈	烤	搓
hé	tàn	mì	kuài	hēi	nú	pī	gǒng	chá	wèi
禾	探	幂	块	黑	奴	披	拱	察	谓
jí	niǎo	suì	luǎn	bó	yē	sāi	chí	kùn	fú
级	鸟	岁	卵	驳	噎	腮	迟	困	伏
tǎ	duō	píng	shǎn	jiàng	qiáo	piān	jiǎ	còu	lún
塔	多	萍	陕	酱	乔	偏	甲	凑	轮
yù	guǎ	mò	qǔ	zhuàn	dūn	fǎng	juān	gǔ	cā
育	寡	莫	取	撰	蹲	纺	捐	谷	擦
sè	dǔ	fèn	ēn	rǎng	chái	guāng	wáng	wò	qiāng
涩	堵	粪	恩	嚷	柴	光	王	卧	腔
fān	zì	zhēn	xuǎn	cí	xūn	cháng	yǒng	bìn	huái
帆	字	斟	选	词	薰	偿	永	鬓	淮
qǐn	chéng	cǎi	zēng	piáo	tīng	bǐng	yàn	dǐ	xià
寝	程	踩	憎	瓢	厅	饼	砚	抵	夏
jūn	mǒu	dōng	běi	tóu	xuě	yuè	wā	zěn	mào
均	某	东	北	投	雪	阅	挖	怎	帽

二、读多音节词语

shuāilǎo	ǒu'ěr	fóxiàng	xiǎoqiǎo	bāguà	niúzǎikù	tàikōng
衰老	偶尔	佛像	小巧	八卦	牛仔裤	太空
wángguó	yuèliang	chuàngzuò	wénzhāng	xìfǎr	tuísàng	zhènghǎo
王国	月亮	创作	文章	戏法儿	颓丧	正好
shēncéng	kěnqiú	chóuhèn	róuruǎn	rénmín	zhuīsuí	shēngcún
深层	恳求	仇恨	柔软	人民	追随	生存
kuàilè	dùqír	shīqù	guànjūn	dànbáizhì	jiǎnzi	dòngyuán
快乐	肚脐儿	失去	冠军	蛋白质	茧子	动员
diǎnyǎ	jiǒngpò	luòtuo	xúnzhǎo	tīngzhòng	xiàjì	nüèdài
典雅	窘迫	骆驼	寻找	听众	夏季	虐待
quánlì	míngnián	méipǔr	hēi'àn	yōngyǒu	mián · huā	fùnǚ
权力	明年	没谱儿	黑暗	拥有	棉花	妇女
jiēfang	cáichǎn	fànhér	bàngwǎn	shāngpǐn	tōngqíng-dálǐ	
街坊	财产	饭盒儿	傍晚	商品	通情达理	

三、朗读短文：作品 × 号（抽取）

四、命题说话：话题 × 号（抽取）

《PSC培训教程》模拟试卷（6）

一、读单音节字词

wā	zàng	jiāo	pèng	nuǎn	pū	lóng	ài	lí	kuā
蛙	葬	焦	碰	暖	扑	龙	碍	离	夸
ér	shěn	niǎo	qué	mì	chéng	bīn	hé	sǎn	xián
而	沈	鸟	瘸	密	承	滨	盒	伞	贤
xuān	biǎo	dí	juàn	kěn	qū	suǒ	guàn	shí	chě
宣	表	嫡	倦	垦	屈	所	惯	实	扯
suī	gǔn	zá	dài	luó	bìng	cuī	kuáng	zāi	é
虽	滚	杂	戴	罗	并	摧	狂	栽	额
kuí	tǎng	ròu	rùn	má	yǎng	pán	zì	tiě	rì
葵	躺	肉	润	麻	养	盘	自	铁	日
lǚ	gōng	ná	wù	fěn	fān	méng	guǎ	xūn	liú
屡	弓	拿	物	粉	帆	萌	寡	薰	硫
māo	jiǒng	nèi	xióng	chuāng	yóu	bó	fēng	shuā	huài
猫	窘	内	雄	疮	游	铂	峰	刷	坏
rǎn	tíng	hòu	wǎn	jìng	còu	wěn	qiā	jiàng	yē
染	亭	后	挽	敬	凑	稳	掐	酱	椰
yǎ	zhù	bǎo	pò	zhuān	cǐ	sōu	xuě	féi	guāi
哑	铸	饱	魄	专	此	艘	雪	肥	乖
zhòng	jūn	nín	hǔ	qiān	tào	diān	qì	zǎo	zhàng
仲	君	您	虎	迁	套	滇	砌	藻	账

二、读多音节词语

shēnhuà	nánguài	dēngpàor	wēnróu	luóxuánjiǎng	nèizài	cóngzhōng
深化	难怪	灯泡儿	温柔	螺旋桨	内在	从中
qiàhǎo	wánshàn	méitóu	kuāzhāng	lāliànr	xuéxí	tiáohé
恰好	完善	眉头	夸张	拉链儿	学习	调和
chǐrǔ	yòu'éryuán	shuǎngkuai	júmiàn	cuòzhé	líba	jiǒngpò
耻辱	幼儿园	爽快	局面	挫折	篱笆	窘迫
dòulèr	cuīhuǐ	àiguó	chuánshuō	xiūyǎng	míngbai	nuǎnpíng
逗乐儿	摧毁	爱国	传说	修养	明白	暖瓶
diǎnyǎ	fùnǚ	bàodá	suíhòu	pànwàng	tíchéngr	zǒngděi
典雅	妇女	报答	随后	盼望	提成儿	总得
biāozhǔn	gāngtiě	yīngxióng	jūnfá	díquè	gōngmín	jiànzi
标准	钢铁	英雄	军阀	的确	公民	毽子
fósì	zhàoxiàng	qīnqiè	fǎnqīng	rénqún	shēnglóng-huóhǔ	
佛寺	照相	亲切	返青	人群	生龙活虎	

三、朗读短文：作品×号（抽取）

四、命题说话：话题×号（抽取）

《PSC 培训教程》模拟试卷（7）

一、读单音节字词

bǐ	qià	yóu	fāng	pén	chén	shuǎ	biān	lí	rùn
比	洽	油	方	盆	臣	耍	编	犁	润
nóng	kuī	huái	xīn	mài	dìng	sāo	kuò	ròu	diào
农	亏	槐	薪	迈	订	搔	扩	肉	吊
mén	hēi	mán	lài	lián	liǔ	jiàng	pàn	guǎi	nuǎn
门	黑	瞒	赖	帘	柳	酱	判	拐	暖
zhǔn	jiù	xuǎn	pèi	shuāng	qiáng	sū	tǒng	pō	ān
准	厩	癣	佩	双	墙	酥	统	颇	安
ní	chēng	tuǐ	qǔ	zhù	mí	jù	ruǐ	dé	fǎ
倪	撑	腿	娶	注	谜	锯	蕊	德	法
bō	yǎn	huā	qué	bīng	zuì	féng	zì	chún	tiào
拨	演	花	瘸	冰	罪	冯	字	醇	跳
děng	èr	chū	mǒu	cā	tè	hūn	āo	shē	wán
等	二	初	某	擦	特	婚	凹	奢	丸
rǒng	wò	níng	xiōng	xié	zhēn	páng	zhāi	jiǒng	shì
冗	握	凝	胸	协	斟	旁	摘	炯	室
kǒu	làng	chī	biǎo	dié	yuán	gē	yǔn	jué	shǎng
口	浪	吃	表	蝶	缘	歌	允	绝	赏
jìn	cǎn	xún	yǎ	wáng	cǐ	sài	gēng	shù	zǎo
进	惨	巡	哑	王	此	赛	耕	竖	枣

二、读多音节词语

fěnmòr	méipǔr	qīnlüè	dàduōshù	sīxiǎng	guàniàn	fójīng
粉末儿	没谱儿	侵略	大多数	思想	挂念	佛经
qǐfēi	hétong	yàopǐn	zhèngdǎng	suànbànr	róuruǎn	xùnliàn
起飞	合同	药品	政党	蒜瓣儿	柔软	训练
gètǐ	shàngxià	tǎngshǐ	qiǎngqiú	wēihài	rénjūn	shàonǚ
个体	上下	倘使	强求	危害	人均	少女
yuánliào	dōng'ōu	qínghuái	cáichǎn	juéyì	gāo'ào	cháihuo
原料	东欧	情怀	财产	决议	高傲	柴火
měnggǔbāo	cóng'ér	běnzi	zhuàngkuàng	kuīsǔn	zuòyòng	nánguài
蒙古包	从而	本子	状况	亏损	作用	难怪
shǒujiǎo	huāngmiù	chìzé	piēkai	shālúnr	mièwáng	dìnglǜ
手脚	荒谬	斥责	撇开	砂轮儿	灭亡	定律
yīngxióng	kuàyuè	xuánzhuǎn	dàniáng	wēnróu	màomíng-dǐngtì	
英雄	跨越	旋转	大娘	温柔	冒名顶替	

三、朗读短文：作品 × 号（抽取）

四、命题说话：话题 × 号（抽取）

《PSC 培训教程》模拟试卷（8）

一、读单音节字词

tā	nèi	piǎo	zán	yuē	áo	gǎn	qīn	niáng	cuàn
塌	内	瞟	咱	曰	鳌	感	侵	娘	窜
guài	zhān	rè	ní	bō	ěr	dā	shuǎi	zhuā	huáng
怪	沾	热	倪	波	耳	搭	甩	抓	黄
shuān	wà	cún	pò	yě	qí	niǎo	miù	fēng	qún
栓	袜	存	破	也	旗	鸟	谬	枫	裙
mǔ	róng	qū	tái	kěn	xié	wāi	rǎo	suān	chí
亩	绒	驱	抬	肯	鞋	歪	扰	酸	池
chuō	rì	zū	huí	méi	dì	gū	qiǎn	yùn	xiōng
戳	日	租	回	梅	第	孤	谴	蕴	凶
jià	guǒ	zuì	fǎ	zhèng	juàn	wǒ	hòu	xuě	shāng
嫁	裹	最	法	政	倦	我	后	雪	商
chuài	wěi	téng	yīn	kào	mài	chǒu	dào	lǒng	chè
踹	纬	疼	因	靠	麦	丑	道	拢	澈
liè	jiāng	líng	guǎ	mí	zhuàn	fǎng	xiá	liǔ	jú
列	姜	陵	寡	弥	赚	纺	辖	绺	菊
piē	yǔ	zhù	kūn	jiǒng	chuáng	zěn	sī	léi	niān
瞥	语	助	坤	窘	床	怎	丝	雷	蔫
xuán	cǐ	bái	diào	bā	tǒng	píng	ài	táng	suō
玄	此	白	吊	八	筒	坪	碍	堂	缩

二、读多音节词语

shānfēng	zuìniè	cìjī	dēngpàor	měijǐng	yuáncáiliào	chuàngbàn
山峰	罪孽	刺激	灯泡儿	美景	原材料	创办
kūnchóng	tiānxià	zuòhuór	bùfen	bàngchui	yāpò	bìxūpǐn
昆虫	天下	做活儿	部分	棒槌	压迫	必需品
guǎiwānr	nèiróng	mù'ǒu	miànzi	shōusuō	guǐliǎn	qūshì
拐弯儿	内容	木偶	面子	收缩	鬼脸	趋势
diūrén	xiǎowèngr	dǎting	tōngxùn	hánliàng	cūnzhuāng	kāihuā
丢人	小瓮儿	打听	通讯	含量	村庄	开花
tèsè	huāngmiù	wúqióng	jiùsuàn	érqiě	dìng'é	guānshǎng
特色	荒谬	无穷	就算	而且	定额	观赏
kuàilè	hóngniáng	zhuājǐn	shèngnù	yùnyòng	qīnlüè	juānshuì
快乐	红娘	抓紧	盛怒	运用	侵略	捐税
ruògān	bàofā	fóxué	yīzhí	qǐchéng	yìwú-fǎngù	
若干	爆发	佛学	一直	启程	义无反顾	

三、朗读短文：作品×号（抽取）

四、命题说话：话题×号（抽取）

《PSC培训教程》模拟试卷（9）

一、读单音节字词

guāi	tàn	shéng	huài	chǐ	pén	miè	huǐ	gé	jiǒng
乖	碳	绳	坏	齿	盆	灭	毁	革	窘
dǐ	yùn	xiá	tài	huáng	wò	juē	qìng	zì	kuǎn
底	运	峡	太	簧	握	撅	庆	自	款
bā	sǐ	xún	bān	tián	fǎng	ér	fēn	zhǎi	huán
疤	死	旬	搬	甜	纺	儿	氛	窄	环
shēn	chè	tǎng	chá	yuàn	rǔ	xiōng	niàn	ráo	mèng
身	彻	躺	茶	愿	乳	胸	念	饶	梦
zàng	chuī	sǎ	bìn	fēng	yá	liú	pū	dié	shuò
葬	吹	洒	鬓	封	崖	瘤	扑	迭	硕
ǎo	kùn	cāng	diào	cuò	biāo	zhǐ	gōng	pī	zéi
袄	困	苍	掉	错	标	指	龚	披	贼
hěn	rùn	jiǔ	kè	cái	shuǎ	wāng	ní	juàn	kuā
狠	润	九	客	裁	耍	汪	尼	倦	夸
kǎn	niú	lěi	niē	niǎo	qián	guàn	lǒng	qiáng	pō
砍	牛	垒	捏	鸟	前	惯	垄	墙	颇
tuī	bǒ	xú	xìn	láo	shū	yuè	sēng	jiǎng	qiāo
推	跛	徐	信	牢	疏	越	僧	奖	敲
jǔ	wāi	lǐng	ōu	qǐ	mián	guì	má	zhōu	dú
矩	歪	领	欧	起	棉	桂	麻	周	毒

二、读多音节词语

zuì'è	zhǔrénwēng	shēngcún	quèshí	yǐzi	qiàdàng	wēnróu
罪恶	主人翁	生存	确实	椅子	恰当	温柔
kuàngchǎn	lòuxiànr	gāoyuán	fójīng	kuīsǔn	chuántǒng	nánnǚ
矿产	露馅儿	高原	佛经	亏损	传统	男女
dàniáng	huǒxīngr	xiàngzhēng	shuāibiàn	nüèdài	diūdiào	yùnshū
大娘	火星儿	象征	衰变	虐待	丢掉	运输
huāngmiù	tuīcè	zhāngluo	qúntǐ	gāngtiě	āigèr	wàimiàn
荒谬	推测	张罗	群体	钢铁	挨个儿	外面
gǎnjǐn	bìxū	lǐnghǎi	jiǒngpò	méipǔr	yǎotiǎo	quánbù
赶紧	必须	领海	窘迫	没谱儿	窈窕	全部
huìhuà	kuàbāo	zhàlan	méngfā	zuòfēng	yālì	sàozhou
绘画	挎包	栅栏	萌发	作风	压力	扫帚
cāngqióng	chénzhòng	érqiě	xiāofèipǐn	jiérì	ānjū-lèyè	
苍穹	沉重	而且	消费品	节日	安居乐业	

三、朗读短文：作品×号（抽取）

四、命题说话：话题×号（抽取）

《PSC培训教程》模拟试卷（10）

一、读单音节字词

xià	jī	bì	tiě	rào	xián	piē	biē	mí	juān
下	肌	碧	铁	绕	弦	瞥	憋	迷	捐
fá	chè	měi	sù	fǎng	shé	xùn	jūn	liú	piān
罚	撤	每	速	访	舌	逊	钧	留	篇
tóng	yǎ	zì	fǔ	kēng	nà	jīn	hōng	xióng	kuò
童	哑	自	府	坑	钠	津	烘	熊	阔
guō	qiáng	zé	sān	áng	biǎo	yuǎn	zhāo	nuǎn	chá
郭	墙	泽	三	昂	表	远	昭	暖	茶
shǎ	pái	ēn	bǐng	zāi	mó	chuān	qū	rì	miǎo
傻	牌	恩	禀	栽	膜	川	屈	日	秒
qǐng	fèng	guǎ	wéi	jiāng	guàng	kǎn	dì	niǔ	suí
顷	奉	寡	唯	缰	逛	砍	地	扭	随
zāo	qín	zhēng	diǎn	yuè	lǘ	bō	cuǐ	pén	mào
糟	琴	蒸	典	粤	驴	波	璀	盆	帽
còu	huái	wā	nài	wén	tú	zhōu	luǒ	chuài	nín
凑	淮	蛙	耐	文	图	周	裸	踹	您
cí	duàn	xuě	wù	cuān	shuǎng	yǐng	rùn	qué	guì
词	断	雪	勿	蹿	爽	影	润	瘸	桂
lèi	chǐ	shòu	sǎng	héng	ér	līn	wāng	zhǎn	yòng
泪	齿	寿	嗓	衡	儿	拎	汪	斩	用

二、读多音节词语

jūnshì	píngyuán	xiǎocōngr	huāngmiù	lǎba	zuótiān	hóngniáng
军事	平原	小葱儿	荒谬	喇叭	昨天	红娘
dànqīngr	móxíng	zhèngquán	wàizài	kuīsǔn	zhǔrénwēng	èhuà
蛋清儿	模型	政权	外在	亏损	主人翁	恶化
méitóu	fānglüè	yīfu	rúcǐ	xúnhuán	kēxué	tuīsuàn
眉头	方略	衣服	如此	循环	科学	推算
shàonǚ	huǒguànr	jiàzhí	wàngshèng	chúnzhēn	chànggēr	guàzi
少女	火罐儿	价值	旺盛	纯真	唱歌儿	褂子
rán'ér	tòng・kuài	páilou	yīngxióng	dàliàng	qǐcǎo	chuīniú
然而	痛快	牌楼	英雄	大量	起草	吹牛
fójiào	duǒshǎn	kuàbāo	bǐsài	shàngmiàn	qiàqiǎo	qióngkǔ
佛教	躲闪	挎包	比赛	上面	恰巧	穷苦
dàozéi	suíbiàn	shōuyīnjī	pǐnzhǒng	gāngtiě	sīkōng-jiànguàn	
盗贼	随便	收音机	品种	钢铁	司空见惯	

三、朗读短文：作品×号（抽取）

四、命题说话：话题×号（抽取）

附录六　参考答案

第一章　普通话水平测试概述

第一节　普通话概述

一、什么是现代汉语普通话？

答：现代汉语普通话，就是以北京语音为标准音，以北方方言为基础方言，以典范的现代白话文著作为语法规范的现代汉民族共同语。

二、现代汉语七大地域方言及其代表方言点有哪些？

答：①北方方言：北京。②吴方言：苏州。③湘方言：长沙。④赣方言：南昌。⑤客家方言：梅县。⑥闽方言：福州。⑦粤方言：广州。

三、现代汉语规范化的主要内容是什么？

答：现代汉语规范化主要包括语音、词汇、语法等方面的规范化。语音方面主要包括确立正音标准和推广标准音；词汇方面的规范化主要是维护词语的既有规范、规范从其他语言（如方言词语和外来词语）及网络用语新吸取进来的词语成分；语法方面主要是要明确“以典范的现代白话文著作为语法规范”，还要注意克服方言语法的影响，排除不规范的外语语法，如翻译作品中的“欧化句式”的干扰等。

四、近年来，国家有关部委主要颁布了哪些有关“推普”工作的法规文件？

答：近年来，国家有关部委颁布了一些有关“推普”工作的法规文件，主要有《中华人民共和国教育法》（1995 年）、《关于进一步加强学校普及普通话和用字规范化工作的通知》（2000 年）、《中华人民共和国国家通用语言文字法》（2001 年 1 月起生效）、《国家中长期语言文字事业改革和发展规划纲要（2012—2020）》（2012 年印发）、《中华人民共和国宪法》（2018 年修正）等。

第二节 什么是普通话水平测试

一、PSC 的主要对象是什么人？

答：《中华人民共和国国家通用语言文字法》第十九条规定：“凡以普通话作为工作语言的岗位，其工作人员应当具备说普通话的能力。以普通话作为工作语言的播音员、节目主持人和影视话剧演员、教师、国家机关工作人员的普通话水平，应当分别达到国家规定的等级标准；对尚未达到国家规定的普通话等级标准的，分别情况进行培训。”

二、PSC 相应等级的要求有哪些？

答：普通话水平等级证书方面的要求既有国家统一要求，又有各有关部门、用人单位的单独要求。如江苏省教育厅、省语委《关于在全省高校、中等职业学校开展普通话水平测试的通知》（苏语〔2001〕8 号）规定：“教师必须达到二级以上（含二级）普通话水平，其中语文教师和对外汉语教师不低于二级甲等，语音教师和播音、主持、影剧表演等专业教师不低于一级乙等……毕业时，师范类学生必须取得二级以上（含二级）等级证书（其中中文专业学生不低于二级甲等），播音、主持、影剧表演等专业学生必须取得一级以上（含一级）等级证书，其他类学生必须取得三级甲等以上（含三级甲等）等级证书……”应试人应认真查阅测试尤其是拟就业所在省、市、区对相关人员 PSC 证书等级的要求。

第二章 读单音节字词

第一节 人体的发音器官

一、人体的声腔由哪几部分构成？

答：人体的声腔由口腔、鼻腔和咽腔三大部分构成。其中口腔最重要也最复杂。

口腔的上部包括上唇、上齿、上齿龈、硬腭、软腭、小舌等部分；口腔的下部包括下唇、下齿、舌头等部分。

二、对照“人体发音器官示意图”，熟悉并找准自己的发音器官。（答案略）

第二节　普通话声母的发音

一、简述普通话声母的分类。

答：①按发音部位分，可以分为 7 类：双唇音、唇齿音、舌尖前音（平舌音）、舌尖中音、舌尖后音（翘舌音）、舌面前音（舌面音）、舌面后音（舌根音）。②按发音方法分类，首先，从构成阻碍到消除阻碍分三阶段，即成阻、持阻、除阻。按构成阻碍和消除阻碍的方式，普通话声母可以分为 5 类：塞音、擦音、塞擦音、鼻音、边音。其次，按声带是否颤动，普通话声母可以分为 2 类：清音、浊音。最后，按除阻气流强弱，普通话的塞音、塞擦音声母可以分为 2 类：送气音、不送气音。

二、按要求进行普通话重点声母的发音练读。（答案略）

第三节　普通话韵母的发音

一、练读含韵头（介音）i 的韵母的发音。（答案略）

二、练读含韵头（介音）u 的韵母的发音。（答案略）

三、练读含韵头（介音）ü 的韵母的发音。（答案略）

四、练读含 in 和 ing 的韵母的发音。（答案略）

五、练读含 en 和 eng 的韵母的发音。（答案略）

六、练读含 er 的韵母的发音。（答案略）

七、练读方言为入声字的韵母的发音。（答案略）

第四节　普通话声调的发音

一、普通话声调可以归并为哪几个调类？

答：普通话声调可以归并为阴平、阳平、上声、去声 4 类。

二、普通话声调发音练读材料。（答案略）

第五节　普通话音节的拼读

一、普通话音节由哪几部分构成？

答：普通话音节由声母、韵母、声调三大部分构成。其中韵母又包括了韵头（介音）、韵腹、韵尾三部分，韵尾则有元音韵尾和辅音韵尾之分。

二、普通话音节的拼读主要存在哪些问题？

答：①动程不足，发音不饱满。②韵头或韵尾丢失。韵头（介音）丢失的，如将“du（è）i 对”读成“dèi”，丢失了韵头（介音）u。韵尾丢失的，如将“liè 列”读成了“lì”，丢失了元音韵尾 e。③读韵腹时产生不适当的变音，如两个上声连读，前一个上声没有变为阳平（35）。

第六节　PSC“读单音节字词”项评分标准

一、熟悉评分标准对于学好“读单音节字词”有何帮助？

答：熟悉评分标准（尤其是参加测试所在省、市、区的“地方标准”）可以使应试人免犯不必要的错误，避免因低级错误而导致不必要的失分，因而有利于有针对性地进行复习准备。

二、练读“读单音节字词”材料。

（一）“读单音节字词”练读材料一。

guāng	zhuā	táo	měi	yān	hàn	liáo	nà	áng	pǐn
光	抓	桃	镁	淹	憾	辽	纳	昂	品
tū	měi	cè	běi	jiē	guǎi	fèi	nuǎn	miào	pén
凸	美	侧	北	揭	拐	费	暖	庙	盆
xià	yuè	páo	sāi	cí	tǒng	lüè	zhuī	kuò	fēng
夏	岳	袍	鳃	磁	统	掠	椎	廓	峰
jí	tuì	qī	chuí	fèn	lǔ	dòu	huān	xìn	qiā
急	蜕	漆	垂	份	卤	痘	欢	信	掐
jiǒng	yāng	lǒng	èr	shuǎng	dēng	tiǎn	gàn	niáng	jú
窘	秧	陇	二	爽	蹬	舔	赣	娘	局
zěn	wā	héng	sǐ	wài	shòu	yǒu	zhě	níng	shā
怎	挖	衡	死	外	兽	友	褶	凝	杀
xián	bá	qù	sūn	dǎo	bō	kě	ōu	rì	diū
衔	拔	去	孙	蹈	波	渴	鸥	日	丢

（续上表）

chāo	mó	cài	xuǎn	ràng	bī	xiù	cāng	chǐ	diē
抄	膜	蔡	选	让	逼	袖	仓	尺	跌
chóu	rǔ	xióng	mài	hé	biǎn	nóng	zēng	yuán	jūn
绸	汝	雄	迈	颌	贬	农	赠	原	均
wǒ	píng	zhǔn	zéi	qún	zé	zhài	qín	zhǔ	cuān
我	平	准	贼	群	责	寨	秦	嘱	蹿

（二）“读单音节字词”练读材料二。

rì	ér	kù	duī	juàn	guài	shā	guǎn	jiàng	sāo
日	而	库	堆	绢	怪	纱	馆	酱	缫
huà	tíng	tóng	fěng	rán	pǔ	mài	chī	yuè	xǔ
话	停	铜	讽	燃	普	迈	吃	月	许
biāo	zhòu	fén	sōu	ràng	sāng	tiáo	jiǒng	wěn	yòu
膘	咒	焚	艘	让	桑	条	炯	稳	釉
wō	shuǎ	kè	nǎi	diān	bīng	luó	jiǎ	yǎ	xiōng
涡	耍	客	乃	掂	兵	螺	钾	雅	胸
qū	mǐ	dèng	ruǐ	táo	shuāng	chún	gēn	tè	mò
趋	米	瞪	蕊	陶	双	醇	跟	特	末
guā	nín	zì	dōu	zhàng	duǎn	cí	pǐ	nóng	qiè
瓜	您	字	兜	仗	短	磁	匹	脓	怯
běi	píng	xiū	zhǎo	bàn	wéi	jū	xíng	liè	jué
北	萍	休	找	伴	维	居	型	裂	诀
yuǎn	cuī	shuāi	kǎn	hài	zhuā	pō	ào	hēi	péng
远	摧	摔	砍	害	抓	颇	傲	黑	彭
zuǐ	qiáng	ruǎn	kuàng	chén	wú	qiǎn	cū	áng	zāi
嘴	墙	软	框	沉	吴	遣	粗	昂	栽
bǐ	lín	gǒng	zhuó	zhēng	nà	xún	là	hán	fǎ
彼	鳞	汞	灼	睁	纳	巡	辣	寒	法

（三）“读单音节字词”练读材料三。

huǐ	nín	fǎn	zhēng	xì	hé	jiū	shěn	qiā	mǒu
悔	您	反	征	戏	颌	究	婶	掐	某
zūn	táo	zhuī	suǒ	tāng	zǔ	bǎn	cóng	guǎ	shè
遵	逃	追	锁	汤	阻	板	从	寡	赦
yǔ	miù	guǒ	juān	xǔ	shī	cū	yán	lù	guǎi
禹	谬	果	捐	许	失	粗	言	氯	拐
féng	lüè	sǐ	fāng	yě	zéi	kěn	bái	mī	yìng
逢	略	死	方	也	贼	垦	白	眯	映
tuán	chuài	tiǎn	zhá	shuǎng	diāo	gōng	liào	péi	zhuàng
团	踹	舔	闸	爽	叼	攻	瞭	裴	状
yī	xún	huā	wāng	chí	kǒng	méi	liú	zhǒng	quán
衣	巡	花	汪	持	恐	酶	硫	肿	拳
jiǒng	wán	duì	cèng	chén	nǎo	wò	sǎ	pò	dàn
窘	完	对	蹭	陈	脑	卧	洒	破	淡
nián	rǔ	qué	sūn	jūn	huán	qiāng	ào	tīng	èr
年	汝	瘸	孙	君	环	枪	澳	厅	二
xià	qǐn	bì	piē	mò	lín	hài	réng	sōu	rào
下	寝	闭	瞥	末	邻	氦	仍	艘	绕
bīng	kuí	zì	jiǎng	xióng	zhù	cāng	cè	bàng	ēn
冰	奎	字	讲	熊	驻	苍	测	傍	恩

第三章 读多音节词语

第一节 语流音变

一、什么是语流音变?

答：所谓语流音变，主要是指语流中音节与音节连读时，前后音节发音部位和发音方法的不断改变，使有些语音成分相应地发生变化。

二、普通话的语流音变主要有哪些类型?

答：普通话语流音变的主要类型有变调、轻声、儿化、语气词“啊”的音变等。

第二节 变 调

一、什么是变调?普通话水平测试中变调主要包括哪些类型?

答：所谓变调，主要是指普通话的某些声调在语流中与单独发音时相比发生了一定的变化。变调主要有如下类型：上声的变调、“一、不”的变调、去声的变调、“七、八”的变调、形容词重叠的变调等。

二、普通话变调练读材料。(答案略)

第三节 轻 声

一、简述轻声及其作用。

答：轻声指在一定语音条件下读得又轻又短的调子，是一种特殊的变调现象。

普通话词语发轻声可以起到区别词性的作用，即由读或不读轻声而产生词性上的差异。普通话词语发轻声还可以起到区别词义的作用，即由读或不读轻声而产生词义上的差异。轻声词往往可以同时区别词性和词义。

二、简述轻声的发音规律。

答：①助词：结构助词“的、地、得”，语气助词“啊、吧、吗、呢、了”，动态助词“着、过、了”读轻声；②名词的后缀“子、儿、头、们”读轻声；③部分方位词或方位语素、趋向动词（根据《纲要》），这些词语往往可读为轻声词，也可不读为轻声词；④动词重叠形式的第二个音节：说说、想想等读轻声；⑤双音节单纯词的第二个音节也读轻声，如“玻璃”的“璃”，“琵琶”的“琶”等；⑥“没有”的“有”字、“一个”（“这个”等）的“个”字等词语通常读轻声；⑦有一批常用的双音节词，第二个音节习惯上要读轻声，如“事情”等。

三、普通话轻声字练读材料。（答案略）

第四节　儿　化

一、儿化词语有哪些音变规则？

答：①儿化音变从后向前使韵腹（主要元音）、韵尾（尾音）发生变化，对声母和韵头 i、u、ü 没有影响；②丢掉韵尾 i、n、ng；③在主要元音上（主要元音是 i、ü 时除外）加卷舌动作。这些主要元音大多数变为带有卷舌色彩的央元音 ɑr 和 er；④在主要元音 i、ü 后面加上 er；⑤后鼻尾音韵母儿化时，除丢掉韵尾 ng 外，往往使主要元音鼻化。

二、练读下列普通话儿化词语。（答案略）

第五节　语气词“啊”的音变

一、举例说明语气词“啊”的音变有哪些规律。

答：①前面的音素是 ɑ、o（不包括 ɑo、iɑo）、e、i、ü 时，“啊”读作 yɑ，同“呀”。例如：“再从家乡放到祖国最需要的地方去啊！”②前面的音素是 u（包括 ɑo、iɑo）时，“啊”读作 wɑ，同“哇”。例如：“家乡的桥啊，我梦中的桥！”③前面的音素是 n 时，“啊”读作 nɑ，同“哪”。例如：“这才这般的鲜润啊。”④前面的音素是 ng 时，“啊”读作 ngɑ。例如：“然而，火光啊……”⑤前面的音素是 -i［ʅ］和 er，是儿化韵时，“啊”读作 rɑ。例如：“是啊，我们有自己的祖国。”

二、练读 60 篇朗读短文各篇前 400 个音节中普通话语气词“啊”的音变。（答案略）

第六节　PSC“读多音节词语”项评分标准

一、熟悉评分标准对于学好“读多音节词语”有何帮助？

答：①进一步认识掌握好普通话语流音变知识的重要性；②减少不必要的失分。

二、练读“读多音节词语”材料。

（一）“读多音节词语”练读材料一。

pēnshè	jiāsāir	hóngniáng	xiàmǎ	fùwēng	sīxiǎng	lǎnde
喷射	加塞儿	红娘	下马	富翁	思想	懒得
méimao	ángguì	jǐnquē	guówùyuàn	qióngkǔ	bēnpǎo	chúncuì
眉毛	昂贵	紧缺	国务院	穷苦	奔跑	纯粹
wèicéng	yǒngjiǔ	guāzǐr	dìng'é	jiǎnzhí	zhuāhuò	dǎrǎo
未曾	永久	瓜子儿	定额	简直	抓获	打扰
rénqún	bèiwōr	gāngtiě	quántǐ	sāhuǎng	shōucáng	niǔkòur
人群	被窝儿	钢铁	全体	撒谎	收藏	纽扣儿
tèbié	huáiniàn	chuànglì	xuésheng	rìqū	zàojù	yùnshū
特别	怀念	创立	学生	日趋	造句	运输
lǚguǎn	báizhòu	xìtǒng	zòngduì	shuāngfāng	ānpái	fódiǎn
旅馆	白昼	系统	纵队	双方	安排	佛典
yīn'ér	shuàilǐng	zūnzhòng	kāiwánxiào	jiàohuan	chūqíbùyì	
因而	率领	尊重	开玩笑	叫唤	出其不意	

（二）“读多音节词语”练读材料二。

qúnzhòng	qiàhǎo	huósāi	bìnǚ	zhànlüè	gōngsī	róuruǎn
群众	恰好	活塞	婢女	战略	公司	柔软
zhǔrénwēng	xìjūn	yànjuàn	dǎdǔnr	qiángliè	dìxiàshuǐ	nèizài
主人翁	细菌	厌倦	打盹儿	强烈	地下水	内在

（续上表）

shíguāng	kuīsǔn	lóngzi	yěxǔ	kèguān	wánshuǎ	mínzú
时光	亏损	聋子	也许	客观	玩耍	民族
yìngchou	zànchéng	fójīng	lǎohǔ	jiǒngpò	bèiwōr	quántǐ
应酬	赞成	佛经	老虎	窘迫	被窝儿	全体
juéwù	fēnggé	cóng'ér	èhuà	tóufa	nánguài	cuīcán
觉悟	风格	从而	恶化	头发	难怪	摧残
kuāzhāng	sāorǎo	wèishēng	yōngyǒu	pèi'ǒu	tuǒdang	qínghuái
夸张	骚扰	卫生	拥有	配偶	妥当	情怀
páichì	zhuàngkuàng	zhěngxiū	xiāngchángr	miàntiáor	qiǎoduó-tiāngōng	
排斥	状况	整修	香肠儿	面条儿	巧夺天工	

（三）“读多音节词语”练读材料三。

tiān'é	fóxiàng	nánnǚ	bàndàor	zuòpǐn	fāngfǎ	gòngtóng
天鹅	佛像	男女	半道儿	作品	方法	共同
cèliáng	tóupiào	sōuguā	mínzhèng	hǎiguān	zhēnguì	fànhér
测量	投票	搜刮	民政	海关	珍贵	饭盒儿
zànměi	xióngwěi	yùnyòng	àomiào	rényǐngr	hángdang	jiājuàn
赞美	雄伟	运用	奥妙	人影儿	行当	家眷
zhuǎnbiàn	jiānjué	pòhuài	xuánlǜ	rènao	érqiě	kāichuàng
转变	坚决	破坏	旋律	热闹	而且	开创
kuāzhāng	tuōlājī	kuàngzi	tǔfěi	qiǎoshēng	xùnsù	lìngwài
夸张	拖拉机	框子	土匪	悄声	迅速	另外
cóngzhōng	wénmíng	shǒushi	rìyì	dānchún	suǒyǒu	qícì
从中	文明	首饰	日益	单纯	所有	其次
niúzǎikù	nüèdài	qiàhǎo	qīngmiè	dǎzár	wúwēi-bùzhì	
牛仔裤	虐待	恰好	轻蔑	打杂儿	无微不至	

第四章　选择判断

第一节　词语判断

一、掌握“词语判断”相关内容有何益处?

答：掌握“词语判断”，不仅有助于应试人取得本项测试的好成绩，还有助于应试人掌握规范的现代汉语词汇，如避免使用方言词语等，进而考好“命题说话”项。

二、请判断并读出下列20组词语中的普通话词语。

（1）来年；（2）着凉；（3）抽屉；（4）厨房；（5）发抖；

（6）洁白；（7）暖和；（8）没错；（9）脑袋；（10）仍然。

（11）傍晚；（12）跟头；（13）泪水；（14）热闹；（15）许多；

（16）别；（17）回去；（18）胖了；（19）说话；（20）争吵。

第二节　量词、名词搭配

一、掌握“量词、名词搭配”相关内容有何益处?

答：掌握“量词、名词搭配”，不仅有助于应试人取得本项测试的好成绩，还有助于应试人掌握规范的现代汉语词汇，主要是避免名词和量词搭配不当的错误，进而考好“命题说话”项。

二、请按照普通话规范搭配并读出下列数量名短语。

1.

一把（手枪）	一匹（马）	一名（教师）
一支（手枪）	一头（牛）	一幅（画）
一只（鸡蛋、鸡）	一盘（磁带）	一道（闪电）
一张（桌子）		

2.

一片（树叶）	一座（工厂）	一顶（帽子）
一台（计算机）	一部（字典）	一根（甘蔗、香蕉）

一家（工厂、饭店）　　一只（蚊子）　　一位（朋友）
一节（甘蔗、电池）

第三节　语序或表达形式判断

一、掌握“语序或表达形式”相关内容有何益处？

答：掌握“语序或表达方式”，不仅有助于应试人取得本项测试的好成绩，还有助于应试人掌握规范的现代汉语语法，包括词法和句法，避免语序和表达方式有误，进而考好“命题说话”项。

二、请判断并读出下列各组句子里的普通话句子。

1. 这风景真美啊！（√）
2. 给她一个苹果。（√）
3. 认认真真做事。（√）
4. 送他三瓶啤酒。（√）
5. 丽娟今年三十二岁。（√）
6. 这书包能放十本书。（√）
7. 门被小王撞坏了。（√）
8. 你笑得不比我甜。（√）
9. 如果不是因为我，哥哥就不走了。（√）
10. 请朋友多吃一口。（√）

第五章　朗读短文

第一节　朗读60篇短文应掌握的基本技巧

一、简述普通话朗读的基本技巧。

答：①读好每一个音节；②读准语调；③突出重音；④适当停顿；⑤朗读要流畅；⑥控制好语速。

二、听范读录音，注意体会并掌握普通话水平测试朗读短文的基本技巧。（答案略）

第二节　60篇朗读短文考点精讲

一、领会每篇作品的考核要点。（答案略）

二、60 篇朗读作品选读。（答案略）

第三节　PSC“朗读短文”项评分标准

一、熟悉评分标准对于学习“朗读短文”有何帮助？

答：可以帮助应试人更有针对性地练习朗读，减少或避免不必要的失分。

二、抽取朗读作品，继续按要求练读。（答案略）

第六章　命题说话

第一节　命题说话的基本技巧

一、什么是 PSC 命题说话？

答：PSC 命题说话，是指应试人用 PSC《大纲》指定的话题，按要求连续说一段话。

二、PSC 命题说话有哪些基本技巧？

答：①保持镇定；②自然流畅；③用语恰当；④语速适当；⑤巧讲“故事”。总之，应试人在说话时，不要太在乎内容，也不要企图“以情动人”。无论你说得多么“枯燥无味”，只要发音基本正确就行了。

第二节　30 篇命题说话考点精讲

一、“命题说话”与“命题作文”在“审题”方面有哪些相同点和不同点？

答：“命题说话”的审题和“命题作文”的审题总体上异曲同工，不同的是，命题作文的审题要求更严格，写作内容几乎不允许有偏差；而命题说话的审题要求较宽松，只要大体上能围着题目转就可以了。

二、说说拟写命题说话提纲的好处。

答：PSC 不允许应试人有“背稿”的表现，但考前拟写说话提纲还是允许的，也是应试人应该做到的，它可以使应试人说话时内容充实，条理清晰。

三、逐题练说命题说话。（答案略）

第三节 PSC“命题说话”项评分标准

一、熟悉评分标准对于学好“命题说话”有何帮助？

答：可以做到心中有数，更好地体会命题说话的基本技巧，落实考点要求，使测查效果更为理想。

二、抽取说话题目，练习命题说话。（答案略）

第七章 PSC 模拟测试

第一节 PSC 模拟测试概述

一、什么是 PSC 模拟测试？

答：所谓 PSC 模拟测试，是指 PSC 应试人员在培训教师指导下，按照 PSC 要求预先进行的仿真测试。

二、PSC 模拟测试有何重要性？

答：①对于教者而言，通过模拟测试，可以查验本次培训的总体效果，解决好大班培训难以照顾的因材施教的问题。再者，通过对历次模拟测试相关信息的分析、研究，还有利于总结 PSC 培训的经验教训，对于后期的培训具有重要的指导意义。②对于应试人而言，通过模拟测试，可以发现本人的发音面貌尤其是发音方法中存在的问题，更有针对性地进行测试前的准备。模拟测试还可以部分甚至完全消解应试人的紧张情绪。

第二节 实战模拟

一、PSC 模拟测试应做好哪些方面的准备工作？

答：（1）模拟测试场所的准备。

（2）模拟测试材料的准备：①录音工具要同真；②模拟试卷要逼真；③其他材料要仿真。

（3）模拟测试测试员的选择。

（4）模拟测试人的选择。

二、模拟测试实践过程中应注意哪些事项？

答：①每个工作时段模拟测试的应试人数以6～8名为宜。②已确定参加模拟测试的应试人查看自己的模拟考试序号。③辅测人员按正式测试要求提前10分钟依次让应试人抽取人工制作的考试题号（正式测试时使用的是由PSC软件随机抽取的考试题号）。④应试人依次参加模拟测试。⑤每模拟测试完一名应试人，由培训教师或测试员老师在公布其测试成绩的基础上对该应试人的发音情况进行点评。⑥由培训教师对全部模拟测试人发音情况进行点评，提出正式测试前应试人的补救练习措施。

参考文献

1. 国家语言文字工作委员会普通话培训测试中心. 普通话水平测试实施纲要［M］. 北京：商务印书馆，2004.

2. 北京市语言文字工作委员会办公室. 普通话水平测试指导用书：北京版［M］. 北京：商务印书馆，2005.

3. 上海市语言文字水平测试中心. 普通话水平测试指导用书［M］. 2 版. 上海：立信会计出版社，2011.

4. 宋欣桥. 普通话水平测试员实用手册［M］. 北京：商务印书馆，2020.

5. 王晖. 普通话水平测试阐要［M］. 北京：商务印书馆，2013.

6. 李行健等. 现代汉语规范词典：缩印本［Z］. 3 版. 北京：外语教学与研究出版社，2014.

7. 中国社会科学院语言研究所词典编辑室. 现代汉语词典［Z］. 7 版. 北京：商务印书馆，2016.

8. 刘朋建.《普通话水平测试实施纲要》修订的基本原则［J］. 语言文字应用，2020（3）.

9. 陶昱霖等.《普通话水平测试用普通话词语表》的修订［J］. 语言文字应用，2020（3）.

10. 王力. 王力语言学论文集［M］. 增订 6 版. 北京：商务印书馆，2000.

11. 黄伯荣，廖序东. 现代汉语：上、下册［M］. 增订 6 版. 北京：高等教育出版社，2017.

12. 李宇明等. "推普脱贫攻坚"学者谈［J］. 语言科学，2018（4）.